MEIN SPORT
MOTOR
SPORT

KARTFAHREN

Die Schule der Weltmeister

ZEITGEIST VERLAG

© 1996 by
ZEITGEIST VERLAG
Düsseldorfer Str. 49
40545 Düsseldorf
Tel. 0211-556255, Fax 0211-575167

Im Vertrieb des

Motor buch Verlag
Motorbuch Verlag
Postfach 10 37 43
70032 Stuttgart

Herausgegeben von Willy Knupp
im Auftrag von RTL Television

Redaktionsschluß 1.4.1996

Autor:
Christoph Schulte

Mitarbeit:
Michael Schumacher
Rolf Schumacher
Peter Kaiser
Olaf Dau
Harry Hawelka
Frank Jelinski
Gert Brandes
Achim Beule

Die Redaktion bedankt sich besonders bei Heinrich Franzen für seine Mitarbeit

Redaktionsleitung:
Hubert Bücken

Gestaltung, Redaktion und Produktion:
Wiedemeier & Martin, Düsseldorf

Anzeigen:
Andrea Noetzel

Kartbahn-Register:
Christiane Bayer
Manfred Hartmann

Bildnachweis:
Seite 164

Lithos:
Publishing Partner, Bochum

Druck:
Neue Stalling, Oldenburg

Printed in Germany
ISBN 3-613-30321-3

Inhalt

Sport • Technik • Service

Michael Schumacher
Liebe Kart-Freunde! 6

Michael Schumacher
Die Technik des Fahrens 30

Dirty Tricks 38

Michael Schumacher
Das Geheimnis des Abstimmens 40

Checkliste 54

Das ABC des Kartsports 56

Achim Beule
Kleines Problem: die Ideallinie 70

Michael Schumacher
Test the Best 72

Peter Kaiser
Second-hand-Tips aus erster Hand 78

Karthändler 82

Flaggensprache 141

Kartbahnen in Deutschland 142

Kartbahnen der Nachbarländer 166

Die Kart-Klassen-Gesellschaft 172

Background

Willkommen im Club 86

Peter Kaiser
Aufpassen beim Karrierestart 88

Klasse C 125
Hand am Hebel, Fuß am Gas 98

Futura-Klasse
Die Zukunft hat begonnen 100

Formel H
Total normal 102

Olaf Dau
Superkarts – schnell wie ein Ferrari 104

Harry Hawelka
Fitness-Formeln für Kartsportler 108

Kart-Zeitschriften 112

Indoor

Hallen-Fieber 124

Frank Jelinski
Wir bauten die erste Indoor-Bahn 128

Sicherheit geht vor. Auch im Kartsport 132

Kleider machen Rennfahrer 134

Aufbruch in die dritte Dimension 136

Storys

Rolf Schumacher
Wie alles begann 16

Formel-1-Stars im Kart
Alle haben mal klein angefangen 22

Christoph Schulte
Tour de force für jedermann 114

Kart-Geschichte
Am Anfang war der Rasenmäher 118

Gert Brandes
Ein Club, ein Kart, ein Knirps 138

Motorsport-Promis
Ich fahre Kart, weil … 174

Die letzten Minuten vor dem Start. Die Fahrer konzentrieren sich auf den Lauf – auch Timo Bernhard. Er ist am Ende der Saison 1995 Deutscher Meister der Junioren. Ein guter Start für die große Motorsport-Karriere …

131
meier
meier KART-SERVICE
sparco
105
P.C.R.
VEGA
ROCK OIL
Racing
Team Germany
TIMO BERNHARD

Liebe Kart-Freunde!

Jeder, der mich kennt, weiß, welch ein leidenschaftlicher Kartfahrer ich bin, und ich weiß, was ich dem Kartsport zu verdanken habe.

Ich könnte in diesem Vorwort erzählen, wie meine Begeisterung für den Kartsport angefangen hat, wie mein Vater für mich das erste Kart baute, wie das erste Rennen war, der erste Sieg und so weiter und so weiter. Das können aber auch andere schildern, sogar besser als ich. Ich denke da an meinen Vater und Gert Brandes, die in diesem Buch ja zu Wort kommen werden. Ich möchte lieber direkt zur Sache kommen, denn ich glaube, daß das die Art ist, die dem Kartsport am nächsten steht: kein langes Rumfackeln, keine umständlichen Prozeduren, statt dessen häufiges Fahren, harte Zweikämpfe, mutiges Überholen. Selbst heute ist der Kartsport für mich immer noch Zweikampf pur. Die permanenten Infights in jeder Runde, das Hineinbremsen, der Kampf Rad an Rad, das Wehren gegen Überholversuche – all das hat für mich bis heute nichts an Faszination verloren.

Lange Zeit war der Kartsport in Deutschland ein Sport für Minderheiten. Die Medien haben diesen Sport kaum zur Kenntnis genommen. Sie schauten auf die erfolgreichen Rennfahrer – und von denen konnte in den Sechziger oder Sieb-

Eine Frage der Einstellung: Der Erfolg liegt im Detail, in den kleinen, präzisen Verrichtungen vor einem Rennen

Vom Kart bis zum Formel-1-Wagen: Die Nummer 1 ist das Markenzeichen von Ferrari-Pilot Michael Schumacher

ziger Jahren kaum einer darauf verweisen, daß er aus dem Kartsport kam.

Es hat nichts mit Eigenlob zu tun, aber seit ich bei fachlichen Gesprächen fast jeden zweiten Satz mit dem Wort „Kartsport" beginne, hat diese Sportart in Deutschland einen ungeheuren Popularitätsschub bekommen. 15 Jahre lang bin ich aktiv Kart gefahren. Und 15 Jahre lang habe ich mich immer wieder gefragt: „Warum gibt es nicht mehr Möglichkeiten für junge Leute, sich im Kartsport zu etablieren und dann, darauf aufbauend, im Automobilsport weiterzukommen?" Ich habe mir damals geschworen: „Falls ich mal im Motorsport richtig erfolgreich sein werde, dann werde ich für den Kartsport werben und immer wieder darauf hinweisen, welch eine hervorragende Schule für Rennfahrer er ist."

Ob das für den derzeitigen Kart-Boom der alleinige Ausschlag war, möchte ich allerdings bezweifeln. Ich glaube vielmehr, daß das eine Kombination von mehreren Ursachen ist. Mit Heinz-Harald Frentzen fährt ein zweiter Deutscher in der Formel 1, der ebenfalls aus dem Kartsport kommt. Viele andere Spitzenfahrer bekennen sich euphorisch zu ihrer Kart-Vergangenheit. In den vergangenen Jahren hat der Motorsport generell in Deutschland eine neue Bedeutung gewonnen. Viele Menschen würden gerne aktiv Rennen fahren – aber es fehlt die Zeit, das Geld. Deshalb weichen sie auf eine Motorsportart aus, die noch finanzierbar ist. Und das ist halt Kartfahren.

Doch der Kartsport ist in meinen Augen viel mehr, als nur ein Ventil für die neue Motorsport-Popularität. Er ist darüberhinaus die beste Grundausbildung für alle, die im Motorsport ihren Weg gehen wollen. Einerseits schult es hervorragend das technische Verständnis für Rennfahrzeuge. Andererseits lernt man in diesem Sport Zweikämpfe in einer Zahl auszufechten, wie es in anderen Kategorien des Motorsports unvorstellbar ist. Wer im Kartsport seine Zweikampferfahrungen gemacht hat, der tut sich in der späteren Karriere einfach leichter.

Die häufigen Zweikämpfe sind ein Resultat der Leistungsdichte: Im Kartsport sind die eingesetzten Fahrzeuge ziemlich gleichwertig. Und auch im Fahrerfeld gibt es eine Menge Leute, deren Fähigkeiten sich auf dem relativ niedrigen PS-Niveau die Waage halten. Sie kämpfen mit den gleichen Waffen, dem gleichen Material, dem gleichen Talent, dem gleichen Siegeswillen. Unter zehn sehr guten Fahrern ist nur einer erstklassig. Er kämpft regelmäßig pro Runde eine Zehntelsekunde gegenüber seinen Mitbewerbern heraus. Mehr als ein oder zwei Zehntel sind bei dem nahezu identischen Material und den Streckenführungen im Normalfall nicht rauszuholen. Und das bedeutet halt Zweikampf ohne Ende: Stoßstange an Stoßstange fahren, Ausscheren aus dem Windschatten, knallhartes Überholen auf der Bremse. Also alles, was in dieser extremen Form im Formel-Sport nicht möglich ist.

Auch eine andere wichtige Karriere-Lektion läßt sich im Kartsport lernen: Daß man nur mit Umsicht und Überblick weiterkommt. Es gibt immer wieder Fahrer, die im Zweikampf vor der Kurve einfach reinziehen, auch wenn sie genau sehen, daß man schon gleichgezogen hat. Selbst wenn die Kurvengeschwindigkeiten relativ niedrig sind und nicht viel passieren kann,

1985, die erste Autogrammkarte für die Freunde des 16jährigen: Michael ist Deutscher Kart-Juniorenmeister

bedeuten solche Aktionen aber fast immer, daß beide Fahrer rausfliegen. Und das kann nicht der Sinn eines solchen Kampfes sein.
Wer sich zu oft zu derartigen Aktionen hinreißen läßt, kann im Kartsport nichts werden – damit ist seine weitere Rennkarriere auch abgelegt. Wer das Kapitel Fairness begriffen hat, wird es in der späteren Karriere auch nicht mehr vergessen. Und jeder, der über ein bißchen Grips unterm Helm verfügt, erkennt rasch, daß man mit Ruppigkeit und Rücksichtslosigkeit auch bei den relativ geringen Kart-Geschwindigkeiten nicht weiterkommt.

Ein unschätzbarer Vorteil ist für einen Kart-Sportler der Umstand, daß er viel häufiger fahren kann, als in anderen Motorsportarten. Ein ganz normales Rennwochenende im Kartsport besteht aus einer Vielzahl von Läufen. Jeder Fahrer ist ständig im Einsatz. Das ist bereits völlig anders, wenn man beispielsweise in der Formel-Ford-Serie fährt. Erstens sieht dort der Rennkalender wesentlich weniger Rennveranstaltungen vor, als das im Kartsport üblich ist. Am jeweiligen Rennwochenende hat man zwei, drei Trainingsläufe und dann ein Rennen. Für ein solches Programm würden die Kartsportler gar nicht erst anreisen.

Ehren-Urkunde

Clubmeisterschaft 1980

1. Sieger

Klasse J · DAP/DAP

Michael Schumacher

DAP-Deutschland

Kart-Racing-Development · K. Großmann

Langerwehe, den 8. November 1980

Die erste offizielle Urkunde, die Michael Schumacher im Kartsport bekommen hat

Diese permanente Fahrpraxis hat zwei Ergebnisse. Erstens bekommt man schon in jungen Jahren ein ausgeprägtes Fahrgefühl, ein Verhältnis zu den Bewegungsabläufen. Man profitiert sein ganzes Rennfahrerleben davon. Der zweite Vorteil ist, daß man durch das viele Fahren eine große Flexibilität bekommt. Es gibt kein Ereignis, keinen Zustand, keinen Zwischenfall, den man nicht schon irgendwann im wahrsten Sinne des Wortes erfahren hat.

Gewinnen wir –
gewinnen Sie!
Geschwindigkeit 270 km/h • Puls 180 • EKG Reden wir nicht drüber • Temperatur Kaum auszuhalten • Beruf Rennfahrer • Klasse ITC, Formel 1, Kart, Motorrad • Kraftstoffe Elf • Schmierstoffe Elf • Aufgabe Forschen, was der Tacho hergibt • Ziel Noch bessere Kraft- und Schmierstoffe • Gewinner Sie.
elf

Back to the roots: Obwohl er die schnellsten Formel-1-Wagen über die Rennpisten der Welt bewegt, ist für Michael das

Kartfahren noch immer eine Herausforderung

Die Lösung des Problems ist im Kopf gespeichert.

Die richtige Linie auf der Strecke, die richtige Abstimmung eines Karts – das alles erfordert Kompromisse, die sich von Runde zu Runde anders darstellen können. Das ständige Suchen nach dem besten Kompromiß hält auf Trab. Nirgendwo wird das so detailliert verlangt wie im Kartsport.

Eine gute Schule für die spätere Rennfahrerkarriere kann die Vergabe der Startplätze beim Kartsport sein. Zwar gibt es genau wie im „richtigen" Motorsport die Möglichkeit, sich über das Zeittraining für die Startposition zu qualifizieren. Die zweite Variante ist jedoch viel spannender: Die Startposition für das erste Rennen wird ausgelost. Führt die Auslosung im ersten Rennen z.B. zur Pole, dann muß sich der Fahrer dafür aber im zweiten Rennen vom letzten Startplatz aus durchs Feld kämpfen. Die Rennergebnisse dieser beiden Läufe werden addiert, durch zwei geteilt und ergeben so den Startplatz fürs dritte Rennen. Dadurch steht man mal vorne, mal in der Mitte und mal ganz hinten. Weil jede Startposition ihre eigenen Gesetze hat, bekommt man auf diese Weise eine Menge Erfahrungswerte vermittelt.

Ich werde häufig nach Ratschlägen für Kart-Einsteiger gefragt. Der wichtigste ist: Anfänger sollten sich zunächst Karts leihen. Denn vor allem muß man feststellen, ob das Fahren wirklich Spaß macht. Spaß ist das wichtigste. Und wenn man diesen Spaß spürt, wird man auch rasch erkennen, ob man Talent hat. Wenn Spaß und Talent zusammenkommen, wird man sich ohnehin über kurz oder lang überlegen, ein eigenes Kart zu kaufen.

Kart-Bilanz

Michael Schumacher

1984 *Deutscher Juniorenmeister*

1985 *Deutscher Juniorenmeister, Junioren Vizeweltmeister*

1986 *Dritter in der Deutschen Kartmeisterschaft, Dritter in der Europameisterschaft*

1987 *Deutscher Kart- und Europameister*

Michael Schumacher hat geschafft, wovon die meisten Kartfahrer träumen: als Formel-1-Pilot im Ferrari zu sitzen

Man muß noch nicht ganz tief in die Tasche greifen. Einem Anfänger würde ich empfehlen, ein gutes Gebraucht-Kart bei einem zuverlässigen Händler zu kaufen. Ein guter Karthändler kann es sich nicht leisten, seinem Kunden Schrott anzudrehen. Er hat einen Namen zu verlieren, und so etwas würde sich in der Szene viel zu schnell rumsprechen.

Das neu erworbene Rennkart ist eine Herausforderung. Denn es fährt deutlich schneller als die Leihkarts. Wer diesen Sprung bewältigt hat, den führt der weitere Weg geradezu zwangsläufig zu Clubmeisterschaften und kleineren nationalen Rennen. Der Vergleich mit den anderen Fahrern wird immer härter und immer spannender.

Noch ein Tip: Gehen Sie eine Kart-Karriere langsam und Schritt für Schritt an. Diesen Appell richte ich besonders an die Väter – und um so mehr an jene, die über das nötige Kleingeld verfügen. Es macht überhaupt keinen Sinn, dem Sohn auf Anhieb ein brandneues Rennkart hinzustellen, nur um dann nach wenigen Tagen festzustellen, daß es ihm überhaupt keinen Spaß macht. Solche „Überfallaktionen" setzen manche Kids nur unter Druck und verbauen einen unbeschwerten Zugang in den Kartsport.

Obwohl, eines muß ich ehrlich sagen: Ich kann mir gar nicht vorstellen, daß das Kartfahren jemandem keinen Spaß macht. Erst recht nicht, wenn man sich mit dem vorliegenden Buch so richtig auf meinen Lieblingssport eingestimmt hat.

Herzlichst
Ihr

Rolf Schumacher (18.11.1945), verheiratet, ist gelernter Ofenmaurer. Seit 1975 leitet er die Kartbahn der „Rennsportfreunde Graf Berghe von Trips e.V.“. Seine beiden Söhne, Michael und Ralf, haben durch ihre Erfolge im Motorsport den Namen Schumacher in aller Welt bekannt gemacht.

Rolf Schumacher

Wie alles begann

Rolf Schumacher erzählt von den frühen Jahren: Warum er seinem Sohn Michael ein Kart bastelte, wie er den Leihkartbetrieb in Horrem übernahm und wie früh sich die Kart-Begabung seines Sohnes zeigte. Rolf Schumacher blickt zurück. Es war nicht immer leicht für ihn und die Familie.

Ich habe mich früher nie für Motorsport interessiert. Und selbst der Kartsport, dem ich ja einen großen Teil meines Arbeitslebens gewidmet habe, war für mich eher Beruf als Berufung. Logisch, daß ich immer wieder gefragt werde, warum ich dann überhaupt meinem ältesten Sohn Michael ein Kart gebastelt habe. Bei diesen Fragen schwingt im Unterton dann immer so ein wenig der unausgesprochene Verdacht mit, hier habe ein „Eiskunstlaufvater“ seinen Sohn schon in frühester Kindheit gnadenlos auf Weltmeisterkurs getrimmt.

Dabei liegt die Sache ganz anders, sie reicht in meine früheste Kindheit zurück und hat mit Motorsport nichts, aber auch wirklich rein gar nichts zu tun.

Ich muß fünf oder sechs Jahre gewesen sein, die harten Nachkriegsjahre waren mehr schlecht als recht überstanden, da sah ich als Knirps, wie

Ich sah, wie die Kinder mit einem merkwürdigen Ding hantierten ...

ein paar Jungen aus der Nachbarschaft mit einem merkwürdigen Ding hantierten. Die Kinder hatten ein Fahrzeug, das sich mit Motorkraft bewegte. Es war eine Karre, auf der hinten ein kleiner Motor installiert war. Fragen Sie mich bitte nicht, was das für eine Karre war oder was für ein Motor. Ich sah, wie die Jungen Benzin in den Vergaser kippten und es irgendwie zünden konnten. 400, 500 Meter sind die dann tatsächlich mit diesem Vehikel gefahren. Ich erinnere mich noch, wie sehr mich das fasziniert hat.

Als Michael vier war, fiel mir alles wieder ein. Michael hatte ein Tretkart und ich fing irgendwann an, daran rumzubasteln. Ein alter Mofamotor war zur Hand, als Tank mußte irgendeine Blechbüchse dienen. Alles zusammenzumontieren war für mich keine Schwierigkeit – und plötzlich fuhr das Ding.

Es funktionierte fast zu gut. Zuerst fuhr Michael am Seil, dann folgte ich mit dem Fahrrad. Schließlich durfte er auch mal allein vorausfahren. Aber ich habe den Michael immer ermahnt, vorsichtig mit dem Go-Kart zu fahren.

Es sollte nicht lange dauern, da knallte Michael auf einem Parkplatz mit Karacho ge-

Michaels erste Karambolage mit einer Laterne

gen eine Laterne. So heftig, daß das Laternenglas runterfiel. Ich habe geschimpft wie ein Rohrspatz. Michael mußte zur Strafe das defekte Kart allein nach Hause schieben, was er, ohne ein Wort zu sagen, auch machte. Zu Hause angekommen, sahen wir, daß sich Michael beim Unfall mit dem Laternenpfahl ein Knie so aufgeschlagen hatte, daß es sieben Mal geklammert werden mußte – und der Knirps hatte nicht einen Ton gesagt, nicht eine Sekunde die Miene verzogen. Der wußte ganz genau, daß er Mist gebaut hatte.

Faktum war, daß ich einfach Angst bekam, Michael könnte noch irgendwelche Leute über den Haufen fahren. Ich mußte den Jungen also mit seinem Kart vom Bürgersteig oder den Parkplätzen runterkriegen. Da traf es sich, daß ganz in unserer Nähe, in Horrem, der Kart-Club Graf Berghe von Trips seine Bahn hatte. Wir sind irgendwann mal dahin gefahren, und Michael hatte endlich die Möglichkeit, sich unter kontrollierbaren Verhältnissen auszutoben. So kamen wir mit dieser ganzen Szene in

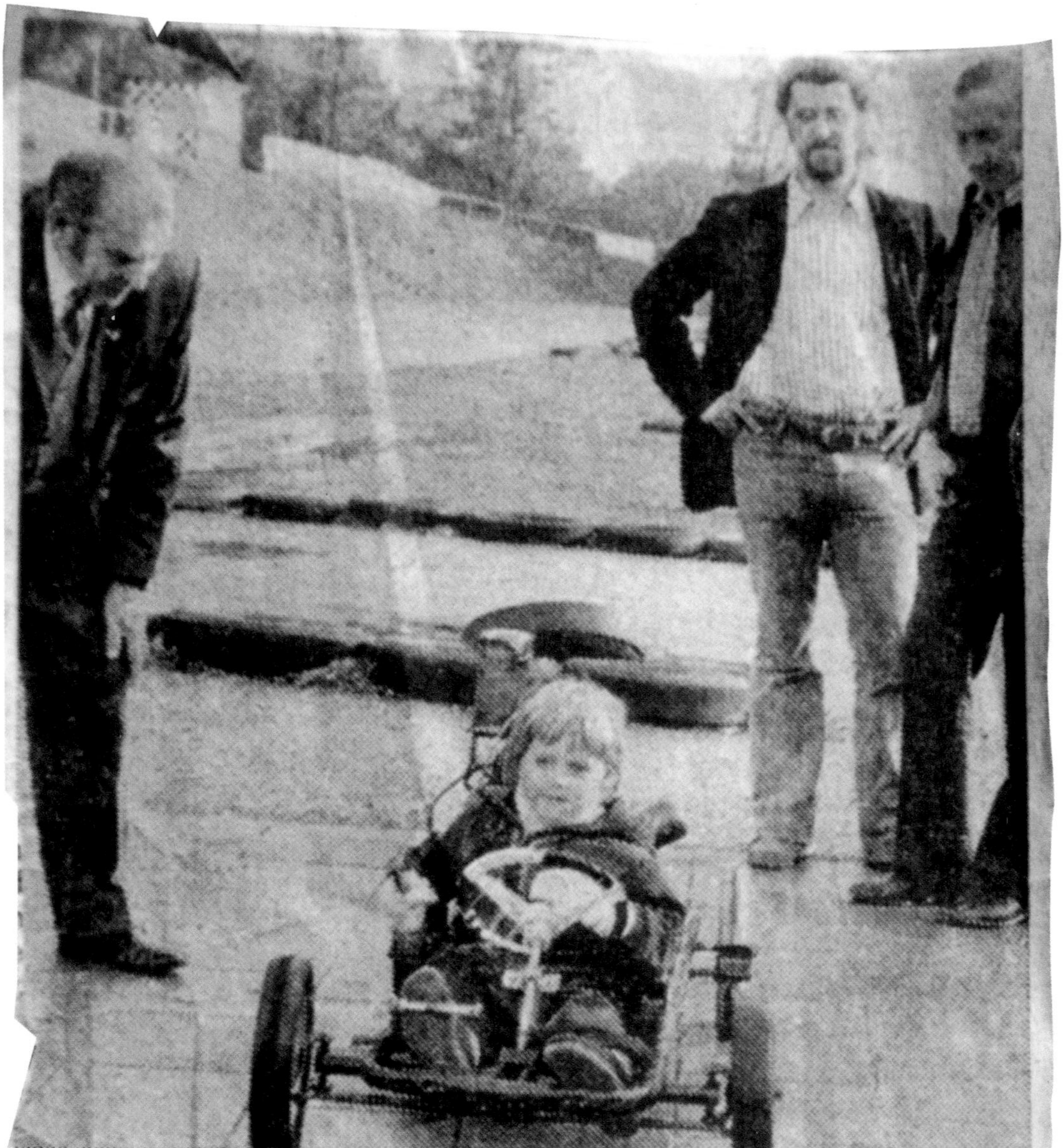

Michael – klein, aber schnell

sz. Horrem. Der wahrscheinlich jüngste Kart-Fahrer der Bundesrepublik wohnt in Niederaußem. Er heißt Michael Schumacher und ist vier Jahre alt. Der kleine Flitzer gehört zusammen mit seinem Vater seit etwa vier Wochen dem Kart-Club „Rennsportfreunde Graf Berghe von Trips" an. Auch an diesem Wochenende drehte Michael auf der Horremer Kart-Bahn wieder seine Runden. Die Spitzengeschwindigkeit des „selbstgezimmerten" Untersatzes beträgt immerhin 45 Stundenkilometer. Das Fahrzeug wurde aus einem Kett-Car und dem Motor eines Mofas zusammengebaut. Eine Büchse dient als Tank. Gerhard Gollnast (links im Bild) freut sich über das jüngste Mitglied seines rund 80 Mann starken Vereins, dem allein etwa 50 aktive Kart-Fahrer angehören.

Anno 1972. Michael im Ur-Kart, das sein Vater (2.v.r.) ihm gebaut hat

Berührung. Und dadurch merkten wir erstmal, mit welch einem Haufen Schrott, auf den wir doch so stolz waren, der Michael unterwegs war.

Am liebsten ist Michael immer im Regen gefahren. Da war er erstens alleine und zweitens bereitete es ihm großes Vergnügen, die Gerade hoch und – verkehrt herum – wieder runter zu

Frühe Schule für das Fahrgefühl: Schleuderkurs im Regen

rasen. Am Ende lockte das Fahrerlager, wo Gehsteigplatten waren, auf denen man sich hervorragend drehen konnte. Je öfter er sich da gedreht hatte, desto mehr Spaß machte es ihm. Ich möchte heute behaupten, daß es genau diese einsamen Fahrten waren, die in ihm die Grundlagen für sein später so oft zitiertes Fahrgefühl gelegt haben. Diese Dreher hat er ja noch in seiner aktiven Kartzeit immer wieder gebracht, und selbst heute kann er es oft nicht lassen.

Auf jeden Fall haben wir uns danach das erste gebrauchte Kart gekauft. Leisten konnten wir uns nur Karts, die keiner mehr haben wollte, weil sie einfach völlig ausgeleiert waren. Weil aber die alte Bahn in Horrem sehr klein und eng war und Michael zudem noch sehr jung, sprich klein und leicht, konnte er trotz des Materials mit wesentlich besseren Karts mithalten. So gut, daß er sogar die Clubmeisterschaft gewann. Da war der Junge sechs Jahre alt, und die Rennen liefen immer nach dem gleichen Schema ab. Die ersten fünf, sechs Runden mußte Michael sich ein bißchen breit machen, bis seine alten Reifen genauso warm waren wie die guten der anderen. Und dann gab es kein Halten mehr, dann ist er denen auf und davon gefahren.

Daß Michael immer nur mit den schlechten Karts unterwegs war, hatte zwei Vorteile.

Die alten Karts von Michael brachten ihm auch einige Vorteile

Erstens mußte er sich viel mehr Mühe geben als die anderen. Und weil er trotzdem schneller war, wurden – zweiter Vorteil – rasch Leute auf ihn aufmerksam, die ihn dann auch von früh an gefördert haben.

Ein, zwei Jahre nach Michaels erstem Clubmeistertitel habe ich angefangen, den Leihkartbetrieb zu leiten, um zusätzliches Geld zu verdienen. Meinen Hauptberuf habe ich natürlich weiter ausgeführt. Ich war angestellter Ofenmaurer bei einem Bauunternehmen, das Industrieöfen ausmauerte. Der Leihkartbetrieb in Horrem war zu dieser Zeit ziemlich stark runtergekommen, und der Club suchte jemanden, der wieder ein bißchen Ordnung reinbrachte. Meine Frau hat auf dem Bahngelände eine alte Bude wieder flottgemacht und angefangen, Getränke und Würstchen zu verkaufen.

Die Kartbahn in Horrem. Anfang der Siebzig

Die Rennstrecke in Kerpen-Manheim ist 1.107 m lang, die Leihkartstrecke 400 m. Beide messen in der Breite 7 m. Für 20 Mark kann man von dienstags bis sonntags von 10 bis 18 Uhr 10 Minuten auf beinahe schon legendärem Asphalt fahren. Den Leihkartbetrieb leitet noch heute Rolf Schumacher.

Als der Club 1980/81 auf das heutige Gelände umzog, sind wir logischerweise mitgegangen. Wir nahmen auf dem Gelände eine Wohnung, haben dann unsere Ersparnisse zusammengeworfen und einen gebrauchten Imbißwagen gekauft. Gut, daß bereits zu dieser Zeit Michaels Kartfahren von Gerhard Noack großzügig unterstützt wurde, denn für uns war das alles ganz einfach zu teuer.

Das Abkommen, das wir mit dem Club hatten, war ziemlich einfach: Wir hatten uns um die Bahn zu kümmern, nach jeder Veranstaltung aufzuräumen und – natürlich – nach der Pfeife des Vorstandes zu tanzen. Da habe ich schon manchmal die Faust in der Tasche geballt, denn nicht jeder, der im Vorstand war, hatte deswegen auch vernünftige Ansichten. Als Gegenleistung durfte meine Frau mit dem Imbiß Geld

›hte Michael hier seine ersten Runden – das war der Beginn einer einzigartigen Karriere

Frühe Jagd nach den Pokalen: Siegerehrungen im Club sind für Michael (l.) Routine

In der Saison tummeln sich an jedem Wochenende rund 150 bis 180 Fahrer auf der Kartbahn in Kerpen-Manheim. Hinzu kommen noch einmal rund 200 bis 300 Besucher.

verdienen und ich mit dem Leihkartbetrieb. Leben konnten wir davon allerdings lange Zeit nicht, schon gar nicht im Winter. Um diese Monate zu überbrücken, habe ich bei meiner alten Baufirma weitergearbeitet. Meine Frau hat noch in einer Metzgerei als Verkäuferin Geld verdient.

Insgesamt gesehen, lief das Geschäft auf der Kartbahn aber immer besser. Und mit dem besseren Geschäft kam dann auch Neid und Mißgunst auf. Irgendwie war man im Club dagegen, daß das doch gar nicht sein darf, daß die Schumachers plötzlich Geld verdienten. Man kam auf die tolle Idee, genau gegenüber von unserem Imbiß eine Gaststätte aufzumachen.

Michael stand in der Zeitung – und wir auf der Abschußliste

Was uns natürlich die Existenzgrundlage genommen hätte. Alles in allem hatte sich die Situation so zugespitzt, daß wir Anfang der neunziger Jahre nicht mehr sicher sein konnten, ob wir bleiben konnten.

Das war schon eine paradoxe Situation. Zu dieser Zeit war in Artikeln über Michael immer wieder zu lesen, daß Kerpen die Bahn seiner Eltern sei. In Wirklichkeit war es so, daß uns die Bahn nicht nur nicht gehörte, sondern das wir sogar im gewissen Sinne auf der Abschußliste standen. Tja, und dann habe ich ein paar Vorstandsmitgliedern vom Club, die uns partout weghaben wollten, einfach einen Strich durch die Rechnung gemacht. Zu Hilfe ist mir da – unbeabsichtigt – eine ortsansässige Firma gekommen. Der gehörte mitten auf der Kartbahn ein größeres Gelände. Ich wußte, daß sie es verkaufen wollten.

Als meine Schwierigkeiten immer größer wurden, habe ich bei dieser Firma angerufen und gefragt, ob sie noch am Verkauf interessiert seien. Das war der Fall, und wir haben uns ganz schnell geeinigt. So wurde ich Eigentümer von

Mit elf Jahren schon beherrscht Michael Schumacher die Kart-Szene – mit seinem frühen

einigen Quadratmetern Land, über das ein Stück Kartbahn führte. Seitdem gab es keine Schwierigkeiten mehr mit dem Club.

Ich muß ganz offen bekennen, daß ich diese Geschichte mit einer gewissen Genugtuung erzähle. Was meinen Sie, wie sich ein Vater fühlt – vom Sohn ganz zu schweigen –, wenn der Clubvorstand mehr oder weniger unverblümt darauf besteht, daß Michael doch bitte bei den Rennen in Kerpen nicht mehr starten möge. Die Begründung dieser Herren war schon ein Hammer: „Viele treten gar nicht erst an, wenn sie wissen, daß auch der Michael startet. Das ist doch auch nicht gut für Ihr Geschäft, oder Herr Schumacher?" Was blieb mir da anderes übrig. In der Tat haben wir den Michael bei einer ganzen Reihe von Rennen nicht fahren lassen.

Aber es war manchmal schon verrückt. Der Junge legte solche Fabelzeiten hin, daß Väter von anderen jungen Kartfahrern kamen und dem Michael das Kart, so wie es da stand, abkauften. Einzige Bedingung war, daß Michael keine Schraube verändern dürfe. Die haben tatsächlich geglaubt, die Zeiten lägen am Material. Natürlich waren sie dann überrascht, wenn ihre Kinder doch nicht an die Zeiten von Michael rankamen.

Förderer Gerhard Noack an der Seite

Damals, glaube ich, hat Michael auch seine instinktive Vorsicht gegenüber Schulterklopfern entwickelt. Wenn Michael gewann, kamen alle an und lobten ihn über den grünen Klee. Keine zehn Prozent dieser Lobeshymnen waren ehrlich gemeint. Unverblümt freuten sich die gleichen Leute, wenn der Michael mal wegen eines Defektes ausfiel.

Viele äußerten die Meinung, der Michael müsse ja einfach schnell sein, weil er permanent auf „seiner" Strecke fahren würde – was ja gar nicht stimmte. Denn der Junge mußte sehr viel helfen, weil ich die ganze Arbeit alleine nicht

Michaels Rennerei zu unterstützen, war damals schon schwierig für uns

schaffte. Manchmal lief am Wochenende noch seine Siegerehrung, da war der schon wieder beim Leihkartbetrieb und half.

Damals Michaels Rennsport-Ambitionen zu unterstützen, war sehr schwierig für uns. Wir haben gemacht, was wir konnten. Aber bei den Rennkosten war das oftmals nicht mehr als ein Tropfen auf den heißen Stein.

Diese Zeit, also Anfang der achtziger Jahre, war wirklich nicht einfach: der Start mit dem Imbißwagen oder später der Aufbau unserer Gaststätte. Die habe ich Stein für Stein selber gemauert, selber verputzt und verfliest. Zu dieser Zeit konnte keiner sagen, ob wir unsere Investitionen jemals wieder erwirtschaften können. Ich träume manchmal heute noch davon, daß ich die Kartbahn aufschließe und es kommt einfach keiner. Wir hatten über viele Jahre hinweg keinen Urlaub machen können, hatten kaum mal einen freien Tag. Und es dauerte lange, bis wir uns mal ein größeres Teil kaufen konnten, ohne Ratenzahlungen zu vereinbaren.

Auf der anderen Seite hat es auch Spaß gemacht. Die Arbeit auf der Kartbahn war eine freie Arbeit. Wir hatten keinen direkten Chef, der sagte, wo es langging. Und das wichtigste war: wir sahen, daß es vorwärts ging. Ich habe nie bereut, die Bahn übernommen zu haben.

Und auch nie bereut habe ich, daß ich damals so ganz ohne jeden Hintergedanken dieses Kart gebastelt habe. Nun stellen Sie sich bloß vor, ich hätte dem Michael statt dessen einen Tennisschläger geschenkt. Ich weiß ja nicht, was dann aus unserem Michael geworden wäre …

Alle haben mal klein angefangen

Keiner beginnt im Formel-1-Rennwagen. Fast jeder Rennfahrer macht seine ersten Erfahrungen mit einem Kart. Oft beginnt damit eine Liebe fürs Leben: Kartfahren bleibt für die meisten Stars der Rennszene auch später ein Hobby. Wir haben in den privaten Fotoalben geblättert. Hätten Sie die Boys alle erkannt?

Rubens Barrichello: Mit neun Jahren bekommt er sein erstes Kart. In seiner achtjährigen Kartkarriere von 1981 bis 1988 wird er fünfmal Brasilianischer Kart-Jugendmeister. Nächster Schritt: Formel Ford

Gerhard Berger, Jahrgang '59, ist schon 15, a
bringt ihn seine Körperlänge (heute 1,85 m)

erstmals in einem Kart sitzt. Bei den damals recht schlichten Gefährten, durchweg in Garagen zusammengebastelt,
ge Bedrängnis. Seine Rennkarriere beginnt erst richtig, als er 19 ist und einen Alfasud-Tourenwagen fahren darf

Ayrton Senna: Mit vier Jahren erhält der Industriellensohn 1964 sein erstes Kart. Drei Jahre später trainiert er auf einem 3-PS-Gefährt. 1973 – er ist 13 – fährt er erste Rennen. 1977 wird der junge Brasilianer Kartmeister Pan-Amerika, 1979 und 1980 Vizeweltmeister. Nächster Schritt: Formel Ford

Mika Salo: 50-Kubik-Kart als Sechsjähriger. Er fährt zahlreiche Rennen in seiner finnischen Heimat und wird 1978 Finnischer Kartmeister – mit 17 Jahren. Nächster Schritt: Formel Ford

Gianni Morbidelli: Der zwölfjährige Italiener s
winnt er in der Kart-Junioren-Weltmeistersch
Kart. Nächster Schritt: Italienische Formel 3

Andrea de Cesaris: 1973 absolviert er sein erstes Kartrennen. Er ist gerade 14 geworden. Drei Jahre später die große Trophäe: Der Italiener wird Kart-Junior-Weltmeister 1976. Nächster Schritt: Formel Ford

Jos Verstappen: Der Holländer bewegt mit acht Jahren erstmals ein Kart. Von 1980 bis 1991 gewinnt er in den Beneluxländern jede erdenkliche Kart-Meisterschaft, außerdem 1989 die Kart-Europameisterschaft. Nächster Schritt: Formel Opel Lotus

0 erstmals im Kart. Zwei Jahre später ge-
Vizetitel. Er fährt noch drei weitere Jahre

Mika Häkkinen: Mit sechs Jahren, also 1974, das erste Kart. Er fährt Kart bis zum 18. Geburtstag. Zwischen 1974 und 1986 wird er fünfmal Finnischer Kartmeister. Nächster Schritt: Formel Ford

Olivier Panis: Auch der Franzose beginnt sein
fährt von 1979 bis 87 begeistert Rennen, ernte
tionale oder internationale Meisterschaften un

David Coulthard: 1983 sitzt er erstmals im Kart – und wird im selben Jahr schon Schottischer Junior-Kartmeister. Da ist er zwölf. Die Siegerehrung in den Highlands gefällt ihm so, daß er sie von nun an regelmäßig erleben möchte. Bis 1988 gewinnt er jedes Jahr die Meisterschaft. Nächster Schritt: Formel Ford

ɜnnkarriere im Kart – allerdings mit 13. Er
ıhlreiche Clubtrophäen. Leider verpaßt er na-
aresbreite. Nächster Schritt: Formel Renault

Alessandro Zanardi: Er ist 14, als er 1981 mit Kartrennen beginnt. Sechs Jahre fährt er, mit Erfolg: 1985 und 86 ist er Italienischer Kartmeister, 1987 Europameister. Nächster Schritt: Italienische Formel 3

Johnny Herbert: mit zehn Jahren Kartpremiere – also 1974. 1978 und 1982 wird er Britischer Kartmeister. Mit dem letzten Titel beendet er – als Achtzehnjähriger – die Kartlaufbahn. Nächster Schritt: Formel Ford

Luca Badoer: kein Früheinsteiger. Der kleine Italiener fährt mit 14 Jahren – 1985 – seine ersten Kartrennen. 1987 und 1988 gewinnt er jeweils die Italienische Meisterschaft. Nächster Schritt: Italienische Formel 3

Heinz-Harald Frentzen: Mit 13 beginnt der Mönchengladbacher, Jahrgang 1967, seine Rennkarriere im Kart. Ein Jahr später – 1981 – wird er Deutscher Junioren-Kartmeister. Er bleibt dem Kartsport verbunden, bis er 18 ist und an Formel-Rennen teilnehmen darf. Nächster Schritt: Formel Ford

Michael Schumacher: Deutschlands erfolgreichster Rennfahrer hat sich schon früh auf die Nummer 1 festgelegt. Ab 14 – 1983 – nimmt er an Rennen teil. Titelauswahl: 1984 und 1985 Deutscher Junioren-Kartmeister. 1985 Vizeweltmeister. 1987 Deutscher Meister und Europameister. Nächster Schritt: Formel König, 1988

Michael Schumacher

Die Technik des Fahrens

Wer könnte besser über die Fahrpraxis im Kartsport erzählen als der zweifache Formel-1-Weltmeister. Michael Schumacher spricht über die Technik des Fahrens, sagt, was der Fahrer beherrschen und worauf er sich einstellen sollte. Zudem verrät er seine Tips und Tricks – und, natürlich, die der anderen.

Michael, wie bremst man ein Kart richtig ab?

Für den richtigen Umgang mit dem Bremspedal gibt es kein Rezept. Im Laufe der Zeit entwickelt man einfach ein Gefühl dafür. Der beste Tip ist: Learning by doing. Das heißt: reinsetzen ins Kart und bremsen, bremsen, bremsen. Zuerst ganz sachte, dann immer fester, bis das Rad blockiert. Den ganzen Ablauf sollte man möglichst oft wiederholen, damit das richtige Bremsen in Fleisch und Blut übergeht.

Gibt es typische Fehler beim Bremsen?

Zu Anfang der Übung wird immer wieder ein Fehler gemacht – vorwiegend von Autofahrern: Sie bremsen viel zu früh und nicht hart genug. Im Straßenverkehr ist das ja sinnvoll, möglichst früh und gleichmäßig so abzubremsen, daß man die kommende Kurve sicher durchfahren kann. Im Motorsport ist das jedoch völlig anders. Da versucht man bis zur letzten Zehntelsekunde auf dem Gas zu bleiben.

Wenn man aber schon auf den letzten Drücker bremst, dann logischerweise so hart

Das A und O im Kartsport: das Anstellen. Oh

wie möglich. Nur so erreicht man den kürzesten Bremsweg. Jeder, der das beherrscht, kann, so paradox das auch klingt, beim Bremsen unheimlich viel Zeit gutmachen. Zudem hat er beim Zweikampf klar die Nase vorn.

Wie verzögert man optimal?

Der optimale Bremsvorgang ist im Prinzip der gelungene Versuch, eine Art ABS-Bremsung nachzuahmen. Das heißt, so zu bremsen, daß das Rad weder blockiert noch frei rollt. Es soll sich nur möglichst langsam mitdrehen. Ich weiß, daß das einfacher gesagt als getan ist. Aber wenn es funktioniert, dann rutscht das Kart leicht und beginnt zu driften.

Diesen Moment des Driftens nennt man „Anstellen“. Es ist – besonders beim Ausbremsen – außerordentlich wichtig. Wenn man vor dem Einlenken in die Kurve einen Tick früher in die Kurve einschlägt, dann schiebt das Kart über die Vorderachse. Dadurch bremst es zusätzlich ab.

Ich habe ja früher jede Menge Kart-Lehrgänge geleitet. Und diese Technik gehörte zu den ersten, die ich den Teilnehmern der Kurse beigebracht habe. Ich habe mich an die Strecke gestellt und dem Schüler gesagt, an welchem Punkt er bremsen müsse. Nachdem wir das ein paar Mal trainiert haben, stand das Anstellen des Karts auf dem Programm. Das Staunen der Schüler war entsprechend groß.

...ese Kunst läuft nichts in Wettbewerben. Der Anfänger sollte sich von Anfang an mit dieser Technik vertraut machen

Das Kart ist zu schnell in der Kurve, das Heck bricht aus. Leichtes Gegenlenken bringt es wieder auf Kurs

Es gibt zwei Arten, das Kart zu verzögern: Einmal, wie wir es alle vom Auto her kennen, mit der Bremse, und einmal mit einem Lenkeinschlag, bzw. dem daraus resultierenden Schieben des Karts über die Vorderräder.

Wie wichtig das Anstellen ist, zeigt sich immer wieder im Wettkampf: Wenn du nur auf die Bremse trittst, dein Gegner aber die Kunst des Anstellens beherrscht, hast du keine Chance. Denn das zusätzliche Anstellen des Karts verkürzt den Bremsweg um ganz bestimmt 20 Prozent.

Doch aufgepaßt: Man muß diese Bremstechnik extrem gut timen. Denn irgendwann greifen die Vorderräder wieder, und das Kart zieht sich in die Kurve rein. Dann sollte die Geschwindigkeit zu der Kurve passen und, fast noch wichtiger, die Kurve sollte auch wirklich da sein. Perfekte Koordination ist also absolut notwendig.

Gibt es kritische Momente, in denen man besser nicht bremst?

Wenn man z.B. kurz vor einem Dreher ist, sollte man die Bremse unbedingt öffnen. Das ist für einen Laien nur sehr schwer zu verstehen. Ich glaube, instinktiv würde jeder in dieser Situation auf dem Bremspedal stehen bleiben. Nur landet man dann garantiert im Kiesbett. Ich denke z.B. an meinen Dreher beim F1-Lauf in Spa-Francorchamps 1994. Wenn ich da auf der Bremse geblieben wäre, hätte ich die ganze Aktion nie unter Kontrolle gekriegt.

Auch auf regennasser Piste ist es manchmal ratsam, das Kart einfach rollen zu lassen. Wenn es keine Alternative zwischen blockierenden Rädern einerseits und Öffnung der Bremsen andererseits gibt, dann würde ich in jedem Fall die Räder laufen lassen. Denn im Regen ist es noch wichtiger, nicht zu blockieren. Den ohnehin geringen Grip, den man im Regen hat, sollte man für das Bestimmen der Fahrtrichtung nutzen.

Michael, was ist bei der Beschleunigung zu beachten?

Das Beschleunigen im Kartsport ist relativ einfach, weil die Leistung eines Karts nicht sonderlich groß ist. Interessant ist eigentlich nur die Phase, in der man aus einer Kurve herausbeschleunigt: Man geht aufs Gas, bis das Kart leicht driftet. Hier muß man etwas Fingerspitzengefühl entwickeln, bis man genau den Driftwinkel gefunden hat, der den besten Vortrieb gibt und den geringsten Zeitverlust bedeutet.

Ganz ausgebuffte Profis beherrschen den schmalen Grat zwischen optimalem und zu starkem Driften durch eine ausgefeilte Technik: Unmittelbar vor dem zu starken Ausbrechen des Karts nehmen sie nicht das Gas weg, sondern gehen – bei Vollgas und optimaler Motorendrehzahl – leicht auf die Bremse. Man fängt das driftende Kart also mit der Bremse wieder ein, ohne daß dabei die Motorendrehzahl in den Keller fällt. Gas zu geben und gleichzeitig gefühlvoll zu bremsen, das muß man schon können. Es ist wirklich nur was für die Fortgeschrittenen.

Diese Technik ist besonders im Regen schwierig, weil der Wheelspin auf regennasser Bahn nur ganz schlecht zu kontrollieren ist. Andererseits ist die Methode bei Nässe besonders effizient.

Eines muß ich jedoch noch betonen: Das ganze funktioniert nur, wenn die Bremsen ausschließlich auf die Hinterräder wirken. Gibt es auch noch Bremsen vorne, wie bei jedem Auto, klappt die ganze Sache nicht.

Gibt es Unterschiede zum Formel-Sport?

Im Formel-Sport ist das Thema Beschleunigung weitaus komplexer als im Kartsport. Das Prinzip jedoch ist bei beiden dasselbe: Man muß so früh wie möglich das Limit ertasten. Sobald sich die Möglichkeit ergibt, auf dem Gas zu stehen, sollte man auch schon am Limit des Karts sein – also genau auf der Grenze zwischen optimalem und zu starkem Driftwinkel. Diesen Grenzzustand sollte man möglichst sauber in der Kurve beibehalten.

Bringt es Vorteile, den Driftwinkel zu vergrößern?

Nein, das ist blanker Unsinn. Zwar gibt es viele, die aus lauter Spaß unheimlich spektakulär durch die Kurve driften und meinen, sie in einer Fabelzeit gemeistert zu haben. In Wirklichkeit aber sind sie langsamer als der Rest des Feldes. Zudem fahren sie auch noch die Reifen zu heiß, sprich kaputt. Also: Möglichst sauber

Regenrennen. Durch Verlagerung des Körpergewichts versucht der Fahrer mehr Grip aufs Vorderrad zu bekommen

durch die Kurve, Ausgangs der Kurve möglichst früh gerade stellen, um schnell wieder aufs Gas gehen zu können. Dieser Fahrstil ist vielleicht ein wenig unauffällig, macht sich aber auf die Gesamtdistanz bezahlt.

Welche Tips haben Sie für den Start, der im Kartsport ja meistens ein fliegender ist?

Beim Start ist es wichtig, genau zu kontrollieren, wo der andere ist. Viele lassen sich in der Vorstartrunde bewußt zurückfallen – in der Hoffnung, daß der Gegner auch vom Gas geht. Macht er das tatsächlich, treten sie durch und sind weg. Das funktioniert aber auch nur mit Fahrern, die kaum Wettkampferfahrung haben. Ich bin in solchen Fällen einfach weiter gefahren – und der Trickser fand sich dann beim tatsächlichen Start zwölf Meter hinter mir wieder.

Fliegende Starts können im Kartsport ganz schön frustrierend sein. Manchmal steht man in der Startaufstellung hinter irgendwelchen „Trantüten", die selbst das Tempo der Einführungsrunde nicht mitgehen können. Und vorne fahren dann die anderen weg, während du hinter dieser Type festgenagelt bist. Das hält keiner aus. Also fährt man automatisch an dem vorbei und hat prompt seine Startposition verändert.

Auf der anderen Seite gibt es Fahrer, die schon in der Einführungsrunde versuchen, sich einen Platz zu nehmen, der ihnen nicht zusteht. Dann ist es schnell passiert, daß sich die Räder berühren – und schon ist man vor dem Start draußen. Solche Idioten gibt es natürlich auch.

Wie ist der Vergaser optimal für den Start eingestellt?

Die Vergasereinstellung ist ganz wichtig für die optimale Beschleunigung beim Start. Zunächst muß man ja langsam fahren, was zur Folge hat, daß der Motor sehr „fett" wird. Dieses Problem kann man aber schnell lösen: Man dreht die Vergaserdüse ein wenig zu oder kneift den Benzinschlauch kurz ab. Allerdings muß man beides im richtigen Moment wieder zurücknehmen, sonst ist der Motor hin. Man sollte also schon genau wissen, zu welchem Zeitpunkt der Motor weniger und wann er mehr Sprit braucht.

Diese ganze Problematik machen sich immer wieder einige Trickser in der Einführungsrunde zunutze. Die fahren betont langsam in der Hoffnung, daß die Fahrer hinter ihnen durch den Rückstau noch langsamer fahren müssen – und so der Motor absäuft. Aber auch das gelingt nur mit Newcomern. Wer den Trick

Der fliegende Start hat seine Tücken – besonders wenn Trickser und Trantüten im Starterfeld unterwegs sind

Manchmal erwünscht: das fettere Gemisch. Der Fahrer „schmiert“ den Motor durch Zuhalten des Lufteinlasses

kennt, stellt sich und seinen Vergaser darauf ein. Damit ist das Thema erledigt.

Warum machen einige Kartfahrer so merkwürdige Ruckbewegungen während der Fahrt?

Ein Kart ist nun mal sehr leicht, und mit dieser Ruckbewegung holt der Fahrer Schwung. Gerade beim Kurvenausgang kann das sinnvoll sein. Allerdings reicht es, das einmal zu machen und nicht, wie oft zu sehen, noch auf der Geraden wie ein gedoptes Känguruh herumzuhüpfen.

Wie würden sie die Ideallinie definieren?

Ich erinnere mich, daß Niki Lauda auf diese Frage nur ganz trocken geantwortet hat: „Wem man die Ideallinie erst erklären muß, der sollte es am besten direkt bleiben lassen." – Die Ideallinie ist prinzipiell die, die am schnellsten durch die Kurve führt. So simpel der Satz ist, so schwierig kann es sein, die Ideallinie dann auch zu finden. Meistens heißt es: Von außen in die Kurve rein, dann ganz nach innen, um am Kurvenausgang wieder weit draußen zu sein. Das ist häufig so, aber nicht immer. Denn es kann ja durchaus passieren, daß eine Kurve aus mehreren besteht. Da ist man unter Umständen am schnellsten, wenn man folgendermaßen fährt: Von außen nach innen, dann Mitte, wieder nach innen, Mitte, nach innen und wieder nach außen. Man fährt also nicht immer den ganzen Bogen, nutzt nicht immer den ganzen Platz, sondern fährt so, wie es in der Gesamtheit am flüssigsten ist.

Man kann die Frage nach der Ideallinie natürlich logisch angehen – man kann sich aber auch auf sein Gefühl verlassen. Ganz egal, wie man hier vorgeht, das wichtigste ist die Stoppuhr. Die sagt einem ganz unbestechlich, wo man steht.

Welche Ratschläge können Sie noch zur Ideallinie geben?

Der wichtigste Ratschlag ist, bestimmte Kurven unter Umständen ein wenig langsamer zu fahren als möglich. Man darf eine Kurve nie isoliert betrachten. Manchmal ist sie Teil einer ganzen Kombination. Und wenn ich die erste Kurve gnadenlos am Limit durchfahre, kann es leicht passieren, daß ich die nächste Kurve nicht mehr optimal erwische. Ratsam kann sein, die erste Kurve unter den eigenen Möglichkeiten anzugehen, um in die folgende optimal rein- und wieder rauszukommen. Was zählt, das ist der Schnitt der gesamten Passage und nicht die Zeit für nur einen Teil der Kombination.

Manchmal hilft es auch schon, die Augen auf zu machen. Wenn man sieht, daß der Vordermann schneller durch die Kurve fährt, dann muß man sich fragen: Warum fährt er schneller? Was fährt er für eine Linie? Also beobachten – und, wenn es geht, nachmachen. Natürlich hat es keinen Zweck, dem absoluten Bahncrack folgen zu wollen. Das geht nicht lange gut und bringt gar nichts – nur Frust. Am besten nimmt man sich immer den Nächstschnelleren und versucht ihn zu kopieren.

Wie kann man die Rundenzeiten am besten kontrollieren?

Man sollte die Strecke in Sektionen aufteilen und – Abschnitt für Abschnitt – die Zeiten stoppen. Das ist besonders wichtig für Anfänger, denn die sind selten in der Lage – selbst wenn sie

Aus: Manchmal versagt die Technik des Kart

einzelne Kurvenpassagen schon richtig fahren können – eine ganze Runde perfekt hinzulegen. Also erst einmal einzelne Sektionen vornehmen und die mit der Stoppuhr kontrollieren. Jeder Abschnitt ist ein Abschnitt für sich, jeder sollte perfekt sitzen – also muß auch jeder einzeln kontrolliert werden.

Wenn man von der Konzentration her noch nicht in der Lage ist, alle Kurven einer Runde wirklich perfekt zu fahren, dann sollte man zuerst mit den Kurven vor langen Geraden beginnen. Denn der Schwung, den man aus einer gut durchfahrenen Kurve mitnimmt, ist auf einer langen Geraden von unschätzbarem Vorteil. Oder andersherum: Die Zeit, die man in einer Kurve vor einer langen Geraden verloren hat, kann man auf der Geraden nie wieder gutmachen. Ganz im Gegenteil, man trägt diesen bedauerlichen Zeit-Verlust bis zur nächsten Kurve vor sich her.

Michael, vielen Dank für diese Tips.

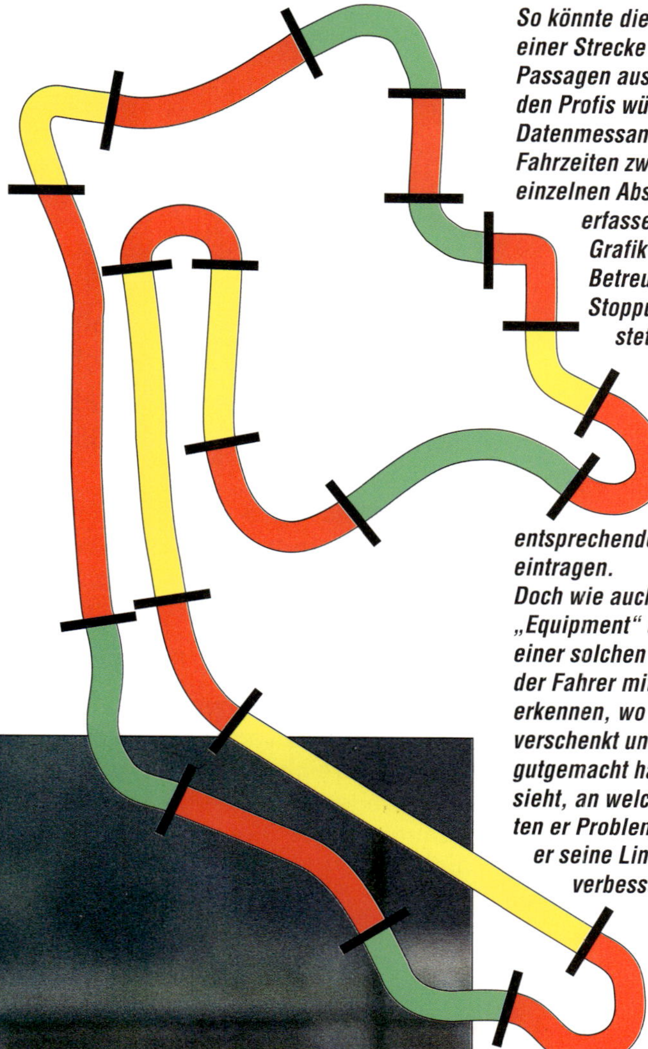

So könnte die Unterteilung einer Strecke in einzelne Passagen aussehen. Bei den Profis würde eine Datenmessanlage die Fahrzeiten zwischen den einzelnen Abschnitten erfassen und in diese Grafik eintragen. Ein Betreuer, mit Stoppuhr ausgerüstet, kann am Anfang jedoch auch gute Dienste leisten und die entsprechenden Zeiten eintragen. Doch wie auch immer das „Equipment" aussieht: Mit einer solchen Grafik kann der Fahrer mit einem Blick erkennen, wo er Zeit verschenkt und wo er Zeit gutgemacht hat. Und er sieht, an welchen Abschnitten er Probleme hat und wo er seine Linie, seinen Stil verbessern muß.

nchmal ist es die Technik des Fahrers, die ein Rennen vorzeitig beenden kann

Dirty Tricks

Überall wird mal gemogelt, also auch im Kartsport. Damit man nicht gleich auf die einfachsten Tricks reinfällt, geben wir hier eine kleine „Auswahl“. Natürlich nicht zur Nachahmung – sondern um den kritischen Blick zu schulen.

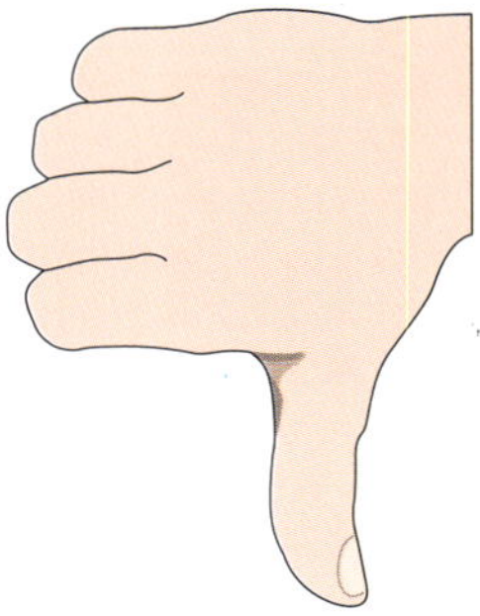

Dirty Trick 1:
Zusätze im Sprit verwenden, die leistungssteigernd, aber auch verboten sind.

Dirty Trick 2:
Reifen „weich machen“ (mit einem chemischen Zusatz, der z.B. mit einer Anstreich-Rolle auf die Slicks aufgetragen wird), damit das Reifengummi auf der Strecke mehr Grip aufbaut.

Dirty Trick 3:
Motoren aufbohren, um mit größerem Hubraum mehr Leistung zu haben.

Dirty Trick 4:
Größere Vergaser fahren. Dadurch kommt es zu einer besseren „Füllung“ und somit zu höherer Leistung.

Dirty Trick 5:
Durch verbotene Karbonteile und Titan für untergewichtige Karts sorgen.

Dirty Trick 6:
Mehrere Reifensätze während des Rennens benutzen (nur ein Satz ist erlaubt).

Dirty Trick 7:
Manipulation des Vergaserdurchmessers mit Hilfe eines Flansches, der in den Vergaser ohne große Umstände reingeschoben werden kann und so den erlaubten Vergaserdurchmesser vortäuscht. Zu Beginn des Rennens wird der Flansch entfernt, nach dem Rennen wieder reingeschoben.

Michael Schumacher, welcher Trick hat Sie stark beeindruckt?

„Bei den internationalen Rennen darf man ja nur noch mit dem nackten Kart in den Parc Fermé. Weder der Benzintank noch die Reifen dürfen mitgenommen werden. Vor den Rennen erhält dann jeder aus den Beständen des Parc Fermé die Reifen und den Treibstoff. So ist sichergestellt, daß alle Fahrer mit dem gleichen Material unterwegs sind. Also sind ein paar ganz Clevere hingegangen und haben die Karre, mit der die Karts transportiert werden und die normalerweise auf alten Kartreifen läuft, ganz einfach mit nagelneuen Slicks versehen. Auf diesem Weg haben die Jungs neue Reifen in den Parc Fermé reinschmuggeln können. Dann mußten sie die nur noch abmontieren und schon hatten sie ein Paar Reifen zusätzlich. Auf die Idee muß man erst mal kommen.“

Michael Schumacher, welcher Trick ist denn besonders plump?

„Einige Spezis fahren im Rennen immer wieder untergewichtig. Das bringt natürlich entscheidende Vorteile im Wettkampf. Wenn der Fahrer nach dem Rennen dann zusammen mit dem Kart auf die Waage muß, steht der Mechaniker dabei, guckt wie alle auf die Waage und drückt dabei unbemerkt mit dem Knie auf den Karthinterreifen – klappt immer wieder.“

Michael Schumacher

Das Geheimnis des Abstimmens

Auch wenn es bei der äußerlich so übersichtlichen Kart-Technik nicht danach aussieht: Das Abstimmen eines Rennkarts ist eine komplexe Kunst. Vergaser und Auspuff bieten sehr viele Abstimm-Möglichkeiten. Ebenso wichtig ist die Wahl der richtigen Übersetzung. Darüberhinaus kann man am Chassis Änderungen vornehmen. Wir baten Michael Schumacher um Tips eines erfahrenen Kartsportlers.

Michael, wie schwierig ist es, die Spur richtig einzustellen?

Die Verstellmöglichkeiten am Chassis sind je nach Hersteller unterschiedlich. Manche Karts untersteuern, andere hingegen neigen zum Übersteuern. Früher waren die Verstellmöglichkeiten simpler. Heute sind die Reaktionen der Karts auf Spurveränderungen nicht mehr so logisch, wie sie mir früher erschienen.

Gibt es klare Richtlinien für das Über- oder Untersteuern?

Wenn das Kart in der Kurve übersteuert, verringert man normalerweise hinten die Spurbreite, man „geht hinten enger". Dadurch bekommt man eine Art Kippeffekt, der die Belastung des kurvenäußeren Hinterrades erhöht. Aber das funktioniert heutzutage nicht immer. Heute geht man in einigen solcher Fälle hinten sogar breiter. Es bleibt einem Kartfahrer nichts anderes übrig, als jedesmal diese beiden Möglichkeiten gegeneinander auszutesten. Nach wie vor ist aber richtig, daß man bei einem untersteuernden Kart vorne rund einen Zentimeter breiter geht.

Darüberhinaus kann auch die Spur verändert werden, um einen ganz anderen Chassis-Charakter zu erreichen. Speziell im Regen wird die Spur ein wenig aufgemacht, was nichts anderes heißt, als die Räder, in Fahrtrichtung gesehen, leicht V-förmig zu spreizen. So bekommt man beim Einlenken ein bißchen mehr Grip auf die Vorderräder. Das geht aber nicht im Trockenen, weil es die Vorderräder ruinieren würde.

Wie ermittelt man den richtigen Reifendruck?

Für optimale Rundenzeiten ist der richtige Reifendruck ausgesprochen wichtig. Nur wenn der stimmt, ist der maximale Grip garantiert. Der Reifendruck ist am besten über das Reifenbild zu kontrollieren – also mit einem kritischen Blick auf den eingefahrenen Reifen.

Normalerweise fährt man mit einem Reifendruck los, der bei 1,0 bis 1,2 bar liegt. Nach einigen Runden schaut man sich das Reifenbild an. Optimal ist der Druck, wenn sich der Reifen auf der Innenfläche ein bißchen aufriffelt – ungefähr im inneren Drittel. Ein erfahrener Kartfahrer geht dann mit dem Druck vielleicht ein wenig herunter. Allerdings ist diese Druckreduzierung nur bis zu einem bestimmten Punkt sinnvoll. Ist der Druck zu niedrig, fängt der Reifen nämlich an zu walken und verliert völlig seinen Grip.

Ganz wichtig: der Druck eines jeden Reifens muß individuell angepaßt werden. Standardwerte für vorne und hinten gibt es nur bei Serien-PKW, im Kartsport funktioniert das

Der 100 ccm-Motor, wie er in der Formel A zum Einsatz kommt: luftgekühlt und Drehschieber-gesteuert

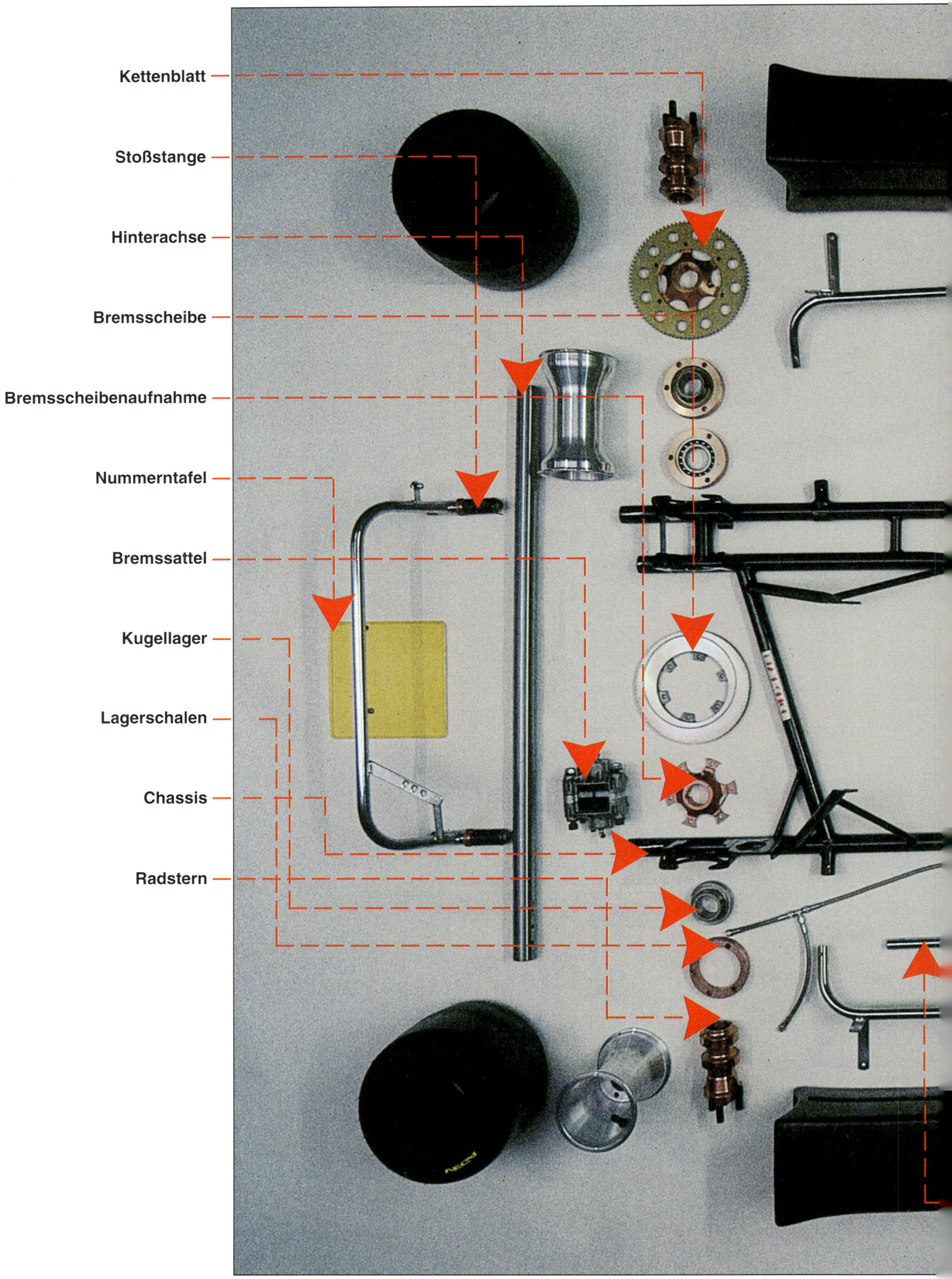
Kettenblatt
Stoßstange
Hinterachse
Bremsscheibe
Bremsscheibenaufnahme
Nummerntafel
Bremssattel
Kugellager
Lagerschalen
Chassis
Radstern

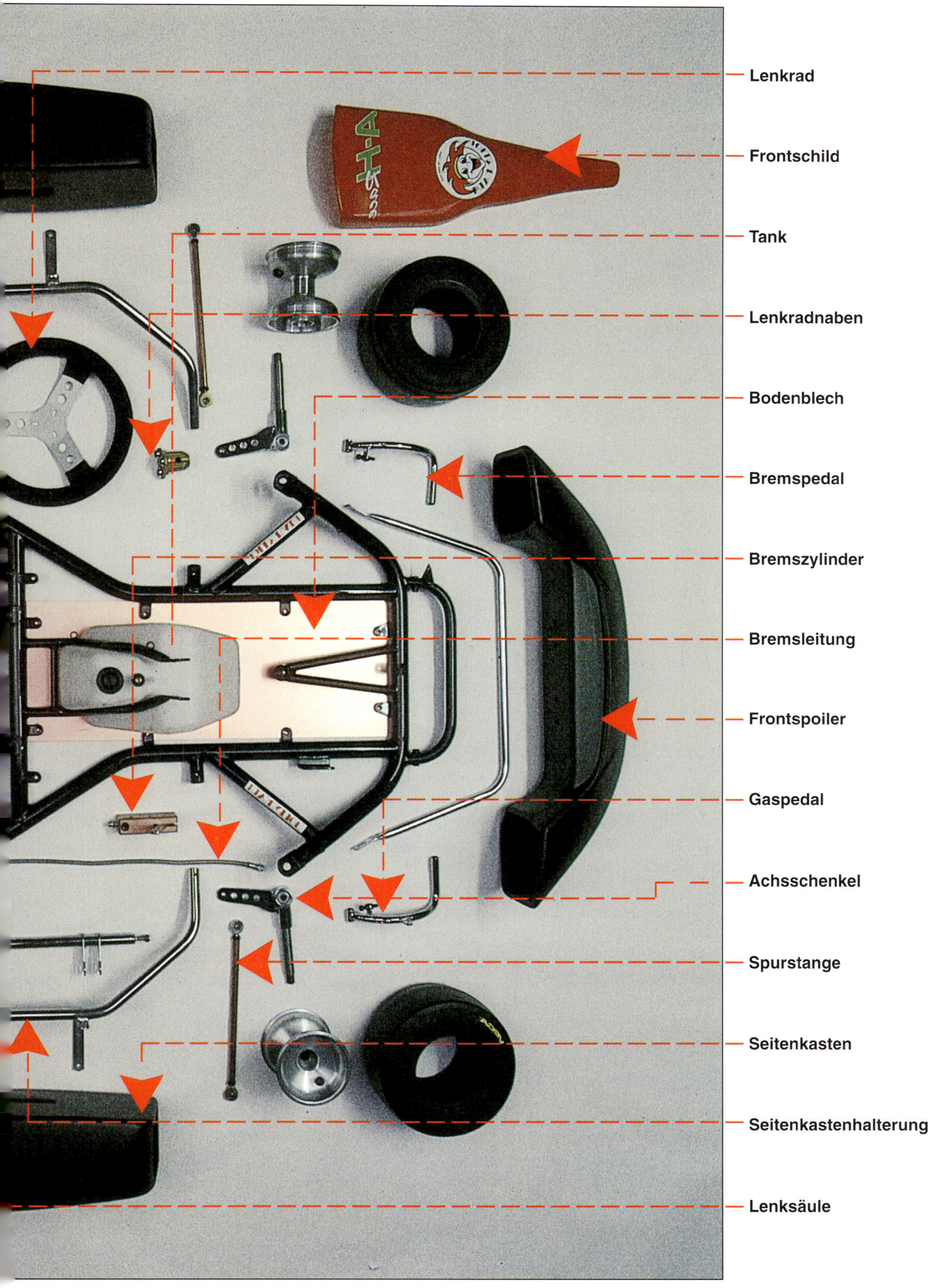
Lenkrad
Frontschild
Tank
Lenkradnaben
Bodenblech
Bremspedal
Bremszylinder
Bremsleitung
Frontspoiler
Gaspedal
Achsschenkel
Spurstange
Seitenkasten
Seitenkastenhalterung
Lenksäule

nicht optimal. Je nach Strecke gibt es mehr Rechts- oder Linkskurven, und dementsprechend muß auch der Reifendruck unterschiedlich sein.

Ist das nicht alles schwierig für einen Kart-Anfänger?

Bevor sich der Anfänger völlig verrennt, sollte er lieber mit einem Standardwert fahren. Das heißt: Vorne 1,0 und hinten 1,2 bar – damit liegt man selten falsch. Erst der ambitionierte Fahrer und der Kart-Profi beschäftigen sich intensiv mit dem Problem Reifendruck und Griplevel.

Als Kartfahrer habe ich immer darauf bestanden, meinen Reifendruck selber festzulegen. Ich kannte stets den Druck in den einzelnen Reifen und wußte für jede Kartbahn die optimalen Werte.

Sind weichere Reifen besser als härtere Mischungen?

Generell sollte ein Anfänger mit einer härteren Mischung beginnen. Bei diesen Reifen ist der Verschleiß geringer, und so hat man länger Freude am Reifen. Eine weiche Reifenmischung hält gerade mal einen Tag, vielleicht auch, mit etwas Glück, ein ganzes Wochenende, aber spätestens dann sind die Reifen hinüber. Und das bedeutet dann 400 bis 500 Mark Kosten.

Das wichtigste beim Kartsport ist: Fahren, fahren, fahren. Und dazu braucht man Material, das den dauernden Einsatz zuläßt. Wenn man die entsprechende Praxis hat und schnellere Runden fahren möchte, kann man sich ja einen Satz weichere Reifen zusätzlich zulegen. Richtig professionelles Material kommt erst später dran. Da ist die Mischung so ausgelegt, daß man gerade mal eine Renndistanz fahren kann.

Die meisten Karts haben ja keine Gangschaltung. Wie kann ich trotzdem dafür sorgen, daß der Motor sich meistens in einem günstigen Drehzahlbereich befindet?

Richtig, Karts haben normalerweise keine Gänge. Deshalb sind Ritzel und Kettenblätter die einzige Möglichkeit, auf der jeweiligen Strecke dafür zu sorgen, daß sich der Motor in den meisten Passagen im richtigen Drehzahlbereich befindet. Das Ganze muß man sich wie bei einem Fahrrad vorstellen, das ja auch mit Kettenblatt und Ritzel arbeitet. Das Ritzel sitzt auf der Kurbelwelle. Je kleiner nun das Kettenblatt ist, also je weniger Zähne es hat, desto schwerer tut sich der Motor bei der Beschleunigung. Umgekehrt ist aber die Endgeschwindigkeit mit einem kleinen Kettenblatt höher als mit einem großen.

Die Motoren, die im Kartsport zum Einsatz kommen, haben ihre beste Leistung zwischen 15.000 und 18.000 Umdrehungen. Wenn die Drehzahlen in den Keller fallen, dann braucht ein Zweitakter ziemlich lange, bis er wieder anpackt. Das bringt enorme Zeitverluste. Deshalb ist es auch wichtig, „rund" zu fahren, damit nicht mehr Drehzahl verloren geht als unbedingt nötig. Daran sollte man immer denken, wenn man mal richtig schön driften will. Ich weiß ja selber, wieviel Spaß das macht. Aber eins ist sicher: Driften bedeutet fast immer Drehzahlverlust. Statt dessen sollte man lieber darauf achten, die Drehzahl möglichst hoch zu halten.

Wie merkt man, daß der Motor optimal übersetzt ist?

Jeder Motor sollte so übersetzt sein, daß er am Ende der längsten Geraden einer Strecke seine Höchstdrehzahl erreicht. Die liegt, je nach Motor, zwischen 17.000 und 19.000 Umdrehungen. Wir gehen jetzt einfach mal von einem durchschnittlichen Motor aus, 100 ccm, Membran-gesteuert. Der geht bis 18.500 Umdrehungen. Das heißt für den Fahrer, er muß seine Übersetzung so austüfteln, daß er am Ende der längsten Geraden diese 18.500 Umdrehungen erreicht.

Man kann es auch beim Fahren ohne Drehzahlmesser leicht merken. Irgendwann „steht der Motor an". Selbst wenn man das Gas noch so kräftig durchtritt, es kommt nichts mehr an Beschleunigung. Wenn dieses „Anstehen" zu lange ist, wenn es also weit vor Ende der Geraden passiert, dann ist das Kart zu kurz übersetzt. Ein kleineres Kettenblatt muß montiert werden. Man nimmt also ein Kettenblatt mit weniger Zähnen.

Anders ist es auf Rennstrecken mit besonders vielen, engen Kurven. Hier nimmt man ganz bewußt ein gewisses Anstehen des Motors, also eine zu kurze Übersetzung, in Kauf. Denn wegen der vielen Kurven und den damit verbundenen häufigen Beschleunigungen wird der Motor von unten heraus sehr gefordert. Also ist es wichtiger, eine kurze, beschleunigungsfreundliche Übersetzung zu suchen, als die für eine lange Gerade optimale Lösung zu finden. Es gibt halt nur Kompromisse. Schließlich ist es

Gut, wenn Vater keine zwei linke Hände hat: Wer selbst schraubt und sein Kart abstimmen kann, ist klar im Vorteil

Spureinstellung: Jedes Kart reagiert anders auf die Veränderungen. Gerade hier gilt: Probieren geht über studieren

DART2000

INDOOR KART

DART2000 das erste speziell für den Indoor-Sektor entwickelte und konzipierte Kart

- attraktiver, dynamischer Race-Look
- Verwendung von hochwertigen Rennmaterialen
- hohes Maß an Wirtschaftlichkeit durch neueste Technologie

ITALIA MOTORI

- hoher Sicherheitsstandard
- DEKRA geprüfte Abgas-und Geräuschemissionen
- speziell angefertigte Chassis-Struktur für höchste Beanspruchungen

1. Gastechnologie Kart

2.

3.

4.

5.

spezielle Felgen aus zurückformbaren Aluminium

MOTOR:
Honda 160 ccm 4-Takt Motor 5,5 PS
Benzin
alternativ
Honda 160 ccm 4-Takt Motor 5,5 PS mit schadtstoffarmer Gastechnologie
Elektroantrieb auf Anfrage lieferbar

CHASSIS:
- Ausführung Dart2000 Renn-Chassis aus Chrom-Molybdän Stahl

Rohrdurchmesser 32mm
Materialstärke 2mm

REIFEN:
- vorder 10x4.20-5
  oder 10x4.50-5
- hinten 11x7.10-5

Wahlweise verschiedene Reifenmischungen und Hersteller (VEGA, BRIDGESTONE, ASMO, DUNLOP) für Ihre speziellen Anforderungen lieferbar

INDOOR Kartsport Köln GmbH
Otto-Hahn-Str. 6-8
50997 Köln - Godorf
Tel. 02236 841418
Fax 02236 841419

EXTRAS:
Beide Motorvarianten sind mit einem speziellen und geräuschdämpfenden Abgaskatalysator (400 Zellen) lieferbar (photo 1)

Hydraulikbremsanlage für hohe Beanspruchungen (photo 2)

Massivbremscheibe für Outdoor Karting (photo 3)

Pedalverlängerungen für unsere "kleinen Rennfahrer"(photo 5)

Funkfernabschaltung des Motors auf Anfrage

immer die Gesamtzeit, die wichtig ist und nicht die Zeit von Einzelpassagen.

Welche Verstellmöglichkeiten hat der Vergaser?

Der Vergaser ist ein besonderes Problem im Kartsport. Wenn er falsch eingestellt ist, kann es zu ganz kapitalen Motorschäden kommen. Mit dem Vergaser sorgt man dafür, daß der Motor gut eingestellt ist und im Grenzbereich läuft. Wir sagen dann, daß der Motor „spitz" eingestellt ist.

Dazu muß ich etwas ausholen: Der Kartmotor ist ja ein Zweitakter, der mit einem Benzin-Öl-Luft-Gemisch läuft. Über den Vergaser kann ich durch zwei Düsen dieses Gemisch regulieren. Ich kann also das Verhältnis von Benzin/Öl zu Sauerstoff beeinflussen. Und zwar für die oberen Drehzahlen und für die unteren Drehzahlen. Stelle ich nun den Vergaser so ein, daß er zu wenig Benzin/Öl bekommt, dann läuft er zu mager, überhitzt und geht fest. Zum einen fehlt ihm die Schmierung und zum anderen die Kühlung. Man muß sich immer vor Augen halten, wie hoch ein Kartmotor dreht und wie minimal das Kolbenspiel ist: 6/100stel Millimeter. Wenn die Temperatur auch nur ein bißchen zu hoch geht, sitzt der Motor sofort fest. Und die Temperatur steigt todsicher, wenn nicht genügend Benzin und Öl angesaugt werden. Sofort hat man 200 Mark am Hintern, und zudem muß man alles auch wieder reparieren.

Deshalb ist es für einen Anfänger wichtig, erst einmal zu einem Händler zu gehen, und sich von ihm das Kart, beziehungsweise den Vergaser einstellen zu lassen. Das kostet am Anfang zwar ein paar Zündkerzen, aber die sind immer noch weitaus billiger als ein Motorschaden.

Wann ist der Vergaser richtig eingestellt?

Die richtige Vergasereinstellung kann man am Kerzenbild erkennen. Sind die Kerzen haselnußbraun, ist alles okay. Ein Fachmann braucht die Kerzen allerdings noch nicht einmal herauszudrehen: er sieht am Auspuffqualm, ob der Vergaser richtig eingestellt ist.

Für schnelle Rundenzeiten ist der richtige Luftdruck entscheidend

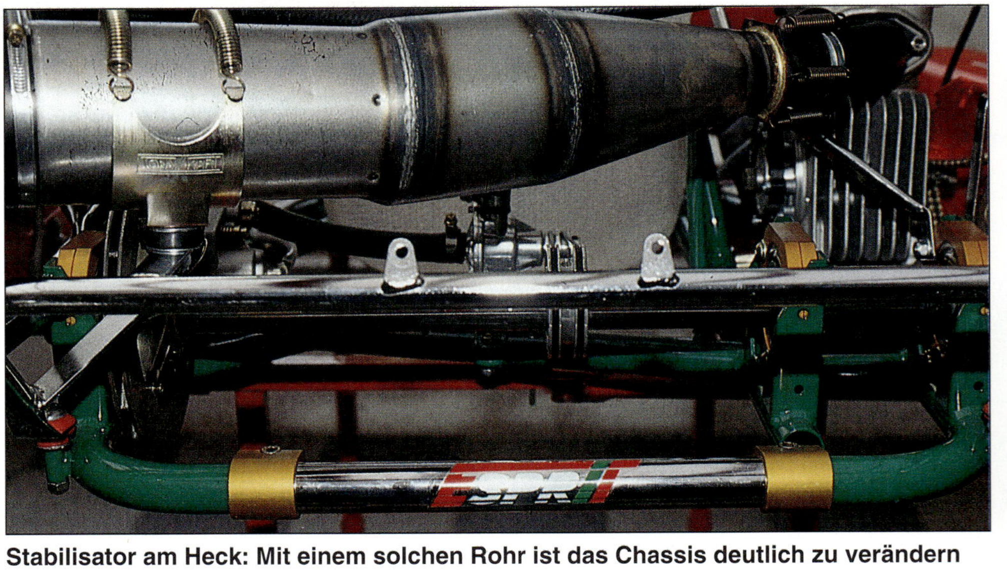

Stabilisator am Heck: Mit einem solchen Rohr ist das Chassis deutlich zu verändern

Aus der Kurve herauskommend, sollte der Auspuff immer eine kleine, blaue Fahne ziehen. Das heißt, daß der Motor im unteren Drehzahlbereich fett genug eingestellt ist. Die richtige Einstellung am oberen Ende der Drehzahl kann der Experte hören: Wenn der Vergaser gut, sprich schonend eingestellt wurde, sollte der Motor vor dem Bremsen mal kurz „viertakten". Er macht ein charakteristisches Brrrrrr-Geräusch – der Beweis dafür, daß die obere Düse ein bißchen zu fett eingestellt ist. Das ist okay, weil dem Motor dann nichts passieren kann.

Wenn man mal eine richtig schnelle Zeit fahren will, kann man das Viertakten wegnehmen: Man dreht die Düse für den oberen Drehzahlbereich erst einmal auf, bis der Motor das typische Viertakt-Geräusch hat. Danach dreht man vorsichtig wieder zu, bis das Viertakten aufhört. Gleichzeitig muß man aber darauf achten, wenn man aus der Kurve kommt, ob die Einstellung unten herum noch stimmt. Denn wenn man im oberen Bereich ein wenig magerer einstellt, dann bedeutet das auch eine magerere Mischung im unteren Bereich. Es kann also sein, daß man die kleine Düse ein wenig nachregulieren muß.

Ganz schön schwierig, die optimale Vergasereinstellung. Haben Sie einen Tip für Anfänger, Michael?

Das Einstellen des Vergasers ist in der Tat eine ziemlich komplexe Angelegenheit. Da trifft es sich gut, daß die Kartfahrer unter sich eigentlich eine unheimlich hilfsbereite Truppe sind. Wenn man einem schnellen Kartfahrer die Erfahrung ansieht, sollte man ihn als Anfänger ruhig fragen, ob er mal zwei Runden mit dem Kart fahren und dabei den Vergaser einstellen könne. Normalerweise sagt da keiner nein. Ich habe das früher tausendmal gemacht.

Was versteht man eigentlich unter „Choken"?

Erfahrene Kartfahrer vergessen nie das Choken. Vor dem Vergaser sitzt der Luftfilter. Hält man diesen kurzzeitig zu, kann dem Motor die Luft abgedreht werden. In diesem Augenblick saugt der Motor nur den Sprit an. Das heißt, er bekommt jede Menge Schmierung und Kühlung – und das tut ihm gut. Besonders auf einer langen Geraden hat man Zeit für diesen Trick. Aber auch hier gilt es, das richtige Maß nicht zu überschreiten, sonst wird ein neuer Satz Kerzen fällig. Dann ist der Motor nämlich abgesoffen.

Mit dem Choken kann man aber auch sehr schnell feststellen, ob der Vergaser zu mager oder zu fett eingestellt ist. Wenn ich ganz kurz den Filter zuhalte und dann sofort wieder öffne, merke ich, wie der Motor darauf reagiert. Wenn der Motor in dem Augenblick, in dem ich den Filter zuhalte, erst richtig zieht, weiß ich sofort, daß er zu mager eingestellt ist. Dann muß ich langsamer fahren und die Düse ein bißchen aufdrehen. Wenn ich aber merke, daß der Motor nach dem Zuhalten ewig lange braucht, um sich wieder freizufahren, dann ist sicher, daß er zu fett eingestellt war.

Aber all das dürfte nicht passieren, wenn ich den Vergaser so eingestellt habe, daß er kurz vor dem Ausbeschleunigen mal viertaktet.

Wieso sind manche Auspuffrohre länger als andere?

Auch über den Auspuff gibt es die Möglichkeit, die Motorencharakteristik zu verändern. Das geschieht mittels eines kurzen Zwischenstücks, das sich zwischen Motor und Auspuff befindet. Man bekommt es in unterschiedlichen Längen. Wenn ich ein kurzes Zwischenstück nehme und damit die ganze Auspuffanlage verkürze, dann habe ich einen Leistungszuwachs im oberen Drehzahlbereich. Nehme ich ein längeres Zwischenstück, erhalte ich einen Leistungszuwachs im unteren Drehzahlbereich. Jetzt kommt es natürlich auf die jeweilige Charakteristik des Motors an, denn dementsprechend stimmen wir den Auspuff ab: Je nachdem, ob der Motor unten oder oben herum seine Schwächen hat, korrigieren wir mit kürzerem oder längerem Auspuff.

Man versucht natürlich, einen Motor zu bekommen, der auch ohne eine Auspuffmanipulation weder oben noch unten Defizite hat. Dennoch ist der Auspuff-Trick Gold wert. Man benutzt ihn immer dann, wenn aufgrund der Streckencharakteristik der Motor entweder

Michael, wie wichtig ist es für einen Fahrer, selber am Kart zu schrauben?

„Wann immer an meinem Kart geschraubt wurde, habe ich entweder selber geschraubt oder zumindest zugesehen. So wußte ich immer ganz genau, was Sache war. Das ist eine der wichtigsten Voraussetzungen, um den Kartsport richtig kennenzulernen. Nur so bekommt man ein Gefühl für die ganze Materie: selber schrauben, selber putzen, selber auseinandernehmen und zusammensetzen. Wer dazu nicht bereit ist, behält zwar saubere Finger, aber die sollte er dann auch lieber von dem Sport lassen.
Wenn also Papa dem Sohnemann ein Kart gekauft hat, kann es für den Sprößling nur heißen: fahren und putzen. Und wenn er sich nicht um das Kart kümmern will, darf er am anderen Tag nicht fahren. Es gibt aber noch eine andere Variante: Sohn fährt und Papa putzt, das soll es ja auch geben. Das hat aber den Nachteil, daß Sohnemann dann irgendwann am Pistenrand steht und nicht weiß, was er zu tun hat."

Mit der höhenverstellbaren Hinterachse kann man den Massenschwerpunkt beeinflussen. Bei Regen oder kalten Außentemperaturen wird die Achse in der untersten Stellung arretiert. Dadurch wird der Rahmen höhergelegt, was aufgrund der Hebelgesetze zu mehr Grip führt.

im unteren Drehzahlbereich oder im oberen Drehzahlbereich stark gefordert wird. Die Frage ist: Habe ich eine Strecke mit vielen langsamen Kurven oder eine mit schnellen Kurven und langen Geraden. Hier stelle ich mich nicht nur mit dem Kettenblatt auf die Strecke ein, sondern auch mit der Auspufflänge.

Wieviele Zwischenstücke braucht man für den Auspuff?

Damit man mit dem Auspuff auch wirklich ein wenig tricksen kann, haben gutsortierte Fahrer bis zu 20 unterschiedlich lange Zwischenstücke dabei. Man muß dann allerdings schon genau hingucken, denn die jeweiligen Längenunterschiede messen gerade mal einen Millimeter. Man muß aber wirklich professionell fahren, um Millimeterschritte zu spüren. Ein Anfänger kriegt in der Regel noch nicht mal den Unterschied mit, den ein ganzer Zentimeter Auspuffrohr ausmacht.

Bei manchen Karts kann man durch Stabilisatoren die Chassis verändern. Was bewirkt das?

Die sogenannten Stabilisatoren sind Rohre, die man dem Chassisrahmen entweder hinzufügen oder wegnehmen kann. Es gibt Karts, die haben diese Möglichkeit an einer Stelle und es gibt Karts, die haben diese Möglichkeit an fünf Stellen – je nach Hersteller. Allen gemein ist aber die Grundüberlegung, daß man nicht nur mit Hilfe der Spur und des Luftdrucks das Kart abstimmen will, sondern auch mit den Stabilisatoren.

Wenn man zum Beispiel eine extrem unebene Strecke hat und das Kart springt und hüpft, dann wird einer dieser Stabilisatoren einfach herausgenommen. Dadurch wird das Chassis weicher und schluckt Unebenheiten leichter. Oder umgekehrt: Merke ich, daß das Chassis zu weich ist, ziehe ich einen Stabilisator zusätzlich rein. Während Veränderungen an der Spur oder am Reifendruck „nur“ ein Ausgleichen des Chassis bedeuten, stellt das Arbeiten mit Stabilisatoren eine deutliche Veränderung des Chassis dar. Und wenn ich die gewünschte Veränderung im Chassis erreicht habe, kann ich nochmal Reifendruck und Spur überarbeiten. So potenzieren sich die Möglichkeiten beim Abstimmen – und es ist dafür gesorgt, daß es nie langweilig wird.

Manchmal sieht man, daß Kartfahrer Schrauben ein wenig lösen. Warum?

Wenn man trotz aller Bemühungen immer noch zu wenig Grip hat, dann muß man sich was Besonderes einfallen lassen. Jedes Kart hat ja eine Reihe von Anbauteilen. Die Abweiser links und rechts und die Stoßstangen vorne und hinten. Diese Teile beeinflussen natürlich die Stabilität des Karts. Ich kann – auch wenn es nicht ihre Aufgabe ist – mit diesen Teilen das Kart ganz steif machen. Ich kann aber auch, und das machen sehr viele im Regen, all diese Teile ein wenig lösen. Dann können sie sich bewegen, und das Chassis kann sich besser verdrehen und verwinden. Es wird also weicher und baut im Regen mehr Grip auf. Die Merkregel ist: immer wenn man keinen Grip hat, muß man für ein weicheres Chassis sorgen.

Muß man als Kartfahrer den Sitz nur einmal einstellen, oder gibt es unterschiedliche Sitzpositionen für verschiedene Strecken?

Normalerweise gibt es nur eine optimale Sitzposition. Die stellt man irgendwann fest und damit fährt man dann auch meistens. Ist aber eine Strecke aus irgendwelchen Gründen, sei es wegen des Wetters oder wegen eines Belages, sehr rutschig, dann kann man mit dem Sitz den Schwerpunkt verlagern.

Die Methode erscheint auf den ersten Blick paradox. Normalerweise ist es im Rennsport ja so, daß man das ganze Gewicht so tief wie möglich anordnet. Je tiefer der Massenschwerpunkt, desto besser die Straßenlage. Unter rutschigen Bedingungen macht man im Kartsport genau das Gegenteil: Man erhöht die Sitzposition ein wenig. Das Hebelgesetz wirkt: Man bekommt beim Durchfahren der Kurven einen höheren Druck auf die Außenräder, was wiederum den Grip verbessert.

Der Grund für die scheinbar paradoxe Lösung: Was nützt eine optimale Lastverteilung, wenn man keinen Grip hat? Also ist es bei Regen richtig, die Balance das Karts ein wenig zu verschlechtern, um auf diesem Weg den Griplevel zu erhöhen. Jeder Fahrer hat deshalb zwei unterschiedliche Sitzeinstellungen: eine fürs

Häufig ist das Abstimmen eine Philosophie, über die man – wie Ralf und Michael – trefflich debatieren kann

Fahren im Trockenen und eine für regennasse Strecken.

Außer dieser vertikalen Beeinflussungsmöglichkeit durch die Sitzposition kann man auch horizontal einiges bewirken. Wenn zum Beispiel das Kart stark untersteuert, wenn mir also Grip auf den Vorderrädern fehlt, dann positioniere ich einfach den Sitz ein wenig weiter nach vorne. Entsprechend verlagert sich das Körpergewicht des Fahrers, und das wirkt sich günstig auf die Belastung der Vorderräder aus.

Wie wird durch die Körperhaltung das Fahrverhalten eines Karts beeinflußt?

Ein wichtiger Aspekt beim Kartfahren ist das Einsetzen des Körpergewichtes. Weil das Kart sehr leicht ist, und der Körper einen sehr hohen Prozentanteil am Gesamtgewicht hat, kann man mit dem Körper unheimlich viel beeinflussen.

Jeder Kartfahrer weiß: Es gibt nicht **die** optimale Abstimmung eines Karts, es gibt nur den optimalen Kompromiß. Wenn ich ein Kart in einem Punkt gut abgestimmt habe, bringt mir diese Abstimmung in einem anderen Punkt Nachteile. Deshalb setze ich mein Körpergewicht ein, um die Schwächen des Kompromisses zu minimieren.

Praktisch angewendet heißt das: Du fährst in eine Kurve rein, und wenn dann dein Kart wegrutscht, mußt du den Oberkörper nach außen legen, um Gewicht auf die Außenräder zu bringen. Hat das Kart dagegen viel Grip, so daß sogar die kurveninneren Räder abzuheben beginnen, muß man sein Körpergewicht nach innen verlagern. So simpel das auch klingt, so wichtig ist es, beim Fahren daran zu denken.

Vor allem bei Regen ist diese Verlagerung des Körpergewichts wichtig. Regen ist ja für den Motorsportler nicht deshalb ein Problem, weil es ungemütlich wird, sondern weil kaum Grip vorhanden ist. Es wird rutschig. Wenn ich dann durch das Verlagern meines Körpers wenigstens noch ein Quentchen mehr Grip erzielen kann, dann ist das Gold wert. Du fährst in die Kurve rein, läßt es bis zu einem bestimmten Punkt rutschen, aber auf keinen Fall weiter, als du es zum Durchfahren der Kurve brauchst. Und genau am richtigen Punkt setzt du deinen Körper ein und gibst den kurvenäußeren Rädern die nötigen Kilos.

Michael, vielen Dank für diese Tips.

Checkliste

Die ganze Woche hat man sich darauf gefreut: Schnell das Kart einpacken, ab zur Kartstrecke und dann nach Herzenslust Vollgas geben. Nichts wäre jetzt so ärgerlich wie ein Defekt am Kart. Damit nicht jedes kleine Problem zum jähen Ende eines schönen Wochenendes führt, sind Ersatzteile und Werkzeug so wichtig wie das Kart selbst. Denn vor Ort kann so manches repariert und ausgetauscht werden. Mit der Checkliste ist schnell überprüft, ob auch an alles gedacht wurde.

Einfach Seiten kopieren und für jedes Rennen neu ausfüllen.

Ersatzteilliste für den Amateur:

- ❏ zwei Zündkerzen
- ❏ ein Gaszug
- ❏ ein Satz Bremsbeläge
- ❏ ein Achsschenkel links
- ❏ ein Achsschenkel rechts
- ❏ eine Spurstange
- ❏ ein Kettenblatt
- ❏ eine Kette
- ❏ ein Ritzel
- ❏ ein kleines Sortiment Inbusschrauben und -muttern (M5, M6, M7)

Zusätzlich für den ambitionierten Fahrer:

- ❏ ein Ersatzchassis
- ❏ ein Satz auf Felgen montierte Ersatzreifen
- ❏ ein Ersatzmotor
- ❏ ein Ersatzvergaser
- ❏ ein zweiter Auspuff
- ❏ ein Sortiment unterschiedlich langer Auspuff-Distanzstücke
- ❏ ein Karttransportwagen

Das nimmt der Profi mit:

❑ einen großen Anhänger oder einen geräumigen Transporter

❑ zwei Karts

❑ drei bis vier Motoren

❑ drei bis vier Vergaser

❑ drei bis vier Auspuffe

❑ ein komplettes Chassis in Ersatzteilen

❑ ein Stromaggregat

❑ einen Kompressor

❑ ein Reifenabdrückgerät

❑ vier Sätze Felgen

❑ vier Sätze Reifen

❑ zwei Sätze neue Reifen für das Rennen

❑ ein Kleinteil-Sortiment (Schrauben, Muttern, Kabelbinder, Dichtungen)

❑ ein geräumiges Montagezelt

❑ Werktische

❑ zwei Karttransportwagen

❑ Halogenstrahler für Zelt und Transporter

❑ zwei Bohrmaschinen

❑ einen Gewindeschneidersatz

❑ ein Schweißgerät

❑ eine Flex

Was alles in eine vollständige Werkzeugkiste gehört:

❑ Ring-Maul-Schlüsselset von 8 bis 22 mm

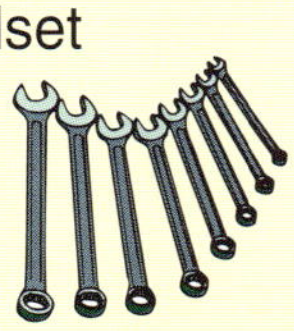

❑ Inbus-Schlüsselsatz von 3 bis 8 mm

❑ Steckschlüssel, 7, 8,10 und 13 mm

❑ Kombizange

❑ Spitzzange

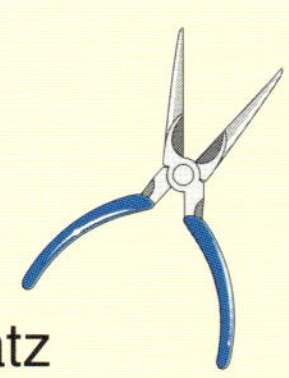

❑ Seitenschneider

❑ Schraubenziehersatz

❑ Standardhammer 500 Gramm

❑ Kunststoffhammer

❑ Zündkerzenschlüssel

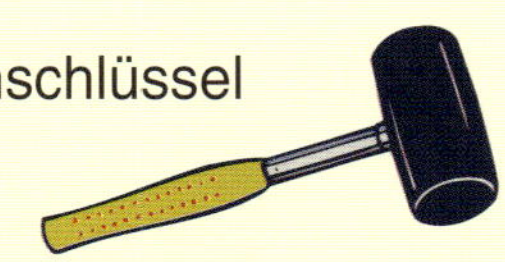

❑ Luftpumpe

❑ Reifendruckprüfer

❑ Sägeblatt (zum Fluchten des Kettenblattes und des Ritzels, ersetzt teures Metallineal)

❑ Kugelschreibergroße Stabtaschenlampe (für Kontrolle der Vergasereinstellung anhand einer Sichtprüfung des Kolbenbodens)

❑ Kabelbinder

❑ Isolierband

Das ABC des Kartsports

Wie jede Sportart hat auch der Kartsport sein eigenes Fachchinesisch. Wer hier mitreden will, sollte einige Grundbegriffe beherrschen und die Termini technici parat haben – um nicht wie der Ochs vorm Berg zu stehen, wenn ordentlich gefachsimpelt wird.

A

Abschmieren: Bezeichnet a) das Rutschen von der Strecke, b) das Fetten und Ölen der mechanischen Teile am Kart, z.B. Lager und Kette.

Achsschenkel: Vordere Radaufnahme und Befestigungspunkt des Rades, gleichzeitig das Verbindungsteil zur Lenkstange.

Abbrandtemperatur: Optimaler Temperaturbereich für die Zündkerze, in der die Zündkerze nicht nur am besten zündet, sondern sich auch selber reinigen kann.

ADAC: Allgemeiner Deutscher Automobil Club, der größte Club für Autofahrer in Deutschland, mit eigener Kartabteilung. Trägerverband der ONS. Schreibt im Kartsport u.a. die Pop-Klasse und die Kadetten aus.

ADMV: Allgemeiner Deutscher Motorsport Verband, kommt ursprünglich aus den neuen Bundesländern. Der ADMV ist über den AvD der ONS angeschlossen.

Häufig sind die Curbs Teil der Ideallinie. Doch

Airrestriktor: oder Luftbegrenzer. Bauteil, das den Querschnitt im Ansaugbereich verkleinert und dadurch die Motorleistung drosselt.

AvD: Automobilclub von Deutschland, einer der Trägerverbände der ONS. Organisiert u.a. Kartslalom-Veranstaltungen.

B

Berufung: Rechtsmittel, mit dem das Urteil der ersten Instanz eines Sportgerichts angefochten werden kann. Die Kosten der Berufung trägt in der Regel der Unterlegene des Rechtsstreites.

der Zeitvorteil passé, wenn der Fahrer zu stark „räubert", das Kart abhebt und kurzzeitig keinen Vortrieb mehr hat

Boxengasse: Abgetrennter Bereich einer Rennstrecke zur Aufnahme und Reparatur der Karts.

Bremsmanschette: Gummiabdichtung zwischen Bremsflüssigkeit und Bremskolben.

C

Cart: Häufigster Schreibfehler im Kartsport. Immer wieder wird Kartsport mit C geschrieben, was vielleicht daran liegt, daß viele Journalisten zwar den amerikanischen IndyCart-Sport kennen, nicht aber den Kartsport vor der eigenen Haustür.

Chassis: Fahrzeugrahmen, bzw. -gestell, an das die Räder, die Karosserie und der Motor angebracht werden.

CIK: Commission Internationale de Karting. Weltverband für den Kartsport mit Sitz in Crans-près-Céligny, Schweiz, Zweig der FIA. Weltweit sind 74 Länder mit über 70.000 Lizenznehmer in der CIK vertreten.

Compounds: Verbundwerkstoffe.

Curbs: Abgeflachte Randsteine, die als seitliche Streckenbegrenzung, insbesondere in Kurven, verwendet werden. Das „Räubern über die Curbs" bezeichnet das rasante Überfahren dieser Randsteine.

CIK/FIA
Commission Internationale de Karting
Domaine de la Versoix
Grand-Pré 26
CH-1299 Crans-près-Céligny
Tel. 0041-22-7764455
Fax 0041-22-7765315

Technik und Aufbau der Scheibenbremse

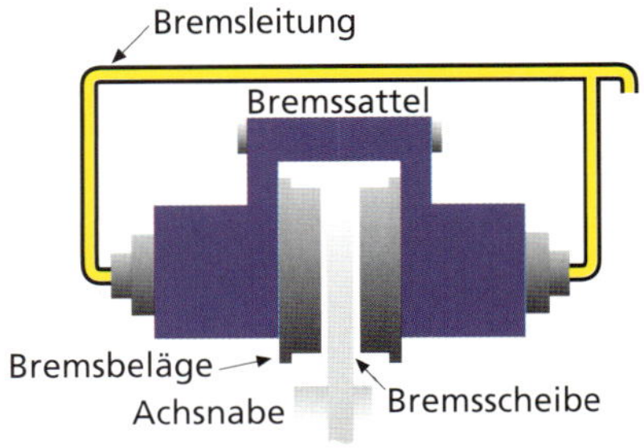

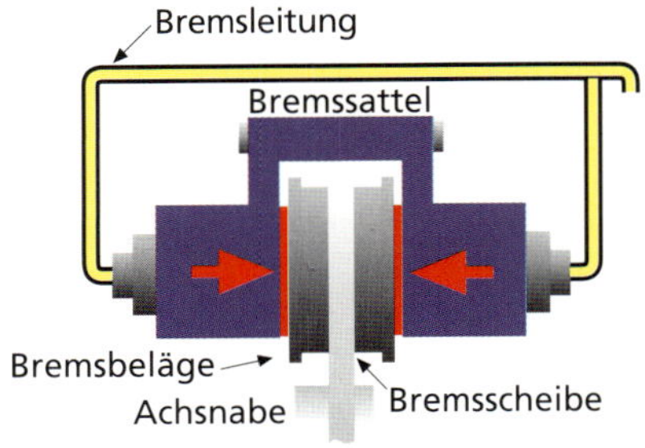

Die Bremsscheibe ist mit der Achse fest verbunden und befindet sich zwischen den Bremsbelägen. Solange die Bremse nicht betätigt wird, kann sich die Scheibe zwischen den Belägen frei bewegen.

Wird die Bremse gedrückt, verteilt sich der Druck hydraulisch auf die Bremszylinder. Dadurch werden die Bremsbeläge auf die Scheibe gedrückt – das Kart bremst.

D

DKM: Deutsche Kart-Meisterschaft, die „Bundesliga" im Kartsport, höchstes ONS-Prädikat. Gefahren wird bei der DKM mit Karts der Klasse Formel A.

DKT: Deutsche Kart-Trophäe, höchstes ONS-Prädikat für Schaltkarts der Klasse Formel C.

DMV: Deutscher Motorsport Verband, der über einen Kooperationsvertrag mit dem AvD der ONS angeschlossen ist. Schreibt u.a. die Futura- und die Bambini-Klasse aus.

Drehschieber: Ein durch die Kurbelwelle betätigtes Blech, das bei einem Zweitakt-Motor den Einlaß des Gemischs in das Kurbelgehäuse steuert.

Drosselklappenwellen: Gibt die Bewegung des Gaspedals, bzw. des Gaszuges auf die Drosselklappe weiter. Die Drosselklappe wiederum öffnet und schließt den Vergaser.

dB: Abkürzung für Dezibel. Auf allen Außenbahnen sind Karts nur mit Ansauggeräuschdämpfern und Zusatzschalldämpfern bis maximal 95 dB gestattet.

Dummy Grid: Vorstart.

High-Tech: Kartsitz aus glasfaserverstärktem Kunststoff (GfK)

Der Bremskraftverstärker

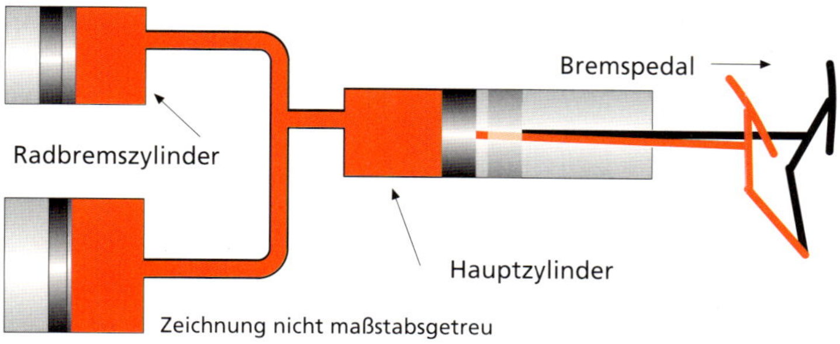

Tritt der Fahrer auf die Bremse, erzeugt er einen Druck, der an den Hauptzylinder weitergeleitet wird. Über die Bremsflüssigkeit erreicht dieser Druck die Radbremszylinder. Da nun deren Durchmesser größer ist als der des Hauptzylinders, wird die Bremskraft verstärkt. Die Bremskraft F ist nämlich abhängig von der Kolbenfläche A und dem Druck p (F = A x p). Mit größerer Fläche A wird die Kraft F ebenfalls größer.

E

E-Kart: Kart mit Elektro-Motor, kommt insbesondere im Indoor-Karting zum Einsatz.

Ex aequo: Zeitgleicher Einlauf von zwei Konkurrenten.

F

FIA: Fédération Internationale de l´Automobile, Weltverband des Automobilsports mit Sitz in Paris. 110 Länder sind der FIA angeschlossen.

Fiche medicale: Ärztliche Tauglichkeitsbescheinigung, die jedoch seit dem 1.1.1996 nicht mehr notwendig ist. Sie wird zusammen mit dem ONS-Fahrer-Lizenzantrag abgegeben und auf der Lizenz dokumentiert.

front fairing: Frontverkleidung, bzw. Frontspoiler.

G

Grip: „Griff", gemeint ist die Fähigkeit, die Motorkraft auf die Straße zu bringen. Der Grip ist in erster Linie von den Reifen, dem Fahrwerk und dem Streckenbelag abhängig.

GfK: Glasfaserverstärkter Kunststoff, der besonders bei Kartsitzen verwendet wird.

Gemischschraube: Regelt die Benzindurchflußmenge im Vergaser.

Green-Helmet-Trophy: Europameisterschaft für Junior-Kadetten im Rahmen der EM für IcA-Junioren, CIK-Prädikat

H

Homologation: Erfüllen von motorsportbehördlichen Auflagen bezüglich Ausführung und Stückzahlen, damit ein Fahrzeug in bestimmten Klassen und für bestimmte Rennen zugelassen wird.

Hubraum: Volumen, das in dem Zylinder des Motors durch die auf- und abwärtsgehende Bewegung des Kolbens erzeugt wird. Besteht der Motor aus mehreren Zylindern, ergibt deren Summe den Gesamthubraum des Motors. Der Hubraum wird in Kubikzentimetern (ccm) oder Liter angegeben.

I

Interconti: Name der üblichsten Kartklasse. Abgekürzt: Ic.

ISG: Internationales Sportgesetz der FIA. Das ISG ist Grundlage für das ONS-Kart-Reglement.

J

Junior: Kartfahrer, bzw. Klasse bis 14 Jahren.

Fédération Internationale de l´Automobile FIA
8 Place de la Concorde
Paris 75008
Tel. 0033-1-43124455
Fax 0033-1-43124465

Kettenblatt und Ritzel

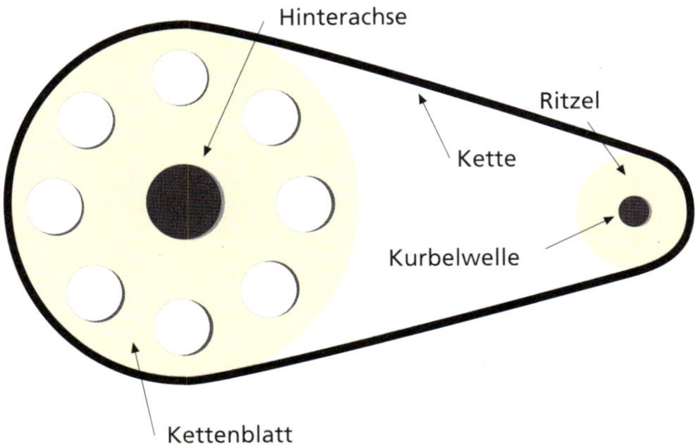

Über die Kette wird die Kraft des Motors auf das Kettenblatt und damit auf die Hinterachse übertragen. Die Übersetzung ergibt sich aus der Anzahl der Zähne von Kettenblatt (69 bis 95 Zähne) und Ritzel (9 bis 11 Zähne). Mit einem Übersetzungsverhältnis von 1:10.6 (9 Zähne am Ritzel, 95 am Blatt) ist z.B. das Kart extrem kurz übersetzt. Das heißt, es kann extrem gut beschleunigen.

Das Ritzel am Motor (o.) und das Kettenblatt (u.)

JuPo: Abk. für den ONS-Junior-Kart-Pokal, ausgetragen mit Karts der IcA-Junioren, ONS-Prädikat.

K

Kampflinie: Von der Ideallinie abweichende Linie, die das Überholtwerden erschweren soll.

Karkasse: Innere Struktur des Reifens unterhalb des Gummis.

Karosserie: Fahrzeugaufbau, beim Kart in erster Linie bestehend aus Frontschild, Frontspoiler und Seitenkästen.

Keilnuten: Einfräsungen in der Hinterachse zur Arretierung und Befestigung von Bremsen, Rad und Kettenaufnahme.

Kettenblatt: Auf der Hinterachse befestigtes Zahnrad, über das die Kette läuft und dessen Größe die Übersetzung bestimmt.

Kolben: Bauteil des Zylinders, durch welches das Benzin-Luft-Gemisch im Verbrennungsraum komprimiert wird und das den Verbrennungsdruck auf den Kurbeltrieb überträgt. Die Ober- und Unterkante des Kolbens steuern beim 2-Takt-Motor zudem den Ein- und Auslaß.

kW: Kilo Watt, physikalische Einheit der Leistung, ehemals PS. 1 kW = 1,36 PS.

L

Leistung (P): In der Physik der Quotient aus Arbeit (W) und Zeit (t). P = W/t.

Lizenz: Erlaubnisschein für nationale und internationale Wettbewerbe. Zuständig im deutschen Kartsport ist die ONS.

M

Madenschraube: Sitzt im Achslager und sorgt dafür, daß die Hinterachse im Lager befestigt werden kann.

Membran: Durch Druck betätigte Einlaß- und Verschlußplatte im Motor.

Motor: Ist definiert als Antriebsaggregat, das chemische, bzw. elektrische Energie in mechanische Bewegungsenergie

Die Struktur eines Kart-Reifens

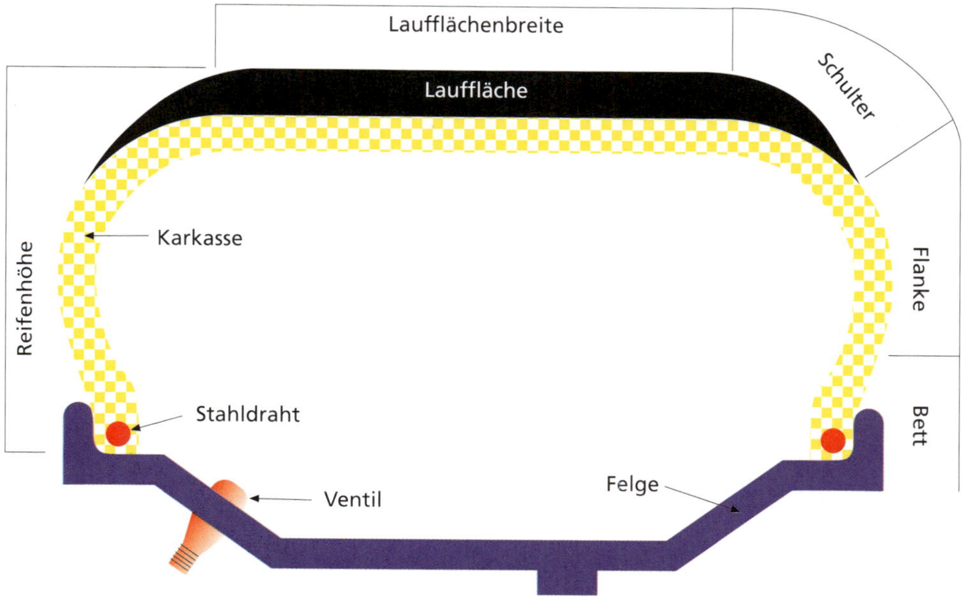

Verhindert, daß das Gemisch in den Vergaser zurückströmt: die Membran

Der Membran-gesteuerte Motor:
Die Membranen bestehen aus Fasern wie Kohlenstoff, Kevlar oder Glasfibern, die mit Kunstharzen leichte, widerstandsfähige und zugleich flexible Compounds ergeben. Durch diese Technik sind Membran gesteuerte Motoren möglich, die bis zu 19.000 U/min leisten können. Der Vorteil dieser Steuerung ist ein besserer Drehmomentverlauf im unteren Drehzahlbereich. D.h., ein Kart mit diesem Motor hat hervorragende Beschleunigungswerte aus engen Kurven heraus.

Deutlich zu sehen: die Einfräsung an der Hinterachse, die sogenannte Keilnute

Das Herzstück eines

Im Kartsport kommen ausschließlich Zweitaktmotoren zum Einsatz. 1860 baute der Franzose Lenoir den ersten Motor nach dem Zweitaktprinzip. Mittlerweile sind die kleinen Kraftpakete Präzisionsmaschinen mit enormen Drehzahlen.

1. Takt: Durch die Explosion bewegt sich der Kolben nach unten und komprimiert das Gemisch, das beim vorhergehenden Takt ins Kurbelhaus eingesaugt wurde. Durch diesen Druck kommt das Gemisch über den Überströmkanal in den Brennraum. Dort spült es die Abgase aus dem Auslaß heraus. Sobald der Kolben den unteren Totpunkt überschritten hat, bewegt er sich aufwärts, verschließt den Ein- und Auslaßkanal und komprimiert das frische Gemisch im Brennraum. Ist der obere Totpunkt erreicht, hat das Benzin-Luft-Gemisch die maximale Verdichtung. Es kann gezündet werden.

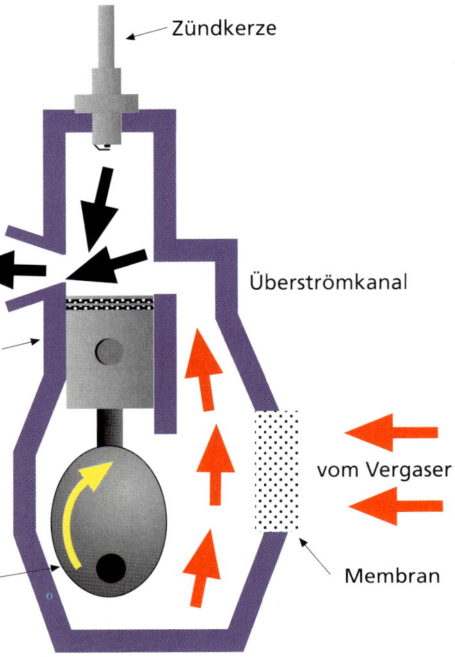

Das Pleuel verbindet den Kolben mit der Kurbelwelle. Es verwandelt das Auf und Ab des Kolbens in die rotierende Bewegung der Kurbelwelle und des Ritzels. So erst ist der Antrieb über Kette, Kettenblatt und Hinterachse möglich.

umwandelt. Im Kartsport ist der Zweitakt-Motor üblich.

Motorleistung: Die an der Kurbelwelle bei entsprechender Drehzahl gemessene Leistung. Im allgemeinen ist sie abhängig vom Hubraum des Motors, der Drehzahl und des Gemischs.

N

Nachlauf: Bewirkt, daß die Räder nach dem Lenkeinschlag das Bestreben haben, sich von selbst wieder geradeaus einzustellen und diese Richtung beizubehalten. Serienmäßig liegt der Nachlauf bei 12 bis 14 Grad.

Nennung: Verbindliche Anmeldung, beziehungsweise Einschreibung zum Rennen.

O

ONS: Oberste Nationale Sportkommission mit Sitz in Frankfurt am Main. Der ADAC und der AvD (dem der DMV und der ADMV angeschlossen sind) stellen die Trägerverbände der ONS dar.

Overall: Einteiliger Schutzanzug für Fahrer. Muß im Kartsport von der CIK homologiert sein.

P

Parc Fermé: Sicherstellungsort von Fahrzeugen, die vor einem Rennen zur Überprüfung anstehen. Reifen und Tank dürfen nicht mit hineingenommen werden. Sie werden im Parc Fermé an die Fahrer ausgeteilt. So erhält jeder Rennteilnehmer

Karts – der Motor

2. Takt: Am oberen Totpunkt wird das Gemisch von der Kerze gezündet. Durch die Explosion bewegt sich der Kolben nach unten. Auf seinem Weg zum unteren Totpunkt gibt er die Aus- und Einlaß-öffnungen wieder frei. Zuerst den Auslaß, dann den Einlaß, durch den das zündfähige Gemisch in den Brennraum gelangt. Gleichzeitig verdichtet der Kolben das Gemisch im Kurbelhaus.

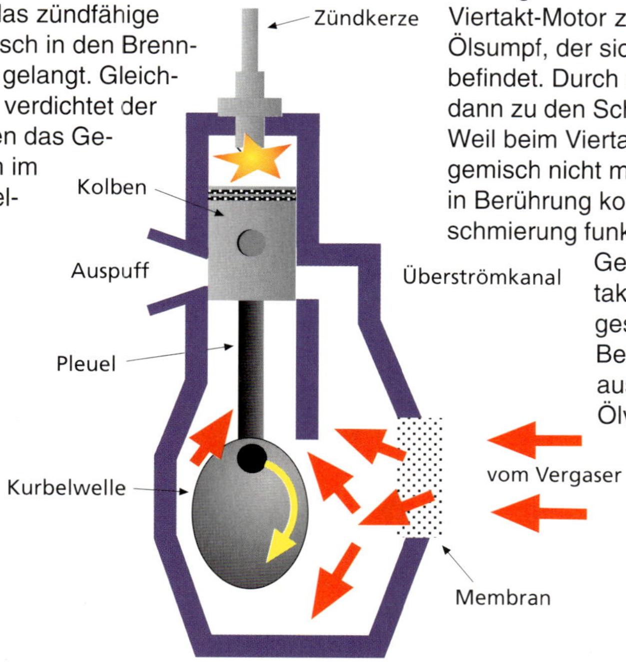

Zweitakter benötigen ein Benzin-Öl-Gemisch. Das Öl kondensiert im Kurbelgehäuse und überzieht die Lager und die Zylinderlaufbahn mit einem leichten Ölfilm. So ist die Schmierung der beweglichen Teile sichergestellt. Im Gegensatz zum Zweitakter hat der Viertakt-Motor zur Schmierung einen Ölsumpf, der sich in der Ölwanne befindet. Durch eine Pumpe wird das Öl dann zu den Schmierstellen gepumpt. Weil beim Viertakter das Benzingemisch nicht mit dem Kurbelgehäuse in Berührung kommt, kann die Getrenntschmierung funktionieren. Würde das Gemisch, wie beim Zweitakter, ins Kurbelgehäuse gesaugt werden, risse das Benzingemisch ständig Öl aus dem Sumpf – der Ölverbrauch stiege enorm.

Wettkampfbedingung: Ohne Reifen und ohne Tank kommt das Kart in den Parc Fermé

Radstand und Spurweite im Schema

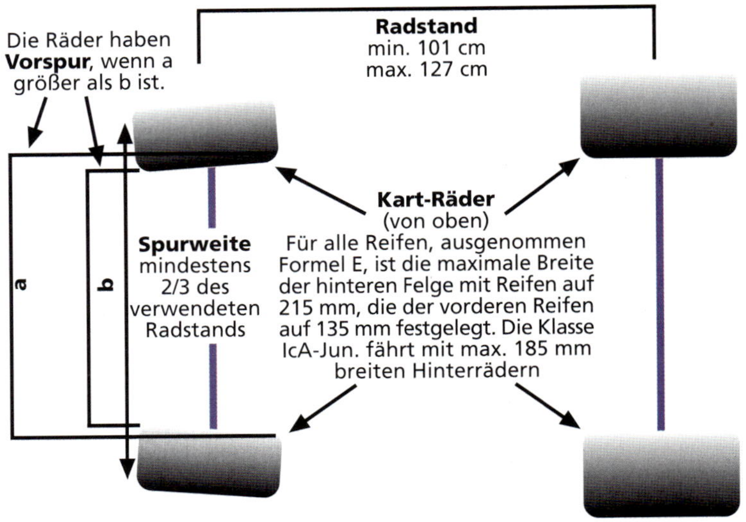

das gleiche Material. Neben den Offiziellen dürfen sich im Parc Fermé nur der Fahrer und einer seiner Mechaniker aufhalten.

Pole-Position: Der beste Startplatz, der aufgrund der besten Zeit im Qualifying oder per Losentscheid zugeteilt wird.

Pole-Setter: Der Fahrer, der die beste Trainingszeit gefahren ist.

Power-Valve: System, das z.B. durch manuelle oder elektrische Betätigung die normale Auslaßsteuerzeit oder den normalen Abgasstrom zwischen Verbrennungsraum und dem Auslaß beeinflußt. Durch dieses System wird der Füllungsgrad und damit die Motorleistung erhöht.

Pre-Final: Halbfinale.

Protest: Rechtsmittel, mit dem z.B. die Prüfung der Reglementseinhaltung eines Mitbewerbers verlangt wird.

Q

Qualifying: Zeittraining, entweder zwei gewertete Runden oder fünf Minuten. Entscheidet über die Startposition zum Pre-Final oder zu den Qualifikationsläufen.

Querbeschleunigung: Querbewegung eines Körpers in einer bestimmten Zeit durch die auf Fahrzeug und Fahrer wirkenden Fliehkräfte, die insbesondere bei Kurvenfahrten auftreten.

R

Radstand: Abstand zwischen Vorderrad- und Hinterradmitte auf einer Seite des Fahrzeuges.

Rainbow-Trophy: Höchstes CIK-Prädikat für Junior-Kadetten im Rahmen des 5-Kontinenten-Cups.

Ritzel: Gegenstück zum Kettenblatt, das ebenfalls durch unterschiedliche Zahnzahl die Übersetzung beeinflußt. Der Name wird auch häufig für das Kettenblatt verwendet, tatsächlich aber bildet das Ritzel den Übergang vom Motor zur Kette.

S

Schikane: Gewollte Fahrbahnverengung oder geänderte Streckenführung, um die Geschwindigkeit der Karts an gefährlichen Streckenabschnitten zu verringern.

Schlupf: Bezeichnet das Durchdrehen der Räder. Es tritt auf, wenn die Antriebs- bzw. Bremskräfte größer sind als die Haftgrenze von Reifen und Straße. Schlupf bedeutet immer einen Traktionsverlust.

Eine Frage des Wetters: Ralf (l.) und Michael Schumacher mit Turbovisieren

Schmieren: Erzeugung eines fetteren Gemisches durch Zuhalten des Lufteinlasses.

Silentblocs: Gummi-Metall-Elemente zur Lagerung von schwingungsempfindlichen Teilen.

Sitzung: Gemeinsamer Lauf mehrerer pilotierter Karts auf der Strecke, sowohl im Training als auch beim Rennen.

Shore: Maßeinheit, die im Kartsport den Härtegrad der Reifen angibt. Je höher der „shore"-Betrag, desto härter der Reifen.

Slicks: Profillose Reifen.

Slow puncture: Schleichender Plattfuß, also ein Reifen, aus dem, anfangs unmerklich, ganz langsam die Luft entweicht.

Spoiler: Im Kartsport Schutz der Füße und optische Aufwertung ohne nennenswerte aerodynamische Effizienz.

Spitz: Spitzer Motor, vom Vergaser her optimal eingestellter Motor.

Spurweite: Abstand von Mitte Reifenaufstandsfläche links zur Mitte Reifenaufstandsfläche rechts. Wird in Millimeter angegeben.

Sturz: Neigung der Vorderräder. Generell unterscheidet man zwischen negativem Sturz (X-Bein-Stellung) und positivem Sturz (O-Bein-Stellung). Im Kartsport jedoch ist es in der Regel ratsam, ohne Sturz zu fahren. D.h.: die Räder stehen senkrecht zur Fahrbahn.

T

Totpunkt: Unterste und oberste Position des Kolbens.

Tillet: Ein Sitz, der mit einem rutschfesten Stoff ausgelegt und gepolstert ist.

Traktion: Zugbewegung durch die Haftreibung der auf der Fahrbahn abrollenden Räder.

Tuning: Maßnahmen, die ein Bauteil, bzw. das gesamte Fahrzeug im Hinblick auf seine Leistung optimieren.

Turbovisier: Transparente, drehbare Kunststoffscheibe, die bei Regenfahrt vor dem eigentlichen Helmvisier angebracht wird. Durch ihre vom Fahrtwind bewirkte

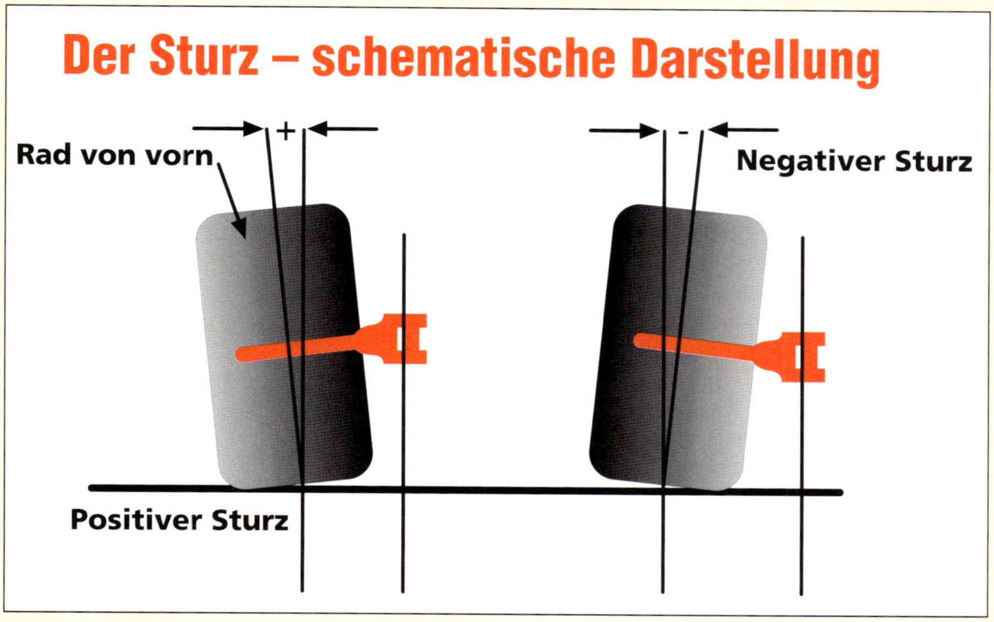

Slicks-Studie: links ein überstrapazierter Reifen. Der rechte Reifen hat hingegen eine saubere Oberfläche

Zweidüsen- (l.) und Dreidüsenvergaser (r.) für 100-ccm-Motoren. Der Dreidüsenvergaser kann das Gemisch im oberen Drehzahlbereich zusätzlich anreichern. Das bedeutet einen Leistungszuwachs bei hohen Drehzahlen

Mit den Silentblocs werden schwingungsempfindliche Teile gelagert

Rotation wird das Regenwasser nach außen geschleudert. So ist klare Sicht im Regen möglich.

U

Übersetzung: Verhältnisangabe für die Zähnezahl des Kettenblattes zum Ritzel. Wird mit dem Formelzeichen i angegeben, z.B. i = 79:10 = 7,9.

Übersteuern: An den Hinterrädern des Karts reißt die Haftung ab, und das Fahrzeug drängt mit dem Heck zum Kurvenäußeren.

Untersteuern: Die Haftung reißt an den Vorderrädern ab, und das Fahrzeug drängt mit dem Bug zum Kurvenäußeren.

V

Venturi: Engste Stelle im Saugkanal eines Vergasers. Dadurch, daß sich der Querschnitt des Saugkanals verengt, wird die Luft, die durch den vom Motor erzeugten Unterdruck angesaugt wird, zusätzlich beschleunigt. Für eine gute Zerstäubung des von der Luft mitgerissenen Benzins müssen im Venturi-Rohr ca. 100 m/s oder 360 km/h herrschen. Das Venturi-Maß ist durch das jeweilige Reglement vorgeschrieben.

Vergaser: „Mischstation“ für Benzin und Luft. Am häufigsten sind im Kartsport die Drosselklappen-Vergaser. Sie sind abhängig vom Motorenunterdruck und steuern über Membran und Nadelventil den Kraftstoffzufluß. Unabhängig sind sie jedoch von ihrer Einbaulage.

Vorspur: Begriff der Fahrwerksgeometrie. Vorspur ist dann vorhanden, wenn die Felgenränder hinten weiter voneinander entfernt sind als vorne.

W

Walken: Verformung der Reifen unter Belastung (besonders beim Durchfahren der Kurven).

Wärmewert: Gibt bei Zündkerzen an, wie warm eine Zündkerze werden kann. Der Einsatz von Zündkerzen mit unterschiedlichem Wärmewert ist abhängig von der Witterung und den Außentemperaturen. Bei Regen z.B. werden Kerzen mit niedrigem Wärmewert gefahren, bei hohen Außentemperaturen greift der Fahrer zu Kerzen mit hohem Wärmewert.

Warm-Up: „Aufwärmen“, letzte Testrunden vor dem Rennen.

Y

Y-Stück: Rohrleitung, die zwei Kraftstoffleitungen in eine zusammenführt.

Z

Zylinder: Teil des Motors, der den Kolben führt, den Verbrennungsdruck aufnimmt und die Verbrennungswärme abführt. Nach Art des Kühlmediums wird zwischen luft- und wassergekühlten Zylindern unterschieden.

Zylinderfußdichtungen: Papierdichtung zwischen Kurbelgehäuse und Zylinder.

Die Vergasereinstellungen und ihr Einfluß auf die Leistung

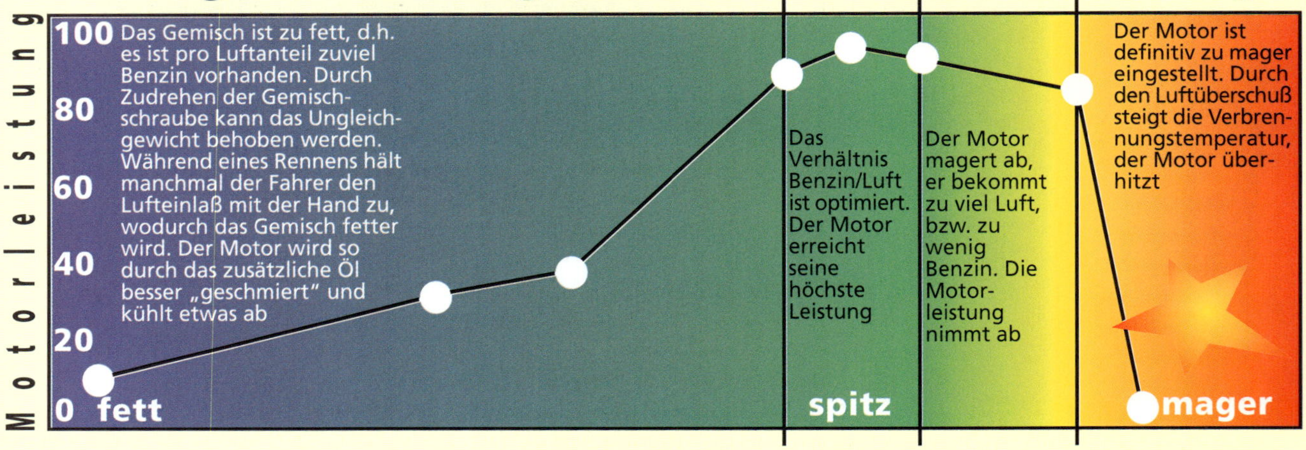

Der Vergaser

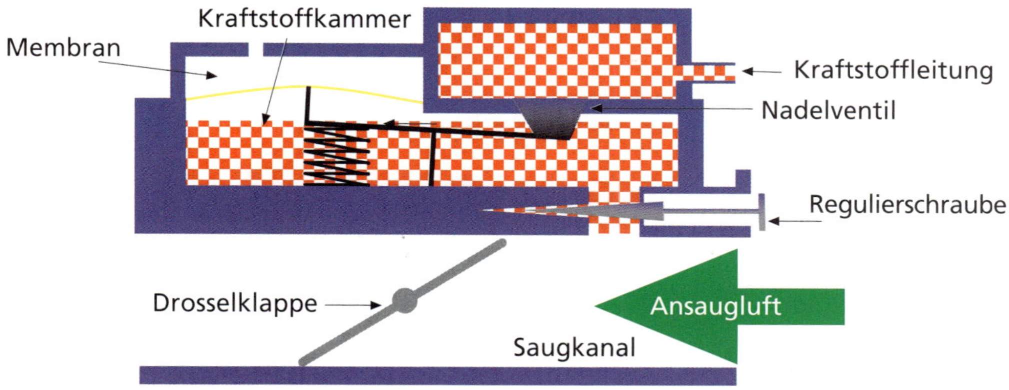

Das Benzin gelangt nur durch das Nadelventil in die Kraftstoffkammer. Das Ventil ist über einen Hebelmechanismus mit einer beweglichen Membran verbunden. Bei normalem atmosphärischen Außendruck schließt das Nadelventil. So gelangt kein Benzin aus dem Tank in die Kraftstoffkammer. Die Benzinzufuhr ist also unterbrochen. Die Kammer wiederum ist durch Bohrungen mit dem Saugkanal verbunden. Dessen Querschnitt – und damit die Menge des Gasgemisches, die in das Kurbelgehäuse gelangt – wird durch die Stellung der Drosselklappe beeinflußt. Mit der Regulierschraube wird die Benzinmenge, die der Motor unter Teil- und Vollast benötigt, dosiert.

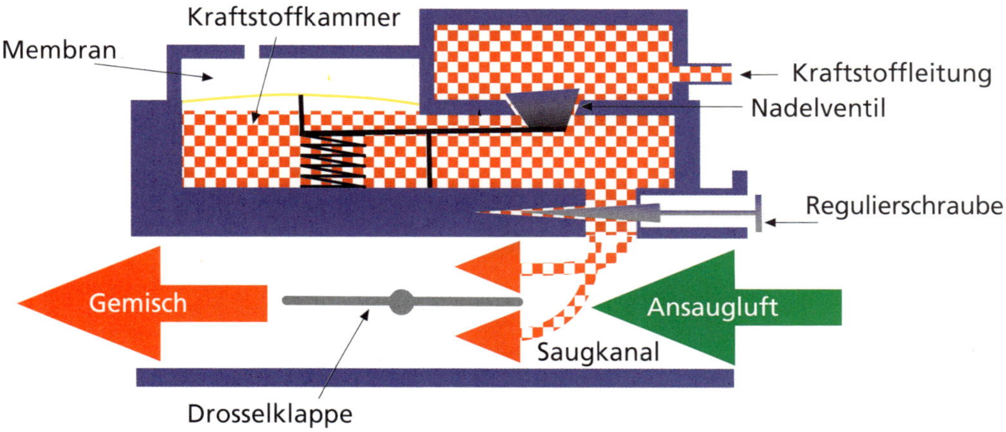

Wenn der Fahrer das Gaspedal herunterdrückt, er also Gas gibt, öffnet er die Drosselklappe. Die Luft kann durchströmen. Dabei nimmt sie Benzin mit: der Kraftstoff fließt aus der Kammer durch die Bohrung in den Kanal. Dadurch entsteht in der Kraftstoffkammer ein Unterdruck, den die Membran ausgleicht, indem sie das Ventil öffnet. Durch dieses Unterdruck-Prinzip des Vergasers ist der ständige Zufluß von Benzin garantiert – Benzinpumpen sind beim Kart überflüssig.

Um zu verhindern, daß das angesaugte Gemisch in den Vergaser zurückströmt, gibt es verschiedene Steuerungen. Die **Kolbensteuerung** ist die einfachste Methode, sie ist jedoch nicht besonders leistungsfähig. Bei dieser Technik verhindert der Kolben selbst das Entweichen des Benzin-Luft-Gemischs.
Weitaus effizienter ist die **Membransteuerung**. Zwei Kunststoffplättchen schließen das Kurbelgehäuse nach der Füllung ab.

Bei der **Drehschiebersteuerung** bewirkt eine auf der Kurbelwelle befestigte Scheibe mit einem Steuerfenster den gleichen Effekt. Drehschieber-gesteuerte Motoren sind gerade im hohen Drehzahlbereich unschlagbar. Durch die präzise Steuerung können sie rund 21.000 U/min, das heißt eine Zündung pro 0,003 Sekunden, verkraften. Im Prinzip könnten diese Motoren noch höher drehen – einzig der Gaswechsel, also die Füllung und der Abgasausstoß, setzt der Technik Grenzen.

Achim Beule

Kleines Problem: die Ideallinie

Achim Beule (18.8.1968), verheiratet, zwei Kinder, ist gelernter Kfz-Mechaniker. Begann wie Schumi als Dreikäsehoch auf der väterlichen Kartbahn. 1991 war er Deutscher Meister der Formel-Renault, brach dann seine Rennkarriere ab. Heute ist er Geschäftsführer der Beule-Kart-Service GmbH und des Motodroms Hagen.

Es gibt zwei Arten von Kurven: die eher biologischen und die, die im Motorsport von Interesse sind. Über die einen kann Mann staunen, über die anderen räsonieren, die einen machen Vergnügen, die anderen eher Probleme.
Achim Beule, Motorsportler und ehemaliger „Pilot RTL“ in der Formel Renault, schreibt über die anderen Kurven. Statt Idealmaß ist die Ideallinie sein Thema. Anhand einiger Standards zeigt er, worauf es bei der Ideallinie – zumindest theoretisch – ankommt.

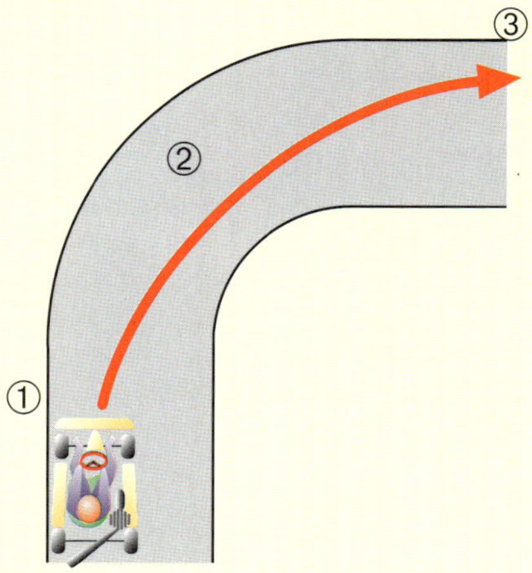

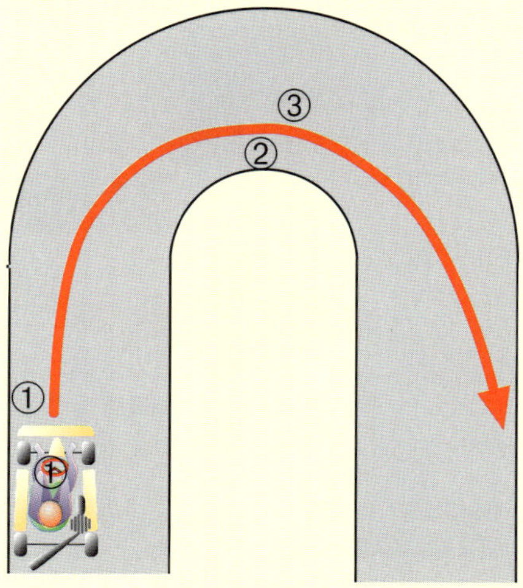

Die **90-Grad-Kurve**: An ihr läßt sich am besten verdeutlichen, wie eine Kurve mit dem geringsten Zeitverlust zu durchfahren ist. Wichtig ist vor allem, daß man möglichst schwungvoll durch die Kurve fährt, die Drehzahl des Motors also nicht in den Keller geht. Man fährt die Kurve außen ① an, steuert nach innen ② und läßt sich nach dem Scheitelpunkt wieder nach außen treiben ③. Das ist die immer wiederkehrende Reihenfolge bei Kurvenfahrten: außen, innen, außen.

Die **180-Grad-Kurve**: Sie wird weit außen angefahren ①. Dann zieht man nach innen ② um am Scheitelpunkt ③ wieder aufs Gas zu gehen und sich raustreiben zu lassen.
Raustreiben heißt, daß man dem Effekt des Vorlaufs nachkommt und die Lenkung leicht öffnet. Der Fahrer macht also nicht aktiv einen Lenkausschlag, sondern er kontrolliert, indem er die Lenkung öffnet, passiv einen automatisch ablaufenden Vorgang.

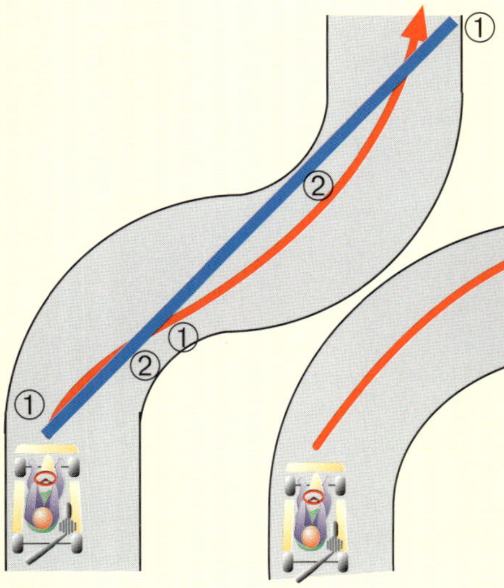

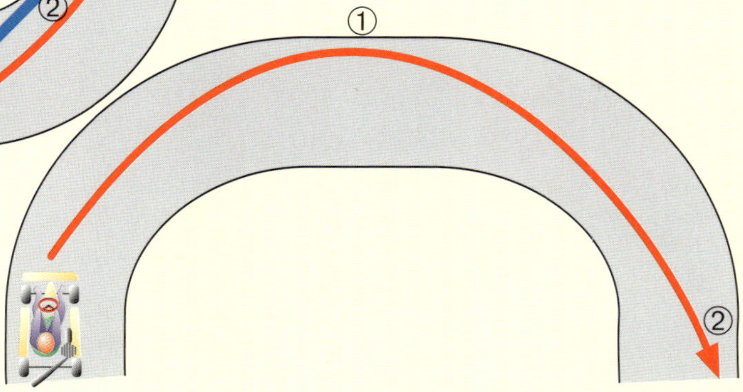

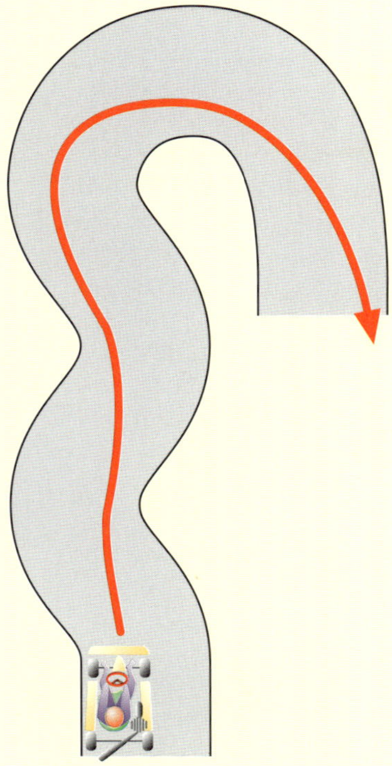

Die **Rechts-Links-Kombination**: An diesem Beispiel ist gut zu erkennen, was der Motorsportler meint, wenn er sagt, man müsse die Kurve zur Geraden machen. Im Idealfall ist die Kurve so anzugehen, daß sich durch den ständigen Wechsel von außen ①, innen ②, außen etc. eine Gerade durch die Kurve ergibt. So hat man den geringsten Geschwindigkeitsverlust und genügend Schwung am Kurvenausgang für die folgende Gerade.

Die **180-Grad-Kurve mit kurzer Zwischengerade**: Sie kann angesehen werden als zwei aufeinanderfolgende 90-Grad-Kurven. Die „erste Kurve" fährt man wie gewohnt außen an. Dann zieht man nach innen und läßt sich raustreiben bis an den Fahrbahnrand ①. Dort ist man dann wieder am äußeren Rand für den zweiten Abschnitt der Passage. Am Kurvenausgang sollte man die in Fahrtrichtung linke Fahrbahnseite bis zur Begrenzung ausnutzen ②.

Auf den Strecken hat man es in den meisten Fällen mit **Kurvenkombinationen** zu tun. Ein Patentrezept, wie man sich da durchschlängelt, gibt es allerdings nicht. Mehrere Ideallinien sind möglich – ohne daß die eine gegenüber der anderen Nachteile hätte. Ich kann das an einem Beispiel verdeutlichen.
Auf unserer Bahn in Hagen haben wir eine ähnliche Passage wie die oben abgebildete. Meine Geschwister und ich haben diese Kurvenkombination in einem Rennen unterschiedlich bewältigt. Mein Bruder sowie meine Schwester hatten verschiedene Bremspunkte. Ich bin, ohne zu bremsen, mit Vollgas durchgefahren. Durch diese Varianten ergaben sich schließlich drei verschiedene Ideallinien. Verblüfft waren wir nur, als am Ende die Zeitnahme für alle drei Fahrer identische Rundenzeiten angab. Das heißt: die eine ideale Linie gibt es für eine solche Passage nicht. Man muß einfach seinen eigenen Stil und seinen eigenen Weg durch diese Kurvenabfolge finden. Wichtig ist nur, daß man von mehreren Alternativen die wählt, die nicht so sehr aufs Material geht und Kart sowie Fahrer schont.

Von der Theorie zur Praxis

Wer sich eine neue Strecke nur auf dem Papier anschaut und meint, ohne weitere Vorbereitungen ins Rennen oder Training gehen zu können, wird im allgemeinen die Rechnung ohne den Wirt machen. Im Motorsport-Alltag zeigt sich immer wieder, daß die Linie, die im Rennen tatsächlich gefahren wird, z.T. erheblich von der theoretisch zurechtgelegten abweicht. Schlaglöcher, Verschmutzung und die Witterung z.B. verlangen Korrekturen der Theorie.
Schlaglöcher oder sonstige Unebenheiten umfährt man am besten, auch wenn sie auf der Ideallinie liegen. Sie kosten nur Zeit, weil die Räder kurzzeitig die Bodenhaftung und damit Traktion verlieren. Ansonsten sollte man darauf achten, wie die Fahrbahnbegrenzungen aussehen, ob man sie in die Ideallinie miteinplanen kann, welchen Belag die Bahn aufweist, ob er eher rauh und griffig oder glatt und rutschig ist, welche Kurvenabfolgen die Strecke bietet.
Zudem läßt sich anhand des Gummiabriebs auf der Fahrbahn erkennen, welche Linie die Konkurrenz fährt. Gerade als Newcomer ist es sinnvoll, sich an diese nicht zu übersehenden Erfahrungswerte zu orientieren.
Noch ein Wort zur Ideallinie bei Regen. Bei Nässe sieht sie nämlich vollkommen anders aus. Oberstes Gebot: Runter vom Gummi, d.h. den Gummiabrieb auf der Strecke meiden. Mit der Kombination Gummi, Wasser, Gummi ist nämlich der Dreher sicher.

Michael Schumacher

Test the Best

Ein Tag nach dem Geschmack des Formel-1-Weltmeisters: Michael Schumacher testet die

Das Kart-Angebot ist überschaubar. Italienische Hersteller beherrschen den Markt. Aber wer bereit ist, rund 4.000 Mark für ein eigenes Kart auszugeben, ist für Ratschläge dankbar. Michael Schumacher hat an einem Tag die führenden vier Marken der wichtigen Interconti-A-100 getestet. Er nennt die Vorzüge und die Schwachstellen der Produkte.

Es war auf der Pressekonferenz der Sieger des Großen Preises von Belgien in Spa-Francorchamps 1995. Michael Schumacher strahlte. Er hatte dieses Rennen trotz eines miserablen 16. Startplatzes gerade sensationell gewonnen. Den wartenden Journalisten erzählte er von seinem stärksten Eindruck in diesem Rennen: „Von ganz hinten durch das Feld nach vorne zu fahren – das hat mich stark an meine Kart-Zeit erinnert.“

Neben ihm saß der geschlagene Damon Hill, der ziemlich säuerlich reagierte: „Formel 1 ist kein Kartsport.“ Michael wußte, daß Damon einer der ganz wenigen Formel-1-Rennfahrer ist, der nicht aus dem Kartsport kommt. Deswegen meinte er seine Antwort auch ganz ehr-

…er erfolgreichsten Karts auf der Kartbahn in Kerpen-Manheim – auf sein Urteil ist Verlaß

lich: „Du wärst besser mal in Deinem Leben Kart gefahren."

Was keiner bei dieser Pressekonferenz wissen konnte, war, daß sich Michael schon für den kommenden Tag auf einen Testtermin ganz besonderer Art freute.

Auf der elterlichen Kartbahn in Kerpen-Manheim sollte der Formel-1-Star die Möglichkeit bekommen, die erfolgreichsten Karts der Interconti-A-100-Klasse (IcA/100) zu testen. Das war ein Test ganz nach seinem Geschmack, ein Test, von dem er als junger Kartfahrer immer nur hat träumen können.

Die Interconti-A-100-Klasse, auch Seniorenklasse genannt, ist die häufigste Klasse im Kartsport. In ihr werden sowohl Weltmeisterschaften als auch Europameisterschaften, nationale Meisterschaften sowie Bundes- und Landesmeisterschaften ausgetragen. Die Motoren sind Einzylinder-Zweitakter, haben 100 ccm und leisten bei 18.000 bis 20.000 U/min rund 30 PS. Bei den Junioren (12 bis 16 Jahre) wird in dieser Klasse mit Fliehkraftkupplung gefahren, ansonsten wird die Kraft direkt via Kette auf die Hinterachse übertragen.

Getestet hat Michael Schumacher Karts der Firmen Tony, PCR, Swiss Hutless und CRG. Gut sind eigentlich alle, und trotzdem hat jedes seine ganz spezifischen Stärken und Schwächen. Und genau die rauszufinden, hat dem doppelten Weltmeister bei diesem Test großen Spaß gemacht.

Aber lesen Sie selbst, was Michael Schumacher bei seinen Tests so erfahren hat ...

Tony Kart
Italienisches Fabrikat
Preis: ca. 3.800 Mark
(ohne Motor)

Bezugsquelle:
K-S-N Motorsport GmbH
Steinheide
50170 Kerpen-Manheim
Tel. 02275-6226

Michael Schumacher über Tony Kart

„Tony ist das Kart, mit dem ich in meiner Freizeit die meisten Runden drehe. Das Kart gefällt mir von der Anmutung her am besten: Frische Farben, grün und goldeloxierte Anbauteile – all das verrät schon auf den ersten Blick die Professionalität des Kartherstellers.
Auf den zweiten Blick besticht das Kart durch seine Verarbeitungsqualität. Alles ist sehr sauber. Die augenfälligste Besonderheit ist das Querrohr vorne, das die Vorderachse stabil hält. Hinten gibt es eine einwechselbare Seitenstrebe, je nachdem, welche Steifigkeit erwünscht ist.
Das Kart erfordert einen Fahrstil, der nicht unbedingt auf meinen zugeschnitten ist. Mit diesem Kart muß man extrem sauber fahren. Der Grenzbereich des Karts ist sehr, sehr schmal. Für jemanden, der ständig Kart fährt, ist das Tony-Kart vielleicht das richtige Instrument, was die jüngsten WM-Titel belegen. Für die anderen, die nicht permanent im Kart sitzen, ist dieses Kart sehr schwer zu fahren.
Wichtig ist: die von Tony verkauften Karts entsprechen exakt den von ihren Werksfahrern eingesetzten. Das ist nicht bei allen Herstellern der Fall.“

PCR-Kart
Italienisches Fabrikat
Preis: ca. 3.650 Mark
(ohne Motor)

Bezugsquelle:
Kart-Service Meier
Schlorumpfweg 3
30453 Hannover
Tel. 0511-414124

Michael Schumacher über PCR-Kart

„An diesem Kart fehlen hinten jegliche Zusatzrohre. Diese Rohre haben normalerweise so ein bißchen die Funktion eines Stabis. Fehlen die, kann man also auch nichts abstimmen.
Mein erster Fahreindruck ist: das Kart ist vorne sehr steif und hinten flexibler. Das macht sich besonders beim Einlenken in die Kurven bemerkbar. Das kurveninnere Hinterrad hebt sich ein bißchen stärker als normal in die Luft. So, wie sich normalerweise Frontantriebler verhalten. Der Vorteil ist: das Kart „sperrt“ weniger, kommt also gut um die Kurve. Ein Problem bei einem Kart ist ja immer, daß die starre Achse um die Kurve gebracht werden will. Wenn dabei das Rad abhebt, kommt das Kart als „Dreirad“ leichter um die Ecke. Täte es das nicht, schöbe das Kart über die Vorderachse, es würde untersteuern.
Auf der Rennstrecke fühlt man sich richtig wohl mit diesem Kart. Mit ihm kommt jeder zurecht. Besonders bei der Abstimmung gibt es kaum Möglichkeiten, etwas verkehrt zu machen. Für Anfänger ist es also hervorragend geeignet.
Der Nachteil bei diesem Kart ist nur, daß es nicht mehr ausbaufähig ist, wenn sich der Fahrer weiterentwickelt.“

Swiss Hutless
Schweizer Fabrikat
Preis: ca. 3.600 Mark
(ohne Motor)

Bezugsquelle:
Lindinger & Schwarz
Kirchfeldstraße 8
85653 Dürrnhaar
Tel. 08102-1697
(nur vormittags)

Michael Schumacher über Swiss Hutless

„Ein wirklich professionelles Kart mit sehr hoher Verarbeitungsqualität. Das war bei Swiss Hutless nicht immer der Fall. Die vordere Querstrebe haben sie von Tony kopiert. Allerdings hat das Querrohr eine ganz eigenständige Biegung. Ohne mich jetzt im Detail verlieren zu wollen: Aber in den Biegungen liegen jede Menge Geheimnisse. Sie sind für die Steifigkeit eines Karts so wichtig, daß die Anzahl der Biegungen exakt homologiert sein muß.
Gut finde ich beim Swiss Hutless die Bremsseilmechanik. Letztendlich ist das die bessere Lösung, denn die Bremsstange kann bei einem Unfall leicht brechen oder verbiegen, so daß im schlimmsten Fall überhaupt keine Bremswirkung mehr möglich ist.
Weniger gut finde ich, daß die Lenkradhalterung verschraubt und nicht verschweißt ist. Solche Verbindungen leiern über kurz oder lang aus.
Vom Fahren her liegt mir das Kart ausgesprochen gut. Es läßt sich schön rund bewegen, und der Grenzbereich ist nicht ganz so schmal.
Ebenfalls positiv zu vermerken ist die Bremse, die sehr gut zupackt und trotzdem dosierbar bleibt.“

Das Tony Kart fordert den Profi, der es sauber im Grenzbereich bewegen kann

Ein 100-ccm-Motor für die Interconti-A-100-Klasse ist ab ca. 2.200 Mark zu haben.

Gutmütig im Kurvenverhalten – das PCR-Kart ist ideal für den Kart-Anfänger

Gut verarbeitet, technisch innovativ: das Swiss-Hutless-Kart beeindruckt

Michael Schumacher über CRG-Kart

CRG
Italienisches Fabrikat
Preis: ca. 3.500 Mark
(ohne Motor)

Bezugsquelle:
Eurokart
Postfach 7
64851 Otzberg
Tel. 06162-71941

„Die markanteste Besonderheit an diesem Kart sind die Rohre. Sie sind nicht wie bei allen anderen Karts im Querschnitt rund, sondern oval. Der Hersteller verspricht sich davon eine höhere Steifigkeit.
Das Kart hat hinten eine doppelte Rohrführung. Zwar ist der zweite Rohrsatz nicht wegzunehmen, aber beide Rohrführungen sind voneinander trennbar oder, positiv ausgedrückt, fest miteinander zu verschrauben. Beides hat natürlich einen großen Einfluß auf die Steifigkeit hinten. Vom Fahren her hat mich dieses Kart am meisten beeindruckt. Auf Karts dieses Herstellers bin ich die letzten fünf Jahre meiner aktiven Zeit gefahren, zwei Jahre wohnte ich sogar bei meinem Teamchef Adolf Neubert, der diese Karts einsetzt. Jetzt, beim Testen des Karts, fühle ich mich sofort wieder heimisch.
Auch die Verarbeitungsqualität der Karts ist überzeugend. Nachteilig sind leider die Bremsen. Wegen des hohen Pedaldrucks leidet die Dosierbarkeit. Allerdings kann das mit anderen Bremsklötzen korrigiert werden.
Alles in allem kann ich mit diesem Kart am konstantesten fahren.“

Michael Schumacher über die Schwierigkeite

Mach 1 und KZH Hersteller
Hetschel GmbH & Co. KG
Industriegebiet
74336 Meinsheim
Tel. 07135-98490
Fax 07135-5438

Für die Interconti-A-100-Klasse bietet Hetschel das CIK-11-Kart. Ausgerüstet wird es serienmäßig mit hydraulischen Scheibenbremsen, gelochter Turbo-Bremsscheibe und Aluminium-Felgen. Das Kart kostet ohne Motor ca. 3.600 Mark

„Um die Kartindustrie in Deutschland ist es ganz dürftig bestellt. Es gibt einen Karthersteller Hetschel (Mach 1), und das ist es dann auch schon.
Ich glaube, die Investitionen, deren es bedarf, um den Schritt vom großen Karthändler zum Karthersteller zu machen, ist vielen zu gewagt.
Schließlich sind es nicht nur die Investitionen in die Produktionsanlagen. Es kommt erschwerend hinzu: Wenn man erst einmal ein Karthersteller ist, dann muß man auch internationale Erfolge vorweisen. Nur in Deutschland rumzufahren und Rennen zu bestreiten, bringt nichts. Damit kann man keine Karts verkaufen.
Wer ausreichend Geld hat und ein Kart kaufen will, der sieht sich doch erst einmal an, mit welchem Material der Weltmeister fährt. Und das wird dann gekauft.
Die Investitionen aber, die der Hersteller für die Teilnahme an WM-Läufen noch einmal aufbringen muß, sind enorm. Man muß ein Wettkampfchassis entwickeln, muß einen entsprechenden Fahrer haben und bezahlen, und schließlich muß man noch zu den WM-Läufen anreisen – das kostet alles richtig Geld. Es ist vielen Händlern zu risikoreich. Und letztendlich ist die Produktion von Karts auch nicht viel lukrativer als der ausschließliche Karthandel.“

Aushängeschild für die deutsche Kartindustrie: das CIK-11-Chassis von Hetschel

Erinnerung an alte Zeiten: Michael, Adolf Neubert (2.v.r.) und das CRG-Kart

n Deutschland Karts zu produzieren

In der Werkstatt: Der Rahmen eines Mach-1-Karts wird fachkundig und präzise von Hand geschweißt

Peter Kaiser

Second-hand-Tips aus erster Hand

Peter Kaiser (16.10.1967), verheiratet, ist gelernter Kfz-Mechaniker und seit zehn Jahren professionell im Kartsport tätig. So lange kennt er auch Michael Schumacher. Die beiden verbindet eine enge Freundschaft.

Ob Auto, Kühlschrank oder Kart – der Kauf eines Gebrauchten birgt immer ein gewisses Risiko in sich. Ein gesundes Mißtrauen ist vor allem geboten, wenn ein privater Käufer sein Kart anbietet. Damit das Ersparte gut investiert wird, sagt Peter Kaiser, Michaels enger Freund und Mechaniker bei allen Karteinsätzen der letzten Jahre, worauf beim Kauf zu achten ist.

Michael hat schon an anderer Stelle in diesem Buch gesagt, daß Kartsport-Anfänger sich als erstes ein gebrauchtes Kart kaufen sollten. Er empfahl auch, dies bei einem guten Fach-Karthändler zu machen. Der würde nie seinen guten Ruf durch den Verkauf von Schrott riskieren. Doch auch beim Kauf eines gebrauchten Karts gilt: Vertrauen ist gut, Kontrolle ist besser. Und wenn man sein gebrauchtes Kart von einer Privatperson erwerben sollte, gilt das umso mehr.

So oder so ist es also wichtig, daß der Anfänger weiß, worauf er beim Kauf eines gebrauchten Karts zu achten hat. Generell empfehle ich jedem Kaufinteressierten, zunächst den optischen Eindruck des Karts auf sich wirken zu lassen. Denn hier gilt eine simple Faustregel: Je besser das Kart aussieht, desto besser ist es (normalerweise) behandelt und gepflegt worden. Ich weiß, daß auf diese Faustregel auch die „Blender" unter den Anbietern spekulieren. Deswegen darf man natürlich nicht beim ersten Eindruck hängenbleiben.

Zu viel Spiel im Achsschenkellager: schlecht gewartetes Kart

Der Rahmen

Wesentlich aussagefähiger ist zum Beispiel ein Blick auf die Unterseite des Rohrrahmens. Man wird bei einem gebrauchten Kart nie ei-

Schleifspuren am Rahmen sind normal. Natürlich keine verbogenen Rohre

nen Rahmen sehen, der nicht mehr oder weniger deutliche Schleifspuren aufweist. Das ist völlig normal. Nicht normal im Sinne einer Kaufempfehlung ist es, wenn bei älteren Karts die Rohre von unten „gerade gefahren" sind. Sollte das der Fall sein, dann ist ein Bruch des Rahmens nur noch eine Frage der Zeit. Also läßt man am besten die Finger davon.

Und wenn man schon beim Rahmen ist, sollte man auch darauf achten, ob und wieviel nachträglich geschweißt wurde. Denn: Hinter jeder Schweißnaht verbirgt sich eine Bruchstelle.

Achsschenkel, Hinterachslagerung und Lenkgestänge

Wichtig ist auch, daß man einen prüfenden Blick auf die Achsschenkel und die Hinterachslagerung wirft. Wieviel Spiel ist hier festzustellen, wie ausgeleiert ist die ganze Sache? Ganz ohne Spiel und dazu noch leichtgängig sollte das Lenkgestänge sein, und wenn die Vorderräder gerade stehen, dann sollte es das Lenkrad auch tun.

Die Bremsanlage

Besonders die Bremsanlage erfordert den kritischen Blick. Sie ist zum Glück relativ einfach abzuchecken. Drücken Sie das Bremspedal runter: Es sollte einen klar spürbaren Bremspunkt geben. Werfen Sie auch einen Blick auf die Bremsbeläge. Je gleichmäßiger die abgefahren sind, desto besser. Und an der Bremszange und dem Bremszylinder haben Spuren von Bremsflüssigkeit absolut nichts zu suchen.

Die Vorderräder sollten leicht und rund laufen, die Lager schon bei leichtesten Drehbewegungen mitspielen. Auch die Hinterachse muß leicht und rund laufen.

Reifen und Felgen

Sind diese Punkte abgecheckt, müssen noch die Felgen und die Reifen begutachtet werden. Die Felgen sollten gerade sein und rund laufen. Sind die Reifen beschädigt, ist Vorsicht geboten. Nicht ganz so wichtig ist die Frage, ob die Zähne des Kettenblattes noch deutlich

Die Achse sollte sich leichtgängig im Lager drehen

Gleichmäßig abgefahrene Bremsbeläge sind ein gutes Zeichen

Der Mechaniker des Weltmeisters: Profi Peter Kaiser (r.) beherrscht die Technik des Karts aus dem eff-eff

Die Preise für gebrauchte Karts variieren stark. Gestaffelte Preislisten, die sich am Alter der Karts orientieren, gibt es nicht. Zu viele Variablen beeinflussen den Verkaufspreis: wie das Kart gewartet wurde, wieviel Kilometer es hinter sich hat, ob es z.B. neue Reifen hat etc. Als Käufer muß man das Kart also selbst taxieren und mit dem Anbieter den Preis aushandeln.

konturiert sind. Sind sie es, umso besser. Wenn nicht, dann muß man sich halt vergegenwärtigen, daß so ein Kettenblatt ein ganz normaler Verschleißartikel ist.

Der Motor

Ein ganz besonderes Kapitel beim Kauf eines gebrauchten Karts ist natürlich der Motor. Um den abzuchecken gibt es zwei Möglichkeiten. Die eine ist, man unterhält sich mit dem potentiellen Verkäufer und hört stundenlang, wie schonend das Triebwerk eingefahren, wie pfleglich es behandelt, wie regelmäßig es gewartet wurde und und und. Pech, wenn Sie an Münchhausens Enkel geraten sind.

Die andere Möglichkeit ist, man unterhält sich überhaupt nicht über den Motor und läßt sich statt dessen vom Verkäufer die Rechnungen aller Motorenrevisionen aushändigen. Ohne viel Worte geben diese Belege Auskunft über den Wartungszustand des Triebwerkes. Nur: Selbst wenn die letzte Revision erst zwei Wochen zurückliegt – am Rennwochenende danach kann der Motor zugrunde gefahren worden sein. Was also den momentanen Zustand des Motors angeht, so kann der nur durch eine Motorenüberprüfung genau erkannt werden. Fachhändler bieten eine solche Prüfung für rund 30 Mark an.

Vier Augen sehen mehr als zwei

Ganz sicher kann man sich beim Kauf eines Gebrauchten nie sein. Und doch kann man über die oben genannten Kontrollen hinaus noch ein Zusätzliches tun. Auch der Anfänger hat meistens in seinem Bekannten- oder Freundeskreis – vielleicht sogar in einem Kartclub – einen Ansprechpartner, der schon über größere Erfahrungen mit Karts verfügt. Nichts ist einfacher, als hier um Hilfe und Unterstützung zu bitten. Denn auch beim Kauf eines gebrauchten Karts gilt: Vier Augen sehen mehr als zwei.

Was ein gutes Kart haben sollte

Daran erkennt Profi Peter Kaiser, daß ein neues Kart auch wirklich ein Qualitätsprodukt ist:

- Achsschenkel, Aufnahmen und Radsterne eloxiert oder verchromt
- keine dünnen Stahl-Stangen, sondern großdimensionierte Alu-Stangen als Spurstangen
- Lederlenkrad
- einteilige Felgen mit den Reifen der führenden Hersteller Bridgestone, Dunlop oder Vega
- Sitze aus GfK (Glasfaserverstärkter Kunststoff), gepolstert oder lederbezogen
- alle Verbindungen durchgeschweißt, saubere Nähte

- keine mechanische, sondern hydraulische Bremsen
- innenbelüftete Bremsscheibe
- kunststoffpulverbeschichtete Rahmen
- stahlummantelte Bremsleitung

Karthändler

Adresse	Öffnungszeiten	Beratung	Fläche	Kartmarken	Exklusivvertrieb
Meier Kart-Service Schlorumpfsweg 3 30453 Hannover Telefon: 0511-41 41 24 Telefax: 0511-2 31 79	Montag bis Freitag: 09.00 – 12.00 h 13.00 – 18.00 h	5 Mitarbeiter	600 qm	Chassis: PCR, Tecno, GPR Motor: PCR	PCR, Tecno, GPR, PCR, Continental
Kartracing Heinz Kuka Kapuzinerplatz 7 41061 Mönchengladbach Telefon: 02161-20 09 94 Telefax: 02161-2 00 54	Dienstag bis Sonntag: 10.00 – 20.00 h	5-9 Mitarbeiter	300 qm	Chassis: Haase, Kuka Motor: Comer	Haase, Kuka
FAE-Motorentechnik In Bellingshoven 72 41812 Erkelenz Telefon: 02431-7 18 20	09.00 – 19.00 h und nach Vereinbarung	5 Mitarbeiter	620 qm	Chassis: Tecno Motor: je nach Wunsch des Kunden	Tecno
Fa. A. Siemens Beuerhofstraße 29 47807 Krefeld Telefon: 02151-39 96 30 Telefax: 02151-31 09 47	Montag bis Freitag: 09.00 – 12.30 h 14.00 – 18.30 h Donnerstag: 14.00 – 20.30 h	3 Mitarbeiter	250 qm	Chassis: Birel Motoren: TM, Italsistem- Saetta	Birel
Tony-Kart & Vortex Importeur **KSN Motorsport GmbH** Auf der Kartbahn 50275 Kerpen-Manheim Telefon: 02275-91 15 50 Telefax: 02275-91 15 52	Dienstag bis Freitag: 09.00 – 17.00 h Wochenende: 10.00 – 18.00 h	5 Mitarbeiter	800 qm	Tony, Mac- num, Italia- Motori, Mo- tore-Vortex, Reifen-Vega	alle Karts, Motoren und Reifen exklusiv
A-H Race Kreuzstraße 24 50354 Hürth Telefon: 02233-4 41 25 Telefax: 02234-5 48 21	Dienstag bis Freitag: 10.00 – 19.00 h Wochenende: Renndienst	3 Mitarbeiter	500 qm	Chassis: Jolly Motoren: Rotax, Italsistem	Jolly (Importeur)
Kart-O-Mania Indoor-Kartsport-Köln GmbH Otto-Hahn-Straße 6-8 50997 Köln Telefon: 02236-84 14 18 Telefax: 02236-84 14 19	Montag bis Samstag: 14.30 – 23.00 h Sonn- und Feiertag: 10.00 – 23.00 h	10 Mitarbeiter	6.500 qm	DART 2000 IMS-Gas, DART 2000 IMS-Benzin, a.A. Elektro	DART 2000 200 ccm

Beim Kauf eines Karts sind viele wichtige Details zu klären. Angefangen von der Wahl des Chassis und des Motors bis hin zur richtigen Schutzkleidung. Gerne stehen Ihnen hierbei die Mitarbeiter der hier aufgeführten Karthändler mit Rat und Tat zur Seite.

günstigstes Kart-Angebot	Versand	Servicewagen	Rennerfolge des Händler-Teams
Chassis mit PCR Motor, einteilige Felgen, komplett fahrfertig, 100 ccm-Motor: 3.990 Mark	24 h	an jedem Wochenende je 2 Wagen zu 2 verschiedenen Veranstaltungen	5. Platz WM IcA Junioren (1995), Deutscher Meister IcA Junioren (1995), ADMV-Meister IcA Junioren (1995), Norddeutscher Meister Kadetten (1995), DMV Bundesmeister Pop Junioren (1995), Deutscher Meister Formel A (1990), jedes Jahr verschiedene nationale und internationale Meistertitel
Kuka Kart mit Comer Motor, komplett fahrfertig: 3.990 Mark	24 h	bei allen Rennen von DMV und ONS, ab 1996 auch ADAC	Siege: WAKC-Cup, NRW-CUP, Bundesmeisterschaft DMV, Landesmeisterschaft DMV, 1994/1995 mehrere Siege in der Deutschen Kartmeisterschaft, 14. Platz bei der WM 1995, Einzelerfolge in EM
Chassis Tecno h10: 4.100 Mark, Motor: Rotax jun., Vortex jun.: 3.200 Mark	24 h	DMV, ADAC, Junior-Pokal, Europa- und Weltmeisterschaft	1994: 1., 2. und 3. Platz Bambini 1995: Gewinner Andrea Magnuti Rennen, Italien 1996: 2. und 3. Platz Bambini, Gewinner Winter-Pokal in Kerpen i.d. Junioren-Klasse
Birel mit Italsistem, luftgekühltem, homologiertem Membranmotor, hydraulischer Bremse, fahrfertig: 4.700 Mark	24 h	DMV, ADAC, ONS, Europa- und Weltmeisterschaft	1992: 2. Platz Deutsche Kart-Trophäe 1993: 1. Platz Deutsche Kart-Trophäe 1993: 5. Platz Deutsche Kart-Meisterschaft 1994: 2. Platz Deutsche Kart-Meisterschaft 1995: 2. Platz Deutsche Kart-Trophäe 1995: 5. Platz Deutsche Kart-Trophäe
Macnum Kart mit luftgekühltem Motor, ca. 20 PS, incl. Reifen und Seitenverkleidung, fahrfertig: 3.995 Mark; Tony-Kart Futura plus wassergekühltem Vortex-Motor, incl. Reifen und Seitenverkleidung, fahrfertig: 5.800 Mark	24 h	bei fast allen Rennen vertreten: DMV, ADAC, ONS, Deutsche Meisterschaften	1984: Deutscher Meister (Michael Schumacher) 1989: Deutscher Meister Formel A 1991: Deutscher Meister Formel A 1991: Deutscher Meister Junioren 1993: Deutscher Meister Junioren 1994: Deutscher Meister Junioren 1995: Deutscher Meister Klasse C-125 Landesmeister, Bundesmeister
Chassis: 30 mm Rahmen, Hohlachse 30 mm, hydraulische Bremse, SL-Reifen, Membran-gesteuerter Motor, 100 ccm: 4.200 Mark	1-2 Tage	bei allen ONS Prädikatsläufen, DMV-Meisterschaften	1993: Gold Pokal IcA Junior, 1994: 2. Platz Winterpokal IcA Junior, 1995: 4. Platz Ges. Klassement LDKM, 2. Platz Ostdeutsche FA, 8. Platz IcA, Europameisterschaft
Spezial Indoor Kart, Honda 5,5 PS mit Frontspoiler, Seitenaufprallschutz, Gastechnologie	24 h	auf Anfrage Fahrerbetreuung	

Adresse	Öffnungszeiten	Beratung	Fläche	Kartmarken	Exklusivvertrieb
Hantscher Kart Racing Auf der Komm 2 52459 Inden/Frenz Telefon: 02423-31 43 Telefax: 02423-79 21	Dienstag bis Freitag: 10.00 – 12.00 h 13.00 – 19.00 h	2 Mitarbeiter	300 qm	Tony	Tony
CMP Importeur **Beule Kart-Service** Am Damm 1 58091 Hagen Telefon: 02331-7 71 34 Telefax: 02331-7 04 26	Montag bis Freitag: 10.00 – 18.00 h	12 Mitarbeiter	1.000 qm	BK-1 Beule-Kart, CMP-Kart	BK-1 Beule-Kart/Eigen-produktion, CMP
Tomkart **Th. Neubert** Odenwaldring 64850 Schaafheim Telefon: 06073-8 85 95 Telefax: 06073-8 85 95	Dienstag bis Freitag: 09.00 – 18.00 h Wochenende: 10.00 – 18.00 h	4 Mitarbeiter	1.000 qm	Chassis: Mike Wilson Motoren: Siro, Comer	
Euro-Kart **Adolf Neubert** In der Hohl 18 64853 Otzberg/Langfeld Telefon: 06162-7 19 41	Dienstag bis Freitag: 08.00 – 12.00 h 13.00 – 17.00 h	11 Mitarbeiter	1.500 qm	CRG und Kali	CRG
Will Kart Importeur **Kartsport Frühauf** Hochstraße 57 66280 Sulzbach/Saar Telefon: 06834-4 71 22 Telefax: 06834-4 97 26	nach Vereinbarung	Familien-betrieb	150 qm (Erweiterung in Planung)	Will-Kart-Chassis, Comer Mo-tore, Pavesi Schaltmotore	Will
Hetschel GmbH & Co KG Industriegebiet 74336 Brackenheim Telefon: 07135-98 49-0 Telefax: 07135-54 38	08.00 – 12.00 h 13.00 – 18.00 h Dienstag geschl.	50 Mitarbeiter	3.000 qm	Hersteller von Mach 1 Karts und KZH-Motoren	Bridgestone Reifen
Mir Racing Team Arcistraße 46 80799 München Telefon: 089-2 71 65 21 Telefax: 089-2 71 65 23	Montag bis Freitag: 09.00 – 18.00 h Samstag: vorher anrufen	3 Mitarbeiter	200 qm	Chassis: Maris-Karts, Motor: Saetta	Saetta-Motoren, Mari-Kart, Mir-Be-kleidung
Point Racing Boesinghovener Straße 60 40668 Meerbusch Telefon: 02159-88 54 Telefax: 02159-8 11 51	Montag bis Freitag: 09.00 – 19.00 h	2 Mitarbeiter	90 qm	Arai, Helmet, Tillett Racing Seat, Sparco	alle
Powerpoint Kammerer-Jungmann-Straße 15 85375 Neufahrn Telefon: 08165-6 65 56 Telefax: 08165-6 61 19	Montag bis Freitag: 09.00 – 12.00 h 14.00 – 18.00 h	3 Mitarbeiter	120 qm	große Aus-wahl an Bekleidungen	Mir-Race-wear

günstigstes Kart-Angebot	Versand	Servicewagen	Rennerfolge des Händler-Teams
Macnum Kart 100 ccm, Motor: DAP Membran, mit Verkleidung und Reifen: 4.000 Mark	24 h	Gold Pokal, DMV Nord/ Süd, Deutsche Kart-Meisterschaft (komplette Werkstatt dabei)	1982: 2facher Deutscher Vizemeister 1983: 2facher Deutscher Meister 1983: 2facher Vize-Europameister 1984: 2facher Vize-Europameister 1984: 6. Platz Weltmeisterschaft 1987: 2facher Deutscher Vizemeister 1989: 2facher Deutscher Meister (alles in Klasse IcA-100)
CMP Kart mit CMP Motor, ca. 22 PS, 100 ccm, 2-Takt-Motor, Kart: 30 mm Rahmen, 35 mm Achse, hydr. Bremse, komplette Verkleidung: 4.200 Mark	24 h	ADAC, DMV, Europameisterschaft	1975: Vize-Weltmeister 100 ccm, Junioren (Peter Beule) 1988: Vize-Europameister 125 ccm (Rainer Beule) 1995: Deutscher Vizemeister Pop, Junioren 1995: WAKC Cup Sieger 125 ccm 1995: WAKC Cup Sieger Pop, Junioren
Motor Sirio RL, Dunlop-Reifen, Chassis: 30 mm Rohr, hinten Doppelrohr, einteilige Felge, hydraulische Bremse: 5.800 Mark	24 h	ADAC, DMV, Junior-Läufe	1977: Europameister 1978: Gold Pokal Sieger 1979: Deutscher Vizemeister 1983: 2. Platz EM (83), 1984: 3. Platz Deutsche Meisterschaft 1984: 2. Platz Hong-Kong-Trophy/Formel K 1984: 3. Platz Süd-Afrika-Kart-Grand-Prix 1987: 3. Platz Hong-Kong-Trophy Formel K
CRG Spezial Fahrgestell, 30 mm Rohrrahmen, hydr. Bremsanlage, Motor Komet, Dunlop Bereifung: 4.700 Mark	1-2 Tage	DMV, ADAC, Gold-Pokal, Europameisterschaft	Deutscher Vizemeister/Vize-Europameister, Vize-Weltmeister: Alexander Müller, Bundesmeister und Goldpokalgewinner 1994: Dirk Wersched 1995: Ostdeutsche Kartmeisterschaft
Chassis-Will-Kart mit Comer-Motor 100 ccm, Maxxis Reifen, komplett montiert: 3.900 Mark	24 h	DMV, ADAC Deutsche Kart-Meisterschaft	2x DMV Landes-Vize-Meister Deutscher Meister Bambini Deutscher Meister K 55 Senioren
Renn- und Jugendkart ab 3.900 Mark	24 h	3 Fahrzeuge bei allen Rennen der Klasse 100/ 125 ccm	KZH-Erfolge 1995 u.a. Deutscher Kartmeister F-A, 2. Platz Kart Trophäe C-125, 1. Platz DMV Goldpokal C-125, 1. Platz ADAC Bundeslauf POP-2000, Ostdeutscher Meister, Ungarischer Meister
Mari-Kart mit 30er- oder 40er-Achse, Motor Saetta luftgekühlt, fahrfertig: 3.490 DM	24 h	2 Fahrzeuge, bei den größeren Rennen vertreten	Diverse Siege und Bahnrekorde, letzte Erfolge 1995
Diese beiden Händler bieten nur Bekleidung und Zubehör an!	2 Tage	mit Servicewagen bei allen größeren Rennen vertreten	1990: 4. Platz EM Formel K 1991: Japan Grand Prix Teilnehmer
	1 Tag bis 4 Wochen	vorhanden	Diverse nationale Erfolge sowie Titel bei Europa- und Weltmeisterschaften

Willkommen im Club

Sie nennen sich nicht Verein, sondern – nach feiner englischer Art – Clubs, Kart-Clubs. Wer sich für eine Kart-Karriere entscheidet, sollte einem Club beitreten. Die Vorteile einer Mitgliedschaft sind nicht zu übersehen – und schließlich: Im Club ist Sport am schönsten ...

Die Technik des Karts zu beherrschen ist gar nicht so einfach, den Vergaser optimal einzustellen nicht jedermanns Sache und das Gespür für die Ideallinie ist auch nicht jedem Fahrer in die Wiege gelegt. Kurzum: Zu Anfang steht man als Newcomer ganz schön auf dem Schlauch.

Am besten, man tritt in einen Kart-Club ein. Zwar führt der Weg zur Kart-Spitze nicht zwangsläufig über das organisierte Fahren – es erleichtert die Sache aber ungemein und schont den Geldbeutel. Insgesamt gibt es ca. 25 bis 30 Kart-Clubs in Deutschland, die eine eigene Bahn vor der Haustüre haben.

Gerade Jugendliche können von einer Mitgliedschaft nur profitieren. Häufig bieten die Kart-Clubs spezielle Jugendarbeit an: Fahrerlehrgänge sind ebenso im Angebot wie der theoretische Unterricht für den Lizenzerwerb – nicht zu vergessen: das Clubleben und die Zeltlager.

Und natürlich bietet ein Club jede Menge von dem, was nur schadet, wenn man es nicht hat: Vitamin B. Gerade im Hinblick auf Sponsoren kann sich eine Mitgliedschaft schnell bezahlt machen.

Nicht zu unterschätzen im Clubleben: Vitamin B

Übung macht den Meister – auch im Kartsport. Und die gibt es reichlich durch die Clubmeisterschaften. Nur: an ihnen darf sich nur beteiligen, wer Mitglied ist. Die Erfahrungen, die der Kartsportler hier sammeln kann, können nicht hoch genug eingeschätzt werden. Neben diesem Erfahrungsplus zeigt sich im direkten Wettstreit auch schnell, wer den Bogen raus hat. Für Talentsucher sind diese Meisterschaften wichtige Termine ...

Überhaupt macht der Club-Beitritt die Teilnahme an Meisterschaften leichter. Bei DMV- oder ADAC-Meisterschaften z.B. wird nur derjenige gewertet, der in einem dieser Dachverbände organisiert ist. Und das funktioniert nur über die Mitgliedschaft in einem Club.

DMV- und ADAC-Meisterschaften – Wertung nur für Club-Mitglieder

Frei zugänglich für den Lizenzinhaber sind hingegen die drei Meisterschaften der ONS – die DKM, die DKT und der Junioren-Kart-Pokal. Hier ist der Kartfahrer nicht auf eine Clubmitgliedschaft angewiesen, um mit seinem Lauf gewertet zu werden. Nur: ohne vorhergehende Meisterschaftserfahrung auf Landesebene kann der ONS-Wettbewerb ein hartes Brot werden.

Neben dem Erfahrungsplus gibt es noch einen guten Grund, Mitglied zu werden. Das Kartfahren kostet sehr viel weniger. Angefangen bei den Kart-Lizenzen, die um bis zu 50 % günstiger werden, reduziert sich auch das Startgeld bei Meisterschaften enorm, manchmal um bis zu 75 %.

Und: als Privat-Kartfahrer zahlt man für die Benutzung einer Kartbahn im Schnitt 50 Mark pro Tag. Da muß man schon tief in die Tasche greifen, wenn man einigermaßen gut im Training bleiben und der Konkurrenz Paroli bieten will. Die einmalige Aufnahmegebühr von 500 bis 1.000 Mark und der Jahres-Mitgliedsbeitrag von 300 bis 600 Mark rechnen sich unter diesen Umständen sehr schnell.

Wer als Youngster schon beim Karrierestart auf die Pole-Position will, wählt am besten di

Peter Kaiser

Aufpassen beim Karrierestart

Gerade zu Beginn der Rennfahrer-Karriere kann man jede Menge falsch machen – als junger Fahrer, als Vater oder Betreuer. Dem Sohn einfach ein Kart zu kaufen und zum erstbesten Rennen anzumelden, reicht nicht aus. Lesen Sie, was Peter Kaiser, Michaels Kart-Mechaniker und Freund, für den richtigen Karriereaufbau im Kartsport empfiehlt.

mbini-Klasse – wie David Hemkemeyer, Sieger des NRW-Cup Bambini '95

Ich würde ja gerne behaupten, beim Kart sei alles so einfach wie im Automobilsport. Dort zumindest ist der Weg bis in die Formel 1 ziemlich klar vorgezeichnet. Zu Beginn kann man sich zwar noch überlegen, ob die Opel Lotus Challenge, die Formel Ford oder die Formel Renault die bessere Einstiegsmöglichkeit ist, dann jedoch geht es fast automatisch in der Formel 3 weiter. Wer dort genügend Erfolge eingefahren hat, wechselt in die Formel 3000 und wartet dann auf das Angebot eines Formel-1-Teams. Ich weiß, wie schwierig das alles in der Praxis ist. Aber wenigstens theoretisch ist ein sinnvoller Weg vorgegeben.

Slalomsport

Im Kartsport ist alles etwas schwieriger. Und die Schwierigkeiten beginnen schon beim Slalomsport. Gedacht ist der Slalomsport besonders für die Jüngsten, für all die, die zwar unbedingt an Kartwettbewerben teilnehmen wollen, aber noch nicht über ausreichend finanzielle Mittel verfügen. Genau für diese Gruppe hat der Slalomsport einen riesigen Vorteil: Die Karts müssen nicht selber gekauft werden – sie werden vom Veranstalter gestellt. Für ein Startgeld von rund 20 Mark darf man ein Kart mit einem fünf PS starken Honda-Viertakter und einer Fliehkraftkupplung fahren. Angetreten wird auf Parkplätzen, die mit Hilfe von Pylonen in einen Slalomparcours verwandelt werden. Ziel des Slalomsports ist es, saubere Fahrzeugbeherrschung und eine hohe Konzentrationsfähigkeit zu erlangen. Klingt gut, hat auch, besonders in den neuen Bundesländern, enormen Zuspruch – und geht trotzdem in die falsche Richtung. Ich kann das erklären: Zum einen sind die gestell-

Michael Schumacher, was sagen Sie zu den vielen Meisterschaften?

„Jede Organisation hat heutzutage ihre Kart-Meisterschaft: DMV, AvD, ONS, ADAC und wie sie alle heißen. Das ist für den Sport außerordentlich schädlich. Erstens läßt sich eine solche unübersichtliche Klassenvielfalt nicht verkaufen, und dann bringt es auch noch Probleme für die Talentsucher mit sich. Für die ist es doch unheimlich schwierig, ein Talent zu erkennen. Über welche Klasse sollen die Medien auch schreiben? Kaum einer hat doch den Durchblick, was den tatsächlichen Wert einer Meisterschaft angeht – wer soll den bei dem ganzen drunter und drüber auch haben. Leider ist nirgendwo ein Ansatz zu erkennen, die ganze Angelegenheit mal gründlich zu entrümpeln und zu ordnen. Anscheinend ist der Kartsport mit dieser Situation ganz zufrieden."

Bedenklich: Slalom mit 5 PS-Honda-Leihkarts

ten Karts ganz normale Erwachsenenkarts, für Kinder also schlichtweg zu groß. Die Kids sitzen nicht richtig im Kart und gewöhnen sich schon von der Haltung her einen falschen Fahrstil an. Der wird von den ultraharten Reifen, die vom Reglement vorgeschrieben sind, noch weiter verdorben. Und da aller schlechten Dinge drei sind, muß man auch noch auf den Motor zu sprechen kommen. Der Honda-Viertakter ist doppelt so groß und auch doppelt so schwer wie ein normaler Zweitakter-Kartmotor. Das führt bei den geringen Kindergewichten zu einer katastrophalen Gewichtsverteilung und, daraus resultierend, zu einem krassen Übersteuern des Fahrzeugs. Auf jeden Fall aber versauen sie den Fahrstil. Und was man erst einmal intus hat, kann man sich erfahrungsgemäß nur schwer wieder abgewöhnen.

Und noch ein Aspekt kommt hinzu. Beim Slalom ist jeder Teilnehmer allein mit sich und der Uhr. Als Vorbereitung auf den weiteren Kartsport bringt das gar nichts. Denn wenn ein

Die Kartklassen

Bambini-Kart
für 8-12jährige

- *kleineres Chassis (ca. 10 % kleiner als das „normale" Chassis)*
- *60-ccm-Comer-Motor*
- *ca. 5 PS*
- *Vmax: bis zu 80 km/h*
- *mechanische Bremsen*

Junioren-Kart
für 12-14jährige

- *normales Chassis*
- *100-ccm-Motor*
- *Kolben gesteuert*
- *24-mm-Vergaser*
- *ca. 18 PS*
- *Vmax: bis zu 120 km/h*
- *hydraulische und innenbelüftete Scheibenbremsen*

solches „Einzelkind" dann zum erstenmal im Pulk auf eine Kurve zuschießt, macht es sich vor Schreck in die Hose. Und das kann ja wohl nicht der Sinn einer Vorbereitung sein.

Ich habe deswegen so viel über den Slalomsport erzählt, weil es mit dem richtigen Einstieg in den Kartsport wie mit dem Zuknöpfen eines Hemdes ist: Verknöpft man sich gleich beim ersten Knopf, wird man kaum noch was Anständiges zustandebringen. Genauso verhält es sich auch mit der nächsten Fragestellung für Anfänger. Es steht nämlich noch eine Art System-Entscheid an.

Problem: Zwei konkurrierende Verbände im Kartsport

Das Problem ist, daß wir in Deutschland, was den Kartsport angeht, zwei Verbände haben. Beide unterstehen zwar der ONS (Oberste Nationale Sportkommission), nichtsdestotrotz konkurrieren sie aber miteinander: der **Deut-**

ADAC München
Abt. Jugend und Sport
Am Westpark 8
81373 München
Tel. 089-76762654
Fax 089-76762891

Dt. Motorsport Verband DMV
Otto-Fleck-Schneise 12
60528 Frankfurt/Main
Tel. 069-6950020
Fax 069-69500220

1996 startet eine neue Kart-Klasse. Name: Futura. Mehr dazu auf den Seiten 106-107.

Senioren-Kart
ab 15 Jahre

- *normales Chassis*
- *100-ccm-Motor*
- *Drehschieber (Foto) oder Membran gesteuert*
- *wasser- (Foto) oder luftgekühlt*
- *24-mm-Vergaser*
- *ca. 24 PS*
- *Vmax: bis zu 150 km/h*

125-ccm-Kart
ab 15 Jahre

- *normales Chassis*
- *125-ccm-Motor*
- *5 oder 6 Gänge*
- *wassergekühlt*
- *39-mm-Vergaser*
- *ca. 42 PS*
- *Vmax: bis zu 200 km/h*
- *Scheibenbremsen vorn und hinten*

Die Deutschen Kartmeister

1964 Werner Ihle
1965 Werner Ihle
1966 Leopold Zwelbar
1967 Dieter Ihle
1968 Hans Heyer
1969 Hans Heyer
1970 Hans Heyer
1971 Hans Heyer
1972 Karl Heinz Hackländer
1973 Karl Heinz Hackländer
1974 Hugo Brehm
1975 Manfred Schneider
1976 Manfred Schneider
1977 Leopold Zwelbar
1978 Georg Bellof
1979 Jörg van Ommen
1980 Stefan Bellof
1981 Martin Bott
1982 Otto Rensing
1983 Peter Hantscher
1984 Otto Rensing
1985 Joachim Velte
1986 Gerd Munkholm
1987 Michael Schumacher
1988 Christoph Krumbein
1989 Peter Hantscher
1990 Arnd Meier
1991 Jörg Seidel
1992 Gerwin Schweitzer
1993 Gerhard Lindinger
1994 Gerhard Lindinger
1995 Alexander Zwelbar

Der Deutsche Kart-Meister 1995: Alexander Zwelbar

Die Kart-Weltmeister

1964 G. Sala (I)
1965 G. Sala (I)
1966 S. Mile Raganelli (I)
1967 E. Rossi (CH)
1968 T. Nilsson (S)
1969 F. Goldstein (B)
1970 F. Goldstein (B)
1971 F. Goldstein (B)
1972 F. Goldstein (B)
1973 T. Fullerton (GB)
1974 R. Patrese (I)
1975 F. Goldstein (B)
1976 F. Rovelli (I)
1977 F. Rovelli (I)
1978 L. Speed (USA)
1979 P. Koene (NL)
1980 P. De Bruyn (NL)

Ab 1981 FIA World Championship Formula K

1981 M. Wilson (I)
1982 M. Wilson (I)
1983 M. Wilson (I)
1984 J. Haase (I)
1985 M. Wilson (I)
1986 A. Ribas (BR)
1987 G. Simoni (I)
1988 M. Wilson (I)
1989 M. Wilson (I)
1990 J. Magnussen (DK)
1991 J. Trulli (I)
1992 D. Rossi (I)

Ab 1988 Formula A

1988 E. Collar (F)
1989 G. Munkholm (DK)
1990 D. Rossi (I)
1991 A. Manetti (I)
1992 N. Gianniberti (I)
1993 D. Terrien (F)
1994 M. Barindelli (I)
1995 F. Gastao (BR)

Ab 1993 Formula Super A
Sie ersetzt die Klasse Formula K

1993 N. Gianniberti (I)
1994 A. Manetti (I)
1995 M. Orsini (I)

Die Formel A fährt mit 100 ccm-Motoren und 24 mm-Vergaser. Die Kategorie Super A fährt 32 mm-Vergaser

Michael Schumacher, wann sollte man mit dem Kartsport beginnen?

»Ich würde mit dem Kartsport nicht zu früh anfangen. Ich bin sogar der Meinung, daß ich damals fast zu früh im Kart gesessen habe. Das Problem ist folgendes: der Kartsport ist körperlich sehr hart und je nach Strecke kann er ganz schön auf die Knochen gehen. Wenn der Nachwuchs nun zu jung anfängt, besteht die Gefahr, daß ganz schnell die Gelenke und Knochen verschleißen. Deswegen: Das beste Anfangsalter, in dem man noch nichts verpaßt hat und wo es trotzdem gesund ist, liegt zwischen acht und zehn Jahren. Es müssen wirklich nicht, wie es bei mir der Fall war, vier Jahre sein.«

sche Motorsport Verband (DMV) und der hinlänglich bekannte Automobilclub ADAC.

ADAC: eigene Meisterschaft

Der ADAC hat als großer, alteingesessener Verband natürlich eine ganze Menge Möglichkeiten. Es gibt gerade für junge Fahrer Beziehungen und Geld, um das Talent bis in den Automobilsport fördern zu können. Die vom ADAC ausgetragenen Meisterschaften haben allerdings einen gravierenden Nachteil: Der ADAC hält sich mit seinen technischen Vorschriften bezüglich der Rennkarts nicht an die internationalen Regeln. Das heißt: ich kann mit ADAC-konformen Karts nur bei ADAC-Rennen antreten. Weder deutsche noch internationale Meisterschaften sind möglich. Allein der Umstand, daß der ADAC mit **125-ccm-Motoren** antritt, steht einer Zulassung bei fast allen anderen Meisterschaften im Wege.

Sicher, Kartfahrer mit nationaler Orientierung können beim ADAC sehr gut aufgehoben sein. Wer aber seinen Karriereaufbau international anlegen will, der sollte seine Laufbahn im Rahmen der Meisterschaftsangebote des DMV beginnen. Und hier empfehle ich als Einstieg ohne Wenn und Aber die sogenannte Bambini-Klasse.

Bambini-Klasse

Diese Einsteigerklasse wurde 1995 von der ONS zugelassen und erlaubt, daß bereits Achtjährige ihre Rennen fahren können. Die Bambini – für sie gibt es nach Teilnahme an einer Fahreinweisung eine eigene Bambini-Lizenz — treten auf Chassis in Kindergröße an, haben Zweitakter-Motoren mit rund 6,5 PS, und das Mindest-Gesamtgewicht liegt bei 85 Kilogramm. Damit kann man bereits ganz ordentlich Gas geben.

Viel wichtiger ist aber, daß die Kids direkt mit seriösem, kartsportgerechtem Material anfangen. Und genau das sollte eine Einstiegsklasse bieten: So früh wie möglich und so behutsam wie möglich Vater und Sohn mit dem Sport vertraut machen, damit ihnen – was das Ziel

Die 100-ccm-Motoren

100-ccm-Motor für Juniorenklasse, Kolben gesteuert, Fliehkraftkupplung

100-ccm-Motoren für Seniorenklasse. Rechts: wassergekühlt, Drehschieber-gesteuert. Links: luftgekühlt, Membran-gesteuert

von internationalen Meisterschaften angeht – möglichst viel Zeit bleibt, sich auf die ganze Sache vorzubereiten.

So, da wir jetzt nach vielen Irrungen und Wirrungen den richtigen Anfang gefunden haben, können wir uns auf den geradlinigen Karriereaufbau konzentrieren.

Nationale Junioren-Klasse

Bei den Bambinis sollte man nicht länger als vier Saisons fahren. Ab dem 12. Lebensjahr ist es ratsam, die **C-Lizenz** zu beantragen, die noch ohne Auflagen erteilt wird, sowohl vom ADAC als auch vom DMV. In diesen DMV-Junior- und ADAC-Cups fährt man dann als „Nationaler Junior“ (ich empfehle eine Saison) Landes- und Bundesmeisterschaften mit dem Ziel, sich für die **B-Lizenz** zu qualifizieren. Diese Lizenz ist im Gegensatz zu der Bambini- und C-Lizenz die erste, die nur durch Resultate erreicht werden kann. In unserem Fall heißt das: bei Kartrennen dreimal unter die ersten 50 Prozent der gestarteten Fahrzeuge zu kommen.

Internationale Junioren-Klasse

Hat das geklappt, ist die B-Lizenz erreicht, tritt man als frischgebackener Internationaler B-Junior im **ONS-Junior-Kartpokal** an – was nichts anderes ist als die inoffizielle Deutsche Meisterschaft für Junioren. Unmittelbar nach Erwerb der B-Lizenz darf man an internationalen Rennen teilnehmen. Diese Bezeichnung ist jedoch etwas irreführend: „Internationale Rennen“ sind tatsächlich nationale Läufe, an denen auch Ausländer teilnehmen dürfen – allerdings ohne Anrecht auf Punkte. Aber um die Punkte geht es auch gar nicht. Viel wichtiger ist für unseren Nachwuchsfahrer die internationale Standortbestimmung. Und das heißt: so viele Rennen wie möglich in Italien zu fahren. Denn da spielt die Musik, da fahren die Cracks, dort erhält man das beste Training.

Und noch eins ermöglicht die B-Lizenz, zumindest theoretisch: die Teilnahme an **Europameisterschafts- und Weltmeisterschaftsläufen** (die offiziell „Green Helmet Trophy“, „CIK/FIA Junior Cadet-Trophy 5 Continents“ oder „Rainbow-Cup“ genannt werden, die aber kein Mensch so nennt) ist gestattet. Wie gesagt, theoretisch. In der Praxis ist das ganz schön schwer, und diese Suppe hat uns der Michael eingebrockt. Seit er mit seinen Erfolgen für einen Kart-Boom in Deutschland ohnegleichen gesorgt hat, ist der Andrang so groß, daß speziell für die EM- und WM-Rennen gesonderte Qualifikations-Veranstaltungen eingerichtet

Die C-Lizenz gibt es umsonst: Antrag genügt. Für die B-Lizenz muß man dreimal unter den ersten sein.

Rasche Alterung: Im Kartsport gehört man mit 15 Jahren schon zur Seniorenklasse

werden mußten. Mit anderen Worten: es wird gesiebt.

Nach einer Reihe von Qualifikationsläufen haben sich die **20 Besten** des Finales für **EM- und WM-Rennen** qualifiziert, was ungefähr der Berufung in die Fußball-Nationalmeisterschaft gleichkommt. Jede Nation darf nur mit maximal **20 Fahrern antreten**. Früher war es ein Problem, dieses Kontingent voll zu bekommen. Diese Zeiten scheinen in Deutschland endgültig vorbei zu sein.

Nun ist es für den Nachwuchsfahrer langsam an der Zeit, einen Titel zu erwerben. Wir bewegen uns jetzt auf einem Niveau, wo man enorme Kenntnisse bezüglich Technik, Taktik und Strategie erwerben kann. Und genau in dieser Phase wird ein Erfahrungsvorsprung aufgebaut, den all die Kartfahrer, die erst mit 17 Jahren anfangen, nie wieder aufholen können. Diese Schule ist dann wirklich eine Schule fürs ganze (Rennfahrer-)Leben und man sollte seinen Schulabschluß möglichst mit einem EM- oder WM-Titel in der Junioren-Klasse krönen.

Internationale Senioren-Klasse

Wenn alles geradlinig gelaufen ist, ist unser Champion in spe jetzt 15 Jahre alt. Alt genug, um bei den Senioren antreten zu können. Hier muß man sich wieder entscheiden. Jeder Fahrer sollte sich selbstkritisch fragen: Wie gut bin ich, wie reif, reicht das Gelernte schon für den internationalen Auftritt oder sollte ich erst einmal im nationalen Seniorensport antreten.

Wer sich für die nationale Senioren-Lizenz entscheidet, fährt eine Saison Warteschleifen. Ein Jahr später trifft er dann bei den Internationalen Senioren auf seine Weggefährten von damals, die aufgrund ihres Könnens direkt in diese Liga gewechselt haben. Hier wird dann um die Deutsche Meisterschaft gekämpft (wieder mit ausländischer Beteiligung, die keine Möglich-

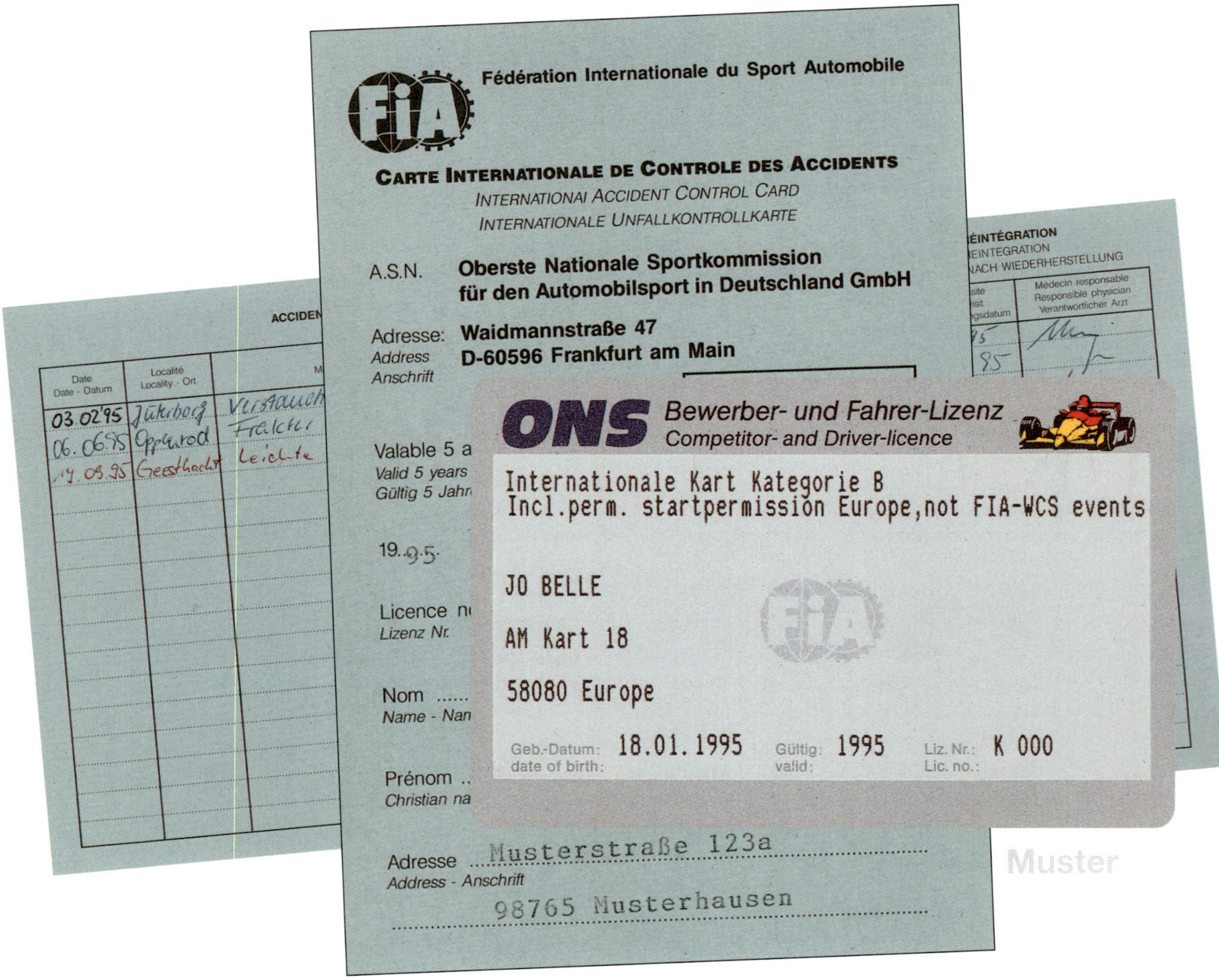

Die „Papiere" eines Kartfahrers: Die Lizenz und die Internationale Unfallkontrollkarte

CIK-Kart-Lizenzen

Alter	Lizenzart	Klassen	Kosten
13 – 15	Int. Junior Kart	IcA-100 Jun.	210,–
16 ~	Int. Senior Kart A, B, C	FA, FSA, FC, IcC, IcA	250,–
18 ~	Int. Senior Kart A, B, C	FE, IcE	250,–

CIK/FIA
Commission Internationale de Karting
Domaine de la Versoix
Grand-Pré 26
CH-1299 Crans-près-Céligny
Tel. 0041-22-7764455
Fax 0041-22-7765315

ONS-Kart-Lizenzen

Alter	Lizenzart	Klassen	Kosten
8 – 12	Nat. Bambini/Kadetten	Bambini/Kadetten	100,–
12 – 13	Int. Junior Kart	IcA, Pop *	210,–
	Nat. Junior Kart	IcA, Pop *	100,–
	Nat. Bambini/Kadetten	Bambini/Kadetten	100,–
13 – 14	Int. Junior Kart	IcA, Pop *	210,–
	Nat. Junior Kart	IcA, Pop *	210,–
	Nat. Bambini/Kadetten	Bambini/Kadetten	100,–
14 – 15	Int. Junior Kart	IcA, Pop *	210,–
	Nat. Junior Kart	IcA, Pop *	100,–
15 – 16	Int. Junior Kart	IcA, Pop *	210,–
	Nat. Junior Kart	IcA, Pop *	100,–
	Int. Senior Kart A, B, C	FA, FSA, FC	250,–
	Nat. Senior Kart	IcA, IcC, Pop *	210,–
16 – ~	Int. Senior Kart A, B, C	FA, FSA, FC, IcC, IcA, Pop*	250,–
	Nat. Senior Kart	IcC, IcA, Pop *	210,–
18 – ~	Int. Senior Kart A, B, C	FE, IcE	250,–
18 – ~	Nat. Kart-H	Formel H	100,– **

* ADAC-Klasse ** H = Handicap. Formel für Behinderte, siehe Seite 108.

ONS
Oberste Nationale Sportkommission
Waidmannstraße 47
60596 Frankfurt/Main
Tel. 069-633007-0
Fax 069-633007-30

keit hat zu punkten). Nach dem gleichen Verfahren wie bei den Junioren dürfen die 20 Besten an EM- und WM-Läufen teilnehmen. Doch was zu bedenken ist: gerade die WM-Läufe fordern einen großen Geldbeutel – womit wir beim Thema Geld wären.

Kosten

Eine Bambini-Saison z.B. kostet mit Kart, Ersatzteilen und allem, was dazugehört, rund 20.000 Mark. Ein Nationaler Junior tut es nicht unter 30.000, ein Internationaler Junior nicht unter 40.000 Mark. Will ein Senior international mitmischen, sollte er 50.000 Mark einkalkulieren – als Minimum. Wer ernsthaft bei den Senioren um einen WM-Titel mitkämpfen will, der kann sich auf 120.000 Mark einstellen. Am besten schließt er sich einem Werk an, das ihm dann aber pro Lauf eine Rechnung über rund 25.000 Mark ausstellen wird – was bei vier EM-Läufen und einem WM-Rennen auch nicht billiger werden wird.

Ich weiß, das klingt hart, aber da muß man durch. Und am besten geht das, wenn man ganz kräftig Gas gibt. Viel Glück und Erfolg dabei!

So geht es weiter

Wer im Kartsport gute Leistungen gezeigt hat, wird versuchen, in den Formel-Sport überzuwechseln. In Deutschland gibt es fünf Nachwuchsformeln:

- *Formel Junior*
  Mindestalter 16 Jahre
- *Formel König*
  Mindestalter 16 Jahre
- *Formel Ford*
  Mindestalter 16 Jahre
- *Formel Renault*
  Mindestalter 18, evtl. 16 Jahre
- *Formel Opel*
  Mindestalter 17 Jahre

Der Werdegang im Kartsport

National

National Senior 15 – ~ Jahre

National Junior C 12 – 16 Jahre

Die Nationalen Junioren- und Senioren-Kart-Lizenzen werden ohne besondere Qualifikationen vergeben. Einzige Bedingung: das Alter. Nationale Junioren müssen 12 – 16 Jahre alt sein, Nationale Senioren können mit 15 Jahren die Lizenz beantragen

Bambini / Kadetten 8 – 14 Jahre

Um die Kart-Bambini/Kadetten-Lizenz zu bekommen, muß der Anwärter an drei Slalom-Veranstaltungen teilgenommen oder eine Junior-Kart-Schule absolviert haben. Außerdem muß er mindestens 8 Jahre alt sein.

3 x Kart-Slalom oder Kart-Schule

Keine besondere Qualifikation

International

Int. Senior A ab 15 Jahre

Die A-Lizenz ist zu erreichen durch
- eine Plazierung im Finale einer Intern. CIK-Meisterschaft oder
- einen Platz unter den ersten 3 einer nat. Meisterschaft oder
- einen Platz unter den ersten 3 eines intern. Wettbewerbs.

Es müssen mindestens drei dieser Plazierungen vorliegen, die innerhalb eines Jahres erzielt worden sind.

Int. Senior B ab 15 Jahre

Der Antragsteller muß innerhalb eines Jahres als Int. Senior fünfmal unter die ersten 5 gekommen sein.

Int. Senior C ab 15 Jahre

Die Int. C-Lizenz kann auf zwei Wegen erreicht werden:
Der Int. Junior beantragt sie mit 15 Jahren
oder
Der Nationale Senior qualifiziert sich innerhalb eines Jahres durch mindestens drei Plazierungen bei Kartrennen, d.h. er belegt dreimal einen Platz unter den ersten 50 Prozent der gestarteten Fahrzeuge.

Int. Junior B 13 – 15 Jahre

Der Anwärter auf die Internationale Junioren-Kart-Fahrer-Lizenz muß sich innerhalb eines Jahres durch mindestens drei Plazierungen bei Kartrennen qualifizieren, d.h. er muß dreimal einen Platz unter den ersten 50 Prozent der gestarteten Fahrzeuge belegen.

Dem Nachwuchs eine Chance

Ein Motorsport-Talent früh zu erkennen – das ist das Ziel des NRW-Cups Bambini. Der Kart-Club Kerpen-Manheim geht jedoch noch einen Schritt weiter. Die 25 Besten des NRW-Cups werden nach Kerpen eingeladen – zu einem Sichtungslehrgang. Für einige der Teilnehmer kann das der Beginn einer großen Karriere sein. Gert Brandes, Präsident des Kart-Clubs, schildert die Stationen des Förderprogramms.

Der Schirmherr und seine Schützlinge: Michael beim 95er NRW-Cup Bambini

Unser Verein hat eine ganze Reihe von Talenten in den Automobilsport gebracht. An erster Stelle steht natürlich Michael Schumacher. Aber auch die Karrieren von Heinz-Harald Frentzen, Frank Biela, Joachim Beule, Claudia Hürtgen und Frank Schmickler haben hier ihren Anfang genommen.

Aber nichts ist so gut, als daß es nicht verbessert werden könnte. Deswegen arbeiten wir – zusammen mit Michael Schumacher – intensiv an einem Nachwuchssichtungs- und Förderungskonzept.

Unter dem Patronat von Michael ensteht derzeit eine vierstufige Aufbaupyramide, die geradewegs von der Bambini-Kartklasse bis zur Formel 3 führen soll.

Ausgangspunkt ist der NRW-Cup Bambini. 70 Teilnehmer gingen 1995 an den Start. Die besten 25 wurden zu einem Sichtungslehrgang nach Kerpen eingeladen, die besten Zehn mit je 2.500 Mark gefördert. Diese Kosten wurden und werden vom Mineralölkonzern elf übernommen. Er finanziert auch die vierte und höchste Stufe unserer Pyramide: die „La Filière“, eine Art Motorsportuniversität, die in Le Mans angesiedelt ist. 20 Nachwuchsrennfahrer aus allen Ländern, darunter zwei aus Deutschland, werden dort optimal ausgebildet. Die besten sollen dann in die Formel Renault und Formel 3 aufrücken.

Vorgesehen ist, daß von den besten zehn Bambini sieben so unterstützt werden, daß sie mit entsprechendem Alter bei den Junioren fahren können. Von denen dürfen wieder die besten fünf zu den Senioren aufrücken. Zur Renn-Universität in Frankreich schließlich kommen die drei besten Senioren.

Dieses Förderprogramm bewahrt die Talente davor, aus finanziellen Gründen die Karriere abbrechen zu müssen. Das ist Michael ganz wichtig. Er weiß noch aus eigenen Erfahrungen, wie knapp es manchmal bei ihm zuging.

Und dann kommt noch ein weiterer Punkt hinzu: Zur La Filière darf nur, wer direkt aus dem Kartsport kommt. So wollen wir die Nachwuchsfahrer bis zum 17., 18. Lebensjahr im Kartsport halten. Nur so können wir eine verhängnisvolle Fehlentwicklung der letzten Jahre bremsen, daß nämlich bereits 16jährige in die Formel Ford, Formel König oder Formel Junior wechselten. Oft überstieg das ihre finanziellen Mittel, häufig „verhungerten“ sie als Nobodies in diesem Monoposto-Klassen-Durcheinander und immer fehlte ihnen die Zeit, die es einfach braucht, um im Kartsport zu reifen.

Infos zum NRW-Cup Bambini:
Kart-Club Kerpen-Manheim
c/o Gerda Brenner
Ankerstr. 10
53757 Sankt Augustin
Tel. 02241-314683
Fax 02241-315462

Klasse C 125

Hand am Hebel, Fuß am Gas

Die Oberarme sollten gut trainiert sein und wer Arme und Beine nicht gut unter Kontrolle hat, braucht in dieser Klasse gar nicht erst anzutreten: Füße und Hände sind permanent im Einsatz: Gasgeben, Bremsen, Schalten und Lenken – und all das mit satten 42 PS im Rücken. Bei der 125 ccm-Klasse hat der Fahrer alle Hände voll zu tun.

Nur fliegen ist schöner: Auf gerader Strecke wirken die Bodenwellen wie Abschußrampe

Ausnahmen bestätigen die Regel: Normalerweise wird im Kartsport nicht geschaltet. Eine der wenigen Ausnahmen ist die Klasse C 125. Gefahren wird mit wassergekühlten 125 ccm-Einzylindermotoren, die bei einem Verdichtungsverhältnis von 1:14 rund 42 PS am Getriebeausgang leisten.

Das Besondere der Klasse ist in der Kupplung und dem Getriebe zu finden. Mindestens drei, höchstens aber sechs Gänge fordern den Kartfahrer in ganz besonderem Maße – am wenigsten noch, was die Beinarbeit angeht. Denn auch bei den 125ern wird mit links gebremst und mit rechts Gas gegeben. Für das Kuppeln und die Gangwechsel gibt es am Lenkrad zwei Hebel.

Gekuppelt wird nur einmal, ausschließlich beim – stehenden – Start, um den ersten Gang einzulegen. Dabei sollte der Starter seine Aufgabe im Griff haben, denn nach spätestens zehn bis fünfzehn Sekunden wird es für die Kupplung brenzlig. Nach dem Start kann sie getrost vergessen werden. Von da an werden die Gänge nur noch ohne Kupplungseinsatz, einfach nur beim leichten Lastwechsel (sprich Lupfen) auf einer Schaltebene durchgerissen. Also genau, wie bei Motorrädern. Dieses sogenannte sequentielle Schalten, das in der DTM im vergangenen Jahr noch als großer Clou gefeiert wurde, ist im Kartsport ein Asbach-Uralt-Thema.

Die sequentielle Schaltung ist ein alter Hut im Kartsport

Die Vorteile einer Gangschaltung sind klar: Man kann Motoren einsetzen, die in ihrer Charakteristik so gut wie möglich auf Höchstleistung und nicht auf ein breit nutzbares Dreh-

...urven sind die Stöße gefürchtet. Da ist – bei den enormen Querbeschleunigungen – schnell mal eine Rippe geprellt

zahlband ausgelegt werden. Mit den verschiedenen Gängen liegt der Fahrer bei unterschiedlichen Geschwindigkeiten immer in dem schmalen Drehzahlband der Motoren.

Allerdings macht es keinen Sinn, ein Getriebe mit zu vielen Gängen einzusetzen. Denn jeder Schaltvorgang ist – selbst wenn noch so schnell geschaltet wird – ein antriebsloser Moment, der Zeit kostet. Die richtige Zahl der Gänge ist dementsprechend abhängig vom Motor und von der Strecke. Nur eines ist von Anfang an sicher: Rückwärtsgänge sind verboten.

Durch das Einsetzen eines Getriebes sind die 125er Karts im Vergleich zu den 100er Karts um sieben bis neun km/h schneller in der Endgeschwindigkeit. Das Gesamtgewicht ist um 25 (bei Langstrecke um 30) Kilogramm höher.

Klar, daß der Fahrer bei diesen Eckdaten nicht nur mehr zu zahlen (zwischen 12.000 und 14.000 Mark), sondern auch eine ganze Menge mehr zu leisten hat. Schnellere und schwerere Karts erfordern besseres Bremsen. Zwei Bremsscheiben an den Vorderrädern erfüllen die zusätzliche Anforderung. Dadurch erhöht sich

Bei den 125ern muß der Fahrer kräftig zupacken können

natürlich die Bremskraft, die der Fahrer aufzubringen hat. Und dadurch, daß auch die Vorderräder abgebremst werden, muß bei der Lenkung kräftiger zugepackt werden. Daß sich der Pilot nebenbei noch aufs Schalten konzentrieren muß, macht die Sache nicht einfacher.

Wer das trotz der vielen Schwierigkeiten alles richtig beherrscht, dem bietet die ONS als Rennserie die Deutsche Kart-Trophäe an. Auch der DMV hat für die 125er etwas im Angebot: zwei Landesmeisterschaften, unterteilt in Nord und Süd, und eine DMV Bundesmeisterschaft.

Futura-Klasse

Die Zukunft hat begonnen

Der Kartsport ist um noch eine Klasse reicher. Name: Futura. 1996 geht sie erstmals an den Start. Gerade für Kartsportler, die nicht den großen Finanzier im Rücken haben, ist die Futura-Klasse ideal. Denn preiswert ist sie und – ganz im Trend – umweltfreundlicher.

Nomen est omen. Darauf setzt der Deutsche Motorsport Verband DMV mit seiner neuen Kart-Klasse, die erstmals in der Saison 1996 als DMV-Landes- und Bundesmeisterschaft ausgetragen wird. Zumindest was den finanziellen Aufwand betrifft, um in dieser Klasse fahren zu können, stehen die Chancen nicht schlecht, mit der Futura eine Klasse der Zukunft gegründet zu haben.

Die Vorgaben bezüglich der Kosten sind klar: Der Einstiegspreis darf 5.800 Mark (bei Junioren 6.100 Mark) nicht überschreiten. Das Material der Futura-Klasse ist international gebräuchlich (CIK-homologiert) und kann sowohl von Junioren (12 - 16 Jahre) als auch von

Preiswerter Aufstieg vom Junior zum Senior

Senioren (ab 16 Jahren) gefahren werden. Beide Gruppen unterliegen einem ähnlichen Technik-Reglement, so daß der Aufstieg vom Junior zum Senior so preiswert wie möglich geschehen kann.

Der Endschalldämpfer sorgt für einen angenehmen Geräuschpegel

Stolze 24 PS leistet der Futura-Motor

Die Verkaufszahlen lassen hoffen. Der DMV rechnet mit rund 100 Teilnehmern für die Meisterschaft 1996

Einziger technischer Unterschied der Junioren zu den Senioren ist, daß die „Kleinen" mit einer Fliehkraftkupplung und einem sogenannten Airrestriktor antreten. Diese Drosselplatte begrenzt den 19,8 Millimeter-Vergaser der Senioren auf 15 Millimeter für die Junioren. Für die Umwelt wird ein Endschalldämpfer verlangt, mit dem eine Lärmgrenze von 92 dB durchgesetzt werden kann. Das liegt ganz deutlich unter den ansonsten maximal tolerierten 95 dB.

Voraussetzung für die Teilnahme an Rennen in der Futura-Klasse ist eine gültige nationale Lizenz. Ansonsten kann jeder, der Interesse hat, teilnehmen. Eine Verbandszugehörigkeit

Einzige Voraussetzung: die nationale Lizenz

ist nicht zwingend – außer man will an der Meisterschaft teilnehmen. Auch Einschreibegebühren werden nicht erhoben.

Weil sich keiner einschreiben muß, ist dementsprechend ungewiß, wie groß die Resonanz auf die neue Klasse sein wird. Aber DMV-Mitarbeiter Manfred Bauch weiß: „Wir haben vorsorglich bei den Kartherstellern angerufen und nach den Verkaufszahlen gefragt. Demnach können wir mit rund 100 Teilnehmern für die Meisterschaft rechnen."

Der DMV trägt in der Futura-Klasse sowohl eine Landesmeisterschaft als auch eine Bundesmeisterschaft aus. Für die Landesmeisterschaft wird Deutschland in eine Region Nord (alle Postleitzahlen, die mit 0 bis 5 anfangen) und in eine Region Süd (alle Postleitzahlen, die mit 6 bis 9 anfangen) aufgeteilt. In jeder Region werden fünf Läufe ausgetragen, wobei sich die Termine von Region Nord nicht mit denen von Region Süd überschneiden dürfen.

Jeder, der an mehr als zwei Läufen einer Region teilnimmt, tritt automatisch in der Landesmeisterschaft an. Bestreitet der Futura-Kartfahrer dann noch mindestens fünf Läufe in der Saison, fährt er um die Bundesmeisterschaft, in der schließlich der DMV-Kart-Bundesmeister gekürt wird. Manfred Bauch ist sich sicher: „Die Bedeutung dieses Titels wird knapp unter der Deutschen Kartmeisterschaft der ONS liegen."

Den Einwand, daß die deutsche Kartszene mit ihrer unübersichtlichen Klassenvielfalt alles braucht, nur keine neue Klasse, weiß der DMV-Mann ebenfalls zu entkräften: „Die Futura-Klasse löst die Kadetten, die Pop und die K55-Klassen ab. Letztendlich wird die Szene durch die Futura übersichtlicher."

Das Mindestgewicht von Kart und Fahrer beträgt 130 kg für Junioren und 140 kg für Senioren.

Weitere Infos:
DMV
Otto-Fleck-Schneise 12
60528 Frankfurt/Main
Tel. 069-6950020
Fax 069-69500220

Total normal

„Es ist ein Sport wie jeder andere Kartsport auch.“ Der Mann, der das sagt, heißt Otto Belser, ist 35 Jahre alt, verheiratet, Kaufmann und querschnittsgelähmt. Die Behinderung konnte ihn aber nicht von einem sportlichen Leben abhalten. Nach vielen Hindernissen und Wirren konnte er schließlich mit der ONS zusammen die Formel H (= Handicap) etablieren.

Otto Belser (28.1.1961) verunglückte 1985 mit dem Motorrad. Nach dem Unfall fing er zunächst mit Basketball an. Später wechselte er zum Rollstuhltennis. In dieser Sportart war er bis 1990 in der Nationalmannschaft aktiv. Dann entdeckte er den Kartsport ...

Kontaktadresse Formel H:
Otto Belser
Horberweg 28
72401 Haigerloch-Gruol
Tel. 07474-8156
Fax 07474-7324

Der Anfang war für Otto Belser ermutigend und enttäuschend zugleich: „Ich hatte bereits vier Rennen auf Clubebene bestritten. Als ich beim fünften Rennen an den Start gehen wollte, kam die herbe Ernüchterung. Ich wurde ganz einfach gestoppt.“

Die Begründung des Sportkommissars war knochentrocken: „Die 50 Prozent, die Otto Belser noch zur Verfügung hat, sollen nicht gefährdet werden.“ Die Lizenzbestimmungen der FIA und der ONS bestätigten diese Entscheidung. Ihre Begründung: Die Teilnahme eines Behinderten sei aus Sicherheitsgründen nicht möglich, da ein Rennfahrer im Falle eines Unfalls in der Lage sein müsse, sein Kart selbständig zu verlassen.

Damit wollte sich Belser nicht zufriedengeben. Er bat um Unterstützung im heimischen Kartclub und richtete sich an die ONS. Die Oberste Nationale Sportkommission suchte eine Lücke in den starren Statuten und schlug Belser vor, sein Leistungsvermögen unter Rennbedingungen zu demonstrieren.

Das erste Demonstrationsrennen für Behinderte gab es im Oktober 1991. Am Start waren drei Deutsche mit ihren Karts sowie Teilnehmer der Schweizer Formel-Handicap-Serie, die bereits 1986 auf Initiative des behinderten Ex-Formel-1-Fahrers Clay Regazzoni ins Leben gerufen wurde.

Motorsportler unter sich. ITC-Pilotin Ellen Lohr ist Schirmherrin der Formel H

Otto Belser im Grenzbereich. Er konnte die ONS von der Leistungsfähigkeit der Formel-H-Piloten überzeugen

Nach weiteren Demonstrationsrennen war die ONS überzeugt, Belser wurde von der ONS zur Kartausschuß-Sitzung eingeladen: „Die ONS wollte wissen: Wie stellen Sie sich eine Rennserie vor, wo fängt die Behinderung an, wo hört sie auf?"

Zusammen mit der ONS schuf Otto Belser die Formel H

Man einigte sich auf drei Voraussetzungen für die Erteilung einer Fahrerlizenz für die Formel H: Der Teilnehmer muß im Besitz eines Führerscheins der Klasse drei sein, er muß eine Behinderung an den Armen oder Beinen haben, und er muß erfolgreich an einem Fahrerlehrgang teilgenommen haben.

Im Oktober 1992 gab die ONS der Formel Handicap endgültig ihren Segen und veröffentlichte im folgenden Frühjahr das dazugehörige Reglement. Seither können behinderte Motorsportler in Deutschland eine ONS-Fahrerlizenz erwerben. Die Premiere der Kartserie Formel Handicap fand 1993 in Liedolsheim statt. Der erste Sieger war – wer auch sonst – Otto Belser.

In Liedolsheim hält Belser – zusammen mit der ONS – einmal im Jahr den dreitägigen Fahrerlehrgang ab. Steht am ersten Tag die Fahrpraxis auf dem Programm, so muß am zweiten und dritten Tag unter Beobachtung von ONS-Ärzten bewiesen werden , daß der Fahrer das Kart selbständig verlassen kann.

Abgerundet wird der Lehrgang mit einer Kenntnisprüfung der Sportgesetze. Und schließlich gibt es den Kart-Pass, in dem die spezifischen technischen Veränderungen des Karts definiert werden, deren es bedarf, um das Kartfahren trotz der Behinderung zu ermöglichen.

Querschnittsgelähmte haben an ihrem Kart die umfangreichsten technischen Änderungen vorzunehmen. Gasgeben und Bremsen geschieht über Hebel am Lenkrad. Der Sitz hat zwischen den Beinen einen rund acht Zentimeter hohen Höcker, der den Seitenhalt des Sitzes erhöhen soll. Ein Querschnittsgelähmter kann sich ja nicht mit der Muskelkraft des Oberschenkels abstützen. Eine Folge der Behinderung ist meistens auch ein Hohlkreuz, das mit einem speziell zugeschnittenen Sitz ausgeglichen wird. Zudem ist die Position des Sitzes wegen der mangelnden Bewegungsfähigkeit des Piloten meist steiler als normal.

Außerdem müssen die Beine des Kartfahrers fixiert werden. Ein Fixierband wird so um beide Beine geschlungen, daß sie sich nicht nach außen bewegen können. Nach innen werden die Beine durch den Tank, der ja zwischen den Beinen liegt, fixiert.

Otto Belser setzt auf „seine" Rennserie: „Ich fühle mich auf der Rennstrecke wesentlich sicherer als im normalen Straßenverkehr. Im Rennkart kenne ich meine Mitbewerber und kann sie einschätzen." Der ONS imponierte sowohl der organisatorische Einsatz für die Formel H als auch das fahrerische Können von Otto Belser. Sie zeichnete ihn deswegen mit einem Sonderpokal aus.

Auf der Rennstrecke fühlt er sich sicherer als im Straßenverkehr

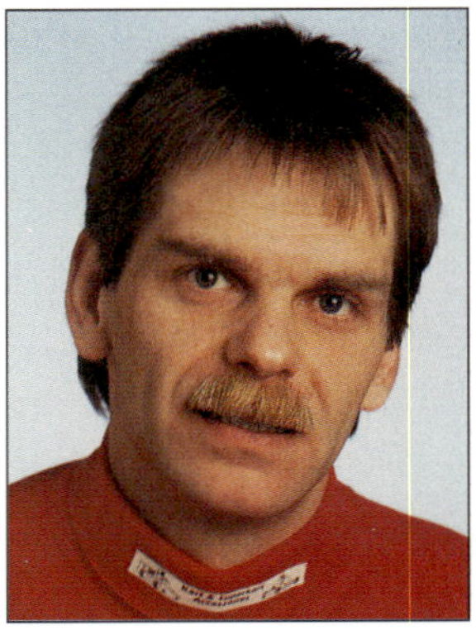

Olaf Dau

Superkarts - schnell wie ein Ferrari

Olaf Dau (12.4.1961), verheiratet, 2 Kinder, ist von Beruf Verlags- und Werbekaufmann. 1985 fuhr er sein erstes Superkart-Rennen. Seit 1995 ist er Werksfahrer für das holländische APG-Team. Titel: Int. Deutscher Meister und int. Holländischer Meister in der Königsklasse der 2-Zylinder-Superkarts. Seit fünf Jahren ist Olaf Dau ununterbrochen der schnellste Deutsche bei EM- und WM-Läufen.

Kampf-Hornissen, Bonsai-Formel-1, rasende Sonnenstühle, eingelaufener Rennwagen – Olaf Dau kennt sie alle, die entweder verhalten anerkennenden oder offen spöttischen Namen für die Geräte, die ihm seinen Lieblingsmotorsport ermöglichen. Die Rede ist von Superkarts.

Beschleunigen wie Raketen und können mit Formel-1-Wagen mithalten. Bei den Superka

Es spricht für den Bekanntheitsgrad dieses Sportes gerade in Deutschland, daß ich an dieser Stelle erst-einmal erklären muß, was Superkarts überhaupt sind. Also, bevor ich anfange zu erzählen, wie faszinierend es sein kann, Superkarts am Limit zu bewegen, kommen zuvor die nüchternen Fakten.

Mein Superkart – die offizielle Formulierung für diese Klasse lautet Formel E – hat ein Mindestgewicht von 205 Kilogramm, verfügt über einen Zweizylinder-Zweitaktmotor mit 250 Kubikzentimeter, der bei ca. 14.500 U/min zwischen 80 und 85 PS leistet. Das Ganze wird mit einem Sechs-Gang-Getriebe in Bewegung gesetzt – Handkupplung am Lenkrad – und mit einer Vierscheiben-Bremsanlage verzögert.

Soviel zu den Eckdaten, die, wie gesagt, recht nüchtern klingen. Doch bei Fahrern wie bei Zuschauern kommt Freude auf, wenn es um die Fahrleistung der Superkarts geht. Denn die stehen keiner Rennwagenklasse, bis hin zur Formel 1, in irgendetwas nach: Beschleunigung von 0 auf 100 in 2,5 Sekunden, Höchstgeschwindigkeit, je nach Übersetzung, bis zu 290 km/h. Hört sich doch ganz gut an, oder?

Klar, daß man mit solchen Geschwindigkeiten nicht auf den normalen Kart-Strecken antreten kann. Wir fahren da, wo auch die „Großen“ fahren, also auf dem Hockenheimring oder auf dem Nürburgring, in Assen, Spa, Zolder, Silverstone oder Le Mans.

Ebenfalls wie bei den Großen ist England das Land mit der agilsten Szene. Dort werden die Zip- und Anderson-Karts gebaut, die mit Werksteams antreten, und dort lassen sich dann

England: 100.000 Zuschauer und Coca-Cola sponsert den Grand Prix

auch Budgets finden, von denen wir deutschen Fahrer nur träumen können. Und ebenfalls nur in England ist es vorstellbar, daß zu einem Superkart-Rennen 100.000 Zuschauer kommen. Ebensoviel sind es beim alljährlichen Kart-

In 2,5 Sekunden von 0 auf 100. Tempo bis 290 km/h und das mit 80 PS.

nte alles super sein – wenn ihre Top-Leistungen hierzulande nur bekannter wären

1976 schlug die Geburtsstunde der Superkarts in Deutschland. Und seit über 20 Jahren bleibt die Zahl der aktiven Fahrer weitgehend konstant – rund 25 sind es, die im internationalen Fahrerfeld mitmischen.

Ein Rennen besteht aus zwei Läufen, die – wie z.B. in der ITC – separat gewertet werden. Wegen des kleinen Tanks und der hohen Motorenleistung dauert ein Lauf rund 15 Minuten.

Grand-Prix in Silverstone, der übrigens von Coca Cola gesponsert wird.

Was den Zuschauern eines Superkart-Rennens geboten wird, ist Sport-Unterhaltung erster Klasse. Die Startfelder umfassen bis zu 70 Teilnehmer, die vom Start weg bereit sind, alles zu geben. Jeder weiß, daß schon die erste Runde, ja die erste Kurve entscheidend sein kann. Denn im Gegensatz zu einem Formel-1-Rennen, das über eine Distanz von 300 Kilometern ausgetragen wird, gibt es bei einem Superkart-Rennen keinen Platz für taktische Überlegungen. Die Rennen sind gerademal 50 Kilometer lang und entweder mischt man von Anfang an vorne mit oder gar nicht. Mit anderen Worten: Bei den Superkarts wird lieber knallhart um die ersten Plätze gekämpft und viel überholt, statt auf einen Tankstopp zu warten, der alles klären soll.

Nicht viel weniger spektakulär ist das bloße Fahren der Superkarts auf einer Geraden.

Super-Rekord: mit 292 km/h über die Piste von Silverstone

Denn eines darf man ja nie vergessen: Auch wenn wir mit 290 km/h daherschießen (1993 wurde in Silverstone auf der schnellsten Geraden eine Geschwindigkeit von 292 km/h gemessen) pilotieren wir trotzdem in erster Linie Karts. Das heißt, wir haben keine Federung. Was wiederum heißt, daß die kleinste Unebenheit direkt auf die Knochen geht. Da die Lenkung extrem direkt ist, ist es bei den ständigen Erschütterungen nur dem Geübten möglich, das Lenkrad gerade zu halten. Und für den Ungeübten ist es schon schwierig genug, mit den Füßen auf dem Gaspedal zu bleiben – oder auf dem Bremspedal, denn die nächste Kurve kommt garantiert.

Ebenso garantiert ist, daß man in der Anbremszone der nächsten Kurve nicht allein sein wird. Die Rennstrecken, auf denen wir antreten, wurden ja für Rennwagen gebaut, die wesentlich breiter als die Superkarts sind. Entsprechend breit sind auch die Fahrbahnen. Wenn bei normalen Autorennen zwei Rennwagen nebeneinander auf eine Kurve zuschießen, spricht jeder von einem beinharten Duell. Sind es gar drei, die sich vor der Kurve streiten, überschlägt sich die Stimme des Streckensprechers und die Zuschauer reißt es von den Tribünenplätzen. In unserem Sport sind es ganz locker bis zu zehn Fahrer, die sich nebeneinander auf die Kurve stürzen. Merke: Wo viel Platz ist, gibt es auch viele Versuche.

Und wo viel versucht wird, geht auch viel daneben. Stichwort Sicherheit: Zwar gibt es bei den Karts keine Knautschzonen, keine Sicherheitsgurte und keine Überrollbügel. Trotzdem

Super-direkte Lenkung plus hohe Geschwindigkeit – das bringt schon mal den kleinen Abstecher ins Kiesbett

sind wir keine „Kamikazefahrer", wie häufig behauptet wird. Schon deshalb nicht, weil der Superkart-Sport nicht unbedingt die Aufstiegsklasse für die jungen Heißsporne ist. Eher spricht er den erfahrenen Motorsportler an. Hin-

Safety first: Schwere Unfälle sind bei den Superkarts selten

zu kommt, daß man in einem Kart extrem tief sitzt, der Massenmittelpunkt also sehr tief liegt und deswegen Überschläge außerordentlich selten sind. Meistens ist es mit wild aussehenden Drehern getan. Schwere Unfälle sind wirklich selten. Kritisch wird es erst, wenn sich die Fahrer im Eifer des Gefechtes mit den freistehenden Rädern verhaken. Dann geht meistens einer der Kontrahenten ab wie eine Rakete, aber selbst dabei geht normalerweise nur Material zu Bruch.

Bleibt nach der Beschreibung so vieler Vorzüge eigentlich nur noch die Frage, warum ich das alles erklären muß, warum die Superkarts in Deutschland nicht viel, viel bekannter sind.

Auf diese Frage gibt es in Superkart-Fahrerkreisen nur eine Vermutung: Wir sind wohl einfach zu schnell mit unseren Flitzern. Welcher Veranstalter von großen Rennen mit „richtigen" Rennautos lädt schon gerne die kleinen Karts ein, die dann – das kann jeder an den Rundenzeiten ablesen – die meisten dieser „richtigen" Rennautos mehrfach überrunden könnten. Beim Großen Preis der Formel 1 in Adelaide 1993, wo wir im Rahmenprogramm antraten, fuhr der Pole-Mann der Superkarts Trainings-Zeiten, mit denen er im Formel-1-Feld in der vierten Reihe gestanden hätte.

Besonders problematisch war für die deutsche Szene, als wir 1989 auf dem Nürburgring im Rahmenprogramm eines WM-Laufs zur Gruppe C auf die Piste gingen. Mit Rundenzeiten, von denen die meisten Gruppe-C-Fahrer nur träumen konnten, machten wir die

„Rasende Rasenmäher" blamieren Gruppe-C-Fahrer

Show perfekt. Der damalige Mercedes-Chef Werner Niefer konnte darüber gar nicht lachen und machte den Veranstaltern deutlich, daß er keine Lust habe, sich von rasenden Rasenmähern blamieren zu lassen. Viele Motorsport-Veranstalter haben seitdem kalte Füße bekommen. Deshalb können wir nur hoffen, daß immer mehr Fans der Superkarts den Veranstaltern mit den kalten Füßen viel Feuer unterm Hintern machen.

Das Superkart von Olaf Dau

Das „feuerrote Spielmobil" von Olaf Dau

Fahrwerk: Ungefedertes Rohrrahmenchassis des holländischen Herstellers APG

Bremsen: Vier-Scheiben-Bremsanlage mit Vier-Kolben-Bremssättel des engl. Herstellers KP

Kraftübertragung: Direkt per Kette auf die starre Hinterachse

Getriebe: Klauengeschaltetes Sechs-Gang-Getriebe

Motor: Drehschieber gesteuerter 250 ccm-Motor des österreichischen Herstellers Rotax, Typ 256, wassergekühlt, Zwei-Zylinder

Bohrung: 54 mm

Hub: 54,5 mm

Max. Drehzahl: 14.500 U/min

Leistung: ca. 80-85 PS

V-max: je nach Übersetzung bis zu 290 km/h

Beschleunigung: 0 auf 100 km/h in ca. 2,6 Sekunden

Gewicht rennfertig: 205 Kilogramm mit Fahrer

Preis: ca. 25.000 DM

In Deutschland gibt es nur einen Superkart-Händler: USP Uli Sieker Power Im Krummen Kamp 12-16 32547 Bad Oeynhausen Tel. / Fax 05731-94959

Alles super: Handelsübliches bleifreies Super-Benzin mit 98 Oktan läuft durch die Vergaser der Superkarts.

Harry Hawelka

Fitness-Formeln für Kartsportler

Harry Hawelka war bis 1995 Michael Schumachers persönlicher Fitnessbetreuer. Nach dem Weggang von Schumacher zu Ferrari blieb Hawelka bei Benetton. Nun kümmert er sich um Jean Alesi. Hawelka leitet außerdem das Harry-Hawelka-Center, Plattensteingasse 4, A-1220 Wien.

Das beste Kart und das größte Talent bleiben auf der Strecke, wenn der dritte Faktor des Erfolges fehlt: die Fitness des Racers. Gerade unter extremen Bedingungen, wie hoher Temperatur oder großer Renn-Distanz, zahlt sich eine gute Kondition aus. Hier kommt als erster durchs Ziel, wer fit ist – Arrival of the fittest. Harry Hawelka schreibt, wie man sich als ernsthafter Motorsportler ernähren sollte und welche Fitnessübungen sinnvoll sind.

Fast jede Sportart kann in eine der vier Kategorien eingeordnet werden: in die des Kraftsports, der Kraftausdauer, der Schnellkraft oder der Ausdauer. Nur mit dem Motorsport, besonders aber mit dem Kartsport, tut man sich ein wenig schwer. Auf ihn treffen eher alle vier Kategorien zu. Doch wie dem auch sei: Auf jeden Fall hebt sich der Motorsport so ab, daß hinsichtlich einer optimalen Ernährung eigene Richtlinien aufgestellt werden müssen.

Die richtige Ernährung

Auch wenn ich jetzt Gefahr laufe, als Oberlehrer abgestempelt zu werden, muß ich mit dem Grundsätzlichen anfangen: Im Motorsport liegt der durchschnittliche Energiebedarf bei etwa 60 kcal pro kg (251kJ/kg) Körpergewicht. Das macht bei einem 70 Kilogramm schweren Mann 4.000 bis 4.600 kcal (16.800 bis 19.300 kJ) pro Tag.

Auch die Relation der Nährstoffe untereinander ist im Vergleich zu anderen Sportarten verschoben. Sie wäre optimal abgedeckt mit einer Speisenzusammenstellung, die zu 56 Prozent aus Kohlenhydraten, zu 16 Prozent aus Eiweiß und zu 28 Prozent aus Fett besteht. Natürlich läuft an der Kartstrecke niemand mit

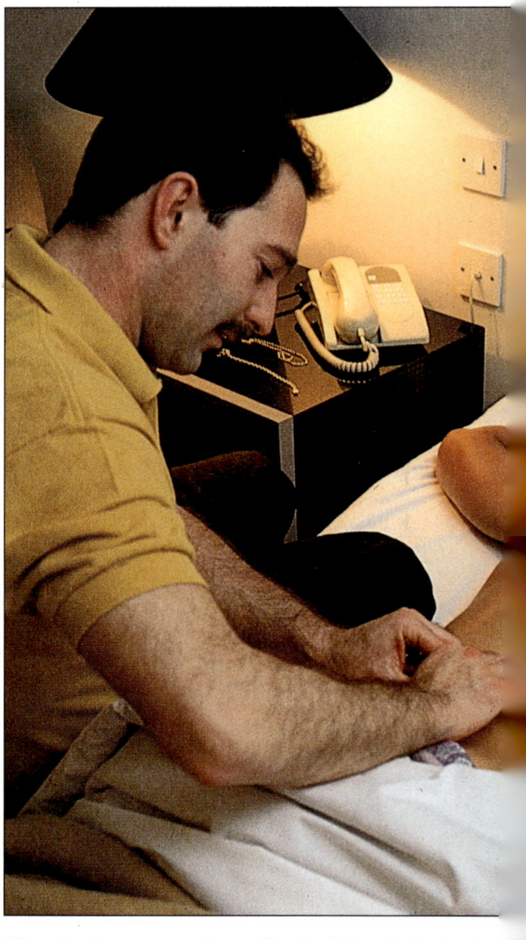

Physiotherapeut Hawelka bei der Arbeit. So

der Apothekerwaage rum, um die optimale Zusammenstellung der Nahrung zu kontrollieren. Deswegen gebe ich ein paar Ernährungstips für den Kartsportler, die, wenn sie befolgt werden, automatisch zu einer ausgewogenen Ernährung führen.

Fit durch Stärke: Vollwertteigwaren, Kartoffeln und Getreide

Wichtig ist der Einsatz vollwertiger Kohlenhydrate (zum Beispiel Getreide- und Vollkornprodukte, Kartoffeln und Hülsenfrüchte, Vollwertteigwaren), da sie dem Körper Stärke liefern. Warum ist sie so wichtig? Stärke ist ein sogenanntes polymeres Kohlenhydrat, das im Verdauungstrakt nur langsam in einzelne Glucosemoleküle aufgespaltet wird und so den Organismus über einen relativ langen Zeitraum mit Energie versorgt. Viel länger auf jeden Fall, als man das mit rasch abbaubaren Mono- und Disacchariden wie Zucker oder Traubenzucker erreichen würde.

Ich weiß, daß an vielen Kartstrecken das höchste der Genüsse eine Pommesbude ist, was natürlich einer richtigen Ernährung nicht gera-

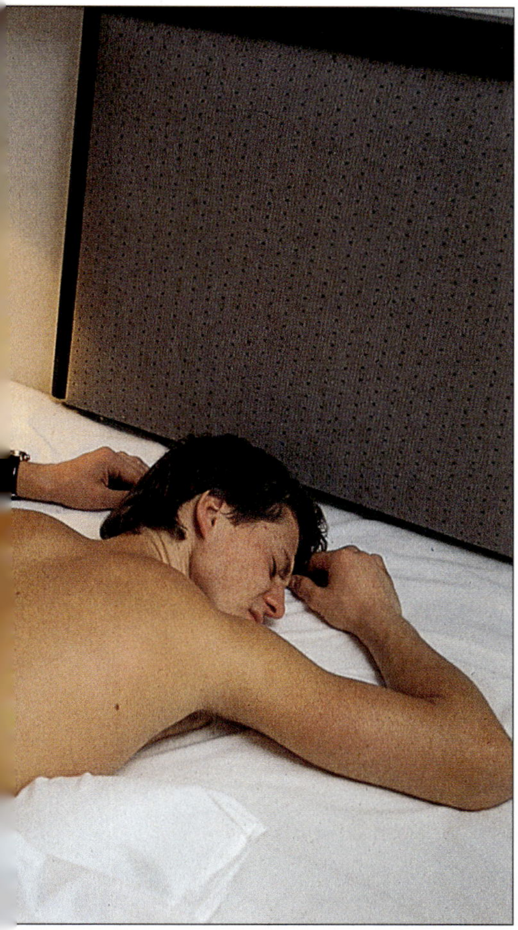

der Sport sind manchmal auch die Muskeln

So essen nicht nur Kartfahrer richtig

- Fünf kleine Mahlzeiten über den Tag verteilt, damit der Hunger nicht zu groß wird.
- Vor der Hauptmahlzeit Rohkost oder Salat essen. Durch das notwendige langsame Kauen wird der Magen auf die kommende Arbeit vorbereitet und das Sättigungsgefühl wird erhöht.
- Auf eine ausreichende Ballaststoffzufuhr mit Vollkornprodukten, Obst und Gemüse achten.
- Zwei bis drei Liter Flüssigkeitszufuhr täglich – am besten Wasser, Mineralwasser oder ungesüßter Tee.
- Zwei bis drei eiweißhaltige Mahlzeiten in Form von Fleisch, Fisch und Eierspeisen reichen pro Woche. Gemüse, Getreide und Milchprodukte liefern ebenfalls Eiweiß.
- Fettarme Zubereitungsarten (Dünsten, Dämpfen) wählen und auf die Qualität der verwendeten Fette achten. Für Salate kaltgepreßte Öle bevorzugen, zum Backen und Braten reines Sonnenblumenöl oder Maiskeimöl verwenden, als Brotaufstrich Butter.
- Zucker als Gewürz und nicht als Hauptnahrungsmittel betrachten.
- Salz sparsam verwenden und frische Kräuter zum Würzen bevorzugen.
- Kaffee, schwarzen Tee und Alkohol nur in geringen Mengen konsumieren.
- In Ruhe essen und ohne Ablenkung wie Lesen oder Fernsehen.
- Langsam essen, jeden Bissen 20- bis 30mal kauen.
- Bei Sättigungsgefühl sofort mit dem Essen aufhören, selbst wenn der Teller noch halbvoll ist.

Müsli à la Hawelka

Man nehme:
3 EL verschiedene Flocken (z.B. Hafer-, Hirse-, Weizen-, Gerstenflocken)
1 EL Rosinen
100 g Joghurt
100 g Saisonobst, gewürfelt
1TL Honig
1 geriebenen Apfel

So wird's gemacht:
Flocken mit Joghurt, eingeweichten Rosinen und dem geriebenen Apfel vermischen, Obst beigeben, mit Honig süßen – fertig.

de entgegenkommt. Auf der anderen Seite ist es aber nicht allzu schwer, einige wenige Sachen mit an die Strecke zu nehmen. Mit einem Müsli am Morgen wäre schon mal das Wichtigste abgehakt. Für die kleinen Zwischenmahlzeiten empfehle ich Müsliriegel. Obst darf auch nicht fehlen, am besten sind Äpfel und Bananen, gerade wenn man längere Anfahrtswege vor sich hat. Karotten sind ebenfalls bestens geeignet für den kleinen Happen zwischendurch.

Die Fitnessübungen

Jetzt aber genug vom Kulinarischen. Denn so gesund kann man sich gar nicht ernähren, als daß die Fitnessübungen kein Thema mehr wären.

Am wichtigsten im Kartsport ist auf jeden Fall die Stärkung der Rückenmuskulatur. Wenn ich allein schon an die verkrampfte Haltung vieler Fahrer im Kart denke, kann das Kapitel gar nicht groß genug ausfallen. Zudem: Das Kart kennt keine Federung. Streckenunebenheiten und Schläge aller Art erreichen in voller Stärke die Wirbelsäule. Je stärker aber die Rükkenmuskulatur, desto mehr kann der Rücken

Rückenmuskulatur stabilisiert die Wirbelsäule

Motorsport kann Hochleistungssport sein: Dehnübungen vor dem Rennen sind wichtig

Übungen für die Rückenmuskulatur

Ausgangsstellung: Bauchlage, Arme und Beine sind gestreckt, Kopf liegt mit der Stirn auf.

- Heben Sie diagonal rechten Arm und linkes Bein hoch, den Kopf ebenfalls, und schauen Sie dabei auf den Boden. Spannung fünf Sekunden halten, dann locker lassen. Wechsel auf die andere Seite.
- Heben Sie gleichzeitig Arme und Beine hoch, Spannung fünf Sekunden halten, dann locker lassen.
- Heben Sie die gestreckten Beine etwas vom Boden hoch, und machen Sie Kraulbewegungen mit den Beinen.
- Wiederholen Sie obige Übung mit den Armen.
- Nun diese Übung mit Armen und Beinen gleichzeitig durchführen.
- Heben Sie die gestreckten Beine knapp über dem Boden hoch und grätschen Sie sie.
- Heben Sie die beiden Arme gestreckt vom Boden hoch und bewegen Sie sie in einem Halbkreis nach hinten, so daß sich die Hände über dem Gesäß berühren. Dann bringen Sie die Arme wieder nach vorne.
- Heben Sie den Oberkörper leicht an und machen Sie mit den Armen Brustschwimm-Bewegungen.
- Heben Sie gleichzeitig Arme und Beine gestreckt hoch, dann senken Sie sie langsam bis knapp über den Boden. Kurz innehalten und dann wieder hochheben. Ein paarmal den Wechsel, dann erst locker lassen.

wegstecken. Hierzu gibt es umfangreiche Übungen, die ich im Kasten auf dieser Seite erläutere. Nicht ganz so wichtig wie in der Formel 1 – die Kurvengeschwindigkeiten sind einfach viel

Mit 200 Mark für eine Pulsuhr und ein Tehra-Band kann es losgehen

geringer – ist das Training des Nackens. Er ist mit sehr geringem apparativen Aufwand fit zu halten.

Ein sogenanntes Tehra-Band, das so um die 20 Mark kostet, reicht voll und ganz aus. Dieses Band ist einfach an einer Tür zu befestigen. Das andere Ende, eine Art Schlaufe, wird wie ein Stirnband um den Kopf gelegt. Dann entfernt man sich so weit von der Tür, bis der Zug des Bandes unangenehm wird. Vierzig, fünfzig Sekunden sollte man dieser Kraft standhalten, dann langsam lockern, und dreimal wiederholen. Diese Übung gilt jeweils für Stirn, Hinterkopf, linke und rechte Schläfe. Aber Achtung: Bei dem leichtesten Schwindelgefühl sofort aufhören.

Bleibt jetzt noch das Konditionstraining. Wichtigste Anschaffung hierfür ist eine Pulsuhr, die es für 150 Mark gibt. Ziel des Konditionstrainings sollte sein, über rund 40 Minuten einen Puls zwischen 130 und 140 Schlägen zu haben. Mein Tip: Fahrradfahren ist für diese Übung besser geeignet als Joggen. Auf dem Fahrrad ist es mit gleichmäßiger Tretfrequenz wesentlich einfacher, sich in dem vorgegebenen Pulsfenster zu bewegen.

Derjenige, dem die Belastung zu gering ist, sollte lieber die Dauer erhöhen als die Pulsfrequenz. Viele Sportler machen immer wieder den alten Fehler: Sie haben erst das Gefühl, wirklich was getan zu haben, wenn sie an ihrem Limit waren und sich völlig verausgabt haben. Genau das aber ist völlig falsch: Der Muskel übersäuert nur – die Folge ist ein Muskelkater, der einen

Fitnessübungen nach den drei Rs: ruhig, rhythmisch und regelmäßig

spätestens am nächsten Tag in der Leistungsfähigkeit zurückwirft. Ganz davon abgesehen, schwächt das maßlose Auspowern nur das Immunsystem. Nicht selten steht nach einem solchen Kraftakt eine Erkältung auf dem Programm.

Statt sich dauernd an der eigenen Leistungsgrenze zu bewegen, empfehle ich lieber die drei wichtigen Trainings-Rs: ruhig, rhythmisch und regelmäßig.

Kart-Zeitschriften

News für Kartsportler

Die meisten Motorsportzeitschriften berichten nur sporadisch über Kartereignisse. Aber es gibt zwei Journale, deren Themenkreis sich ganz oder überwiegend um den Kartsport dreht.

RIMO GmbH
Hammermühle 23
D-51491 Overath
Tel. 02206-3053
Fax 02206-82398

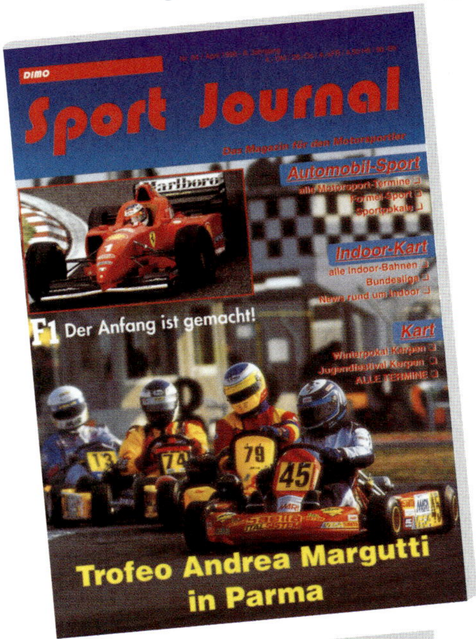

DIMO-Sport-Journal

Seit März 1991 ist die Zeitschrift auf dem Markt. Sie erscheint monatlich mit etwa 80 Seiten Umfang. Ein Drittel des Heftes informiert über andere Rennsportarten – von der Formel 1 bis zu den Nachwuchsformeln. Zwei Drittel widmen sich in aller Ausführlichkeit aktuellen Geschehnissen und Entwicklungen auf dem Kart-Sektor. Stark ausgebaut ist die Sportberichterstattung, aber auch der engagierte Amateur wird gut informiert. Das Heft kostet DM 4,- (ÖS 28,-, SFR 4,-). Es ist an großen Kiosken zu bekommen, auf vielen Kartbahnen oder direkt beim Verlag zu abonnieren.

Formel1 Verlagsges. mbH
Postfach 141313
D-30813 Garbsen
Tel. 05131-49810
Fax 05131-93937

Kart

Erstmals im April 1996 erschien „Kart" im Verlag des „Rennsportmagazins Formel 1". Die neue Zeitschrift berichtet ausschließlich über den Kartsport, wobei die Thematik sich vor allem an Amateur-Interessen orientiert. Einen breiten Raum nimmt eine Aufstellung und Beschreibung von Kartbahnen ein. „Kart" erscheint im Zweimonatsrhythmus, hat ca. 80 Seiten Umfang und kostet DM 9,80 (ÖS 74,-, SFR 9,80). Die Zeitschrift gibt es an Kiosken, Abos beim Verlag.

Kart & Superkart Accessoires
Puzzle in Foto-verpackung
Regen-schirm
Kettenanhänger echt Silber
Aufkleber/ Buttons
I ❤
SUPERKART TEAM
DAS IST KARTING
WORLD SUPERKART
Videos
Armbanduhren mit Motiv
T-Shirts mit Motiv
Baseball-Caps
KART - SPORT
EIN LEITFADEN FÜR DEN KARTSPORT II
Kart-Sport-Handbuch
BRIDGESTONE
Reifen-Uhren
Kissen/ Wanduhren
Außerdem führen wir:
Kaffeetassen • Krawattenklammern • Sweatshirts • Schlüsselanhänger • Pins •
Kalender u.v.m. Produktion von Einzelstücken nach indivduellen Vorlagen
Prospekt anfordern: Postfach 6166 · 58430 Witten · Deutschland
Tel. 02302/6609-0 · Fax 02302/6609-99
Gestaltung: Typoprint Satz & Druck GmbH, Witten

Christoph Schulte

Tour de force für jedermann

Christoph Schulte (27.7.1955), verheiratet, drei Kinder, ist freier Motorsport-Journalist. Er arbeitet für AutoBild und Focus. Das 24-Stunden-Kart-Rennen von Le Mans gehört zu seinen schrillsten Berufserfahrungen

Zweimal rund um die Uhr. Mit einem Bonsai-Formel-1. Gefahren von Amateuren wie du und ich. Die Kölner Agentur René Wolff bietet den Freizeitkick mit dem ultimativen Funfaktor: das 24-Stunden-Kart-Rennen auf der Rennstrecke von Le Mans. Christoph Schulte und seine Kollegen von AutoBild recherchierten direkt vor Ort, hautnah – als Teilnehmer. Sie ernteten wässerige Blasen, schmerzhafte Krämpfe – und eine ganze Menge Spaß.

Zwei Honda-Einzylinder mit zusammen 14 PS bringen den Asphalthobel immerhin auf ein Tempo von 114 km/h – der Adrenalinstoß läßt nicht lange auf sich warten.

Die Idee hat etwas Erhabenes, Großartiges. Oder auch etwas völlig Schwachsinniges. Das kommt ganz auf den Standpunkt an. Also gut, reden wir Klartext. Es geht um ein 24-Stunden-Kart-Rennen für jedermann. Richtig, ohne Federung, die edelsten Teile familienplanungsfeindlich nah am grauen Asphalt, weder Anschnallgurte noch Überrollbügel – und das nonstop zweimal rund um die Uhr. Und wie gesagt, jeder, der will, kann mitmachen.

Sehen Sie, wußte ich doch, daß das keinen kaltläßt. Meine Frau zum Beispiel setzte dieses milde Lächeln auf, das ihr stets dann gelingt, wenn keiner merken soll, daß sie mich für völlig gaga hält. Was nichts daran ändert, daß man an so etwas mal teilgenommen haben muß.

Wenn der Tag in Le Mans anbricht, ist das

Ort des Geschehens ist – wo denn sonst! – Le Mans. Dort hatte der Veranstalter TBF eine

Mit 18.000 Mark kommt man 24 Stunden lang über die Runden

Idee mit simpler Geschäftsgrundlage: Jedes Team zahlt 18.000 Mark, dafür gibt der Veranstalter alles, was das Team für das Rennen braucht.

Interessiert sind in erster Linie Firmen, die Kunden oder erfolgreichen Mitarbeitern mal was Besonderes bieten wollen. Aber auch Freunde legen einfach zusammen und teilen sich Kosten und Spaß. Was das Unternehmen für das viele Geld bietet, erinnert an die Sozialstaatpläne der 70er Jahre: umfassende Vollversorgung. Von den Mahlzeiten bis zum Sturzhelm, von den Stoppuhren bis zum Werkzeugkasten, vom Masseur bis zum Arzt wird alles gestellt, was der ambitionierte Hobby-Rennfahrer zum Er- und Überleben braucht. Natürlich auch das Kart.

Was trotz aller Fürsorge dem Team nicht abgenommen werden kann, ist die Rennstrategie. Schon bei der Zusammensetzung des Teams kann der Schlüssel zum Sieg liegen. Oder auch zur Niederlage. Zum Beispiel unsere Annika, eindeutig der ästhetische Höhepunkt unseres sechsköpfigen AutoBild-Teams. Jung, hübsch, schnell, mit nur einem klitzekleinen Fehler: In einem früheren Leben muß sie mal

25 spezialisierte Mechaniker stehen den Teams zur Verfügung – nicht ohne Grund. Bei den Drehzahlen ist der frühzeitige Motortod keine Seltenheit.

24-Stunden-Rennens in Sicht – nach der eisenharten Nachtschicht auf dem Kart eine schöne Aussicht ...

Der traditionelle Le-Mans-Start. Wer hier gut zu Fuß ist, hat im Kart die Nase vorn – zumindest für die erste Runde

Schon nach zehn Minuten auf dem Kart merkt man, daß der Rennsport die reinste Knochenarbeit ist. Der Masseur hat während des Rennens alle Hände voll zu tun.

Wie in der Formel 1 wuseln gleich mehrere Mechaniker um das sportliche Gerät

eine Schrottpresse gewesen sein. Und selbst in ihrer x-ten Reinkarnation kann sie es einfach nicht lassen. Drei Turns, drei …, na ja, Totalschaden ist ein hartes, irgendwie negativ besetztes Wortes, reden wir lieber von überraschend kreativen Kaltverformungen. Wie gesagt, davon drei.

Fahrzeit: mindestens drei, höchstens sechs Stunden

Doch lassen wir das, kommen wir lieber auf die Rennstrategie zu sprechen. Also: Die Teams haben jeweils sechs Fahrer. Jeder gemeldete Pilot muß mindestens drei, darf aber höchstens sechs Stunden fahren. Zwei Reifensätze gibt es für das 24-Stunden-Rennen, Slicks sind angesagt.

Die Zahl der Tankstopps ist jedem freigestellt. Doch hier geht es schon los: Logo, daß jeder versucht, so wenig Stopps wie möglich einzuplanen. Nichts ist bei einem Rennen so schlimm wie die Zeit, die man steht. Doch aufgepaßt: Karts mit Tankanzeige gibt es noch nicht.

Gefahren wird auf einer Rennstrecke, die zum Schönsten gehört, was es auf dem Kart-Sektor in Europa gibt. Kein mit vielen Pylonen

24 Stunden von Le Mans – Karting „Business Class"

Dauer: Drei Tage, von Freitag 13 Uhr bis Sonntag 16 Uhr

Teilnehmeranzahl: max. 38 Mannschaften à 6 Teilnehmer

Ort: Le Mans / Frankreich

Termin: Jedes Jahr Ende Mai

Preis: 18.000 DM pro Mannschaft

Leistungen des Veranstalters u.a.:
- Kart (Typ Squale LM 962, Modell 96, Reifen, Treibstoff, Ersatzteile)
- Werkzeug zur Wartung der Karts, inkl. Anzeigentafel, Stoppuhr etc.
- ärztliche und physiotherapeutische Versorgung
- elektronische Zeitnahme und permanentes Klassement mit Bildschirmanzeige in jeder Box
- namentliche Versicherungen aller Teilnehmer
- individuell konzipierte Fahrerausrüstung, Overalls, Helme, Handschuhe

Infos:
TBF AGENTUR René Wolff
Wilhelmstraße 35 a
50996 Köln
Tel. 0221-392664
Fax 0221-392471
Wer beim nächsten Kartrennen mit von der Partie sein will, sollte sich wegen der starken Nachfrage schnell anmelden.

Auf der Weltmeisterschaftsbahn von 1976 in Hagen findet jedes Jahr ab 1996 ein 12-Stunden-Kartrennen statt. Jeweils Anfang Juni sollen die Rennen stattfinden, von 9 bis 21 Uhr. Mit 1.800 DM pro Team (mindestens fünf Fahrer) ist man dabei. Angenommen werden 20-25 Mannschaften.

Infos und Anmeldung:
Beule-Kart-Service
Am Damm 1
58091 Hagen
Tel. 02331-77134
Fax 02331-70426

und Farbmarkierungen gedopter Parkplatz, sondern eine waschechte Rennstrecke en miniature, mit allem, was dazugehört: Boxenanlagen, technisch äußerst schwierige Kurvenkombinationen, Vollgaspassagen, richtige Curbs (Randsteine) zum Abheben, Auslaufzonen mit Kiesbunkern.

Klar, daß so eine Strecke auf die Kondition geht. Schon knapp nach der Halbzeit gleicht der

Erstes Fazit nach 12 Stunden: Blasen und Verkrampfungen

Krankenstand des AutoBild-Teams einem Feldlazarett: wässerige Blasen an Hand- und Fußballen, zur Bewegungslosigkeit verdammende Verkrampfungen der Rückenmuskulatur, bleierne Unterarme und – durch das krampfhafte Festhalten des Lenkrads in schnellen Kurven – zitternde Hände, als wäre der harte Kern der Anonymen Alkoholiker auf Betriebsausflug.

Sicher, spätestens jetzt ist es an der Zeit, wo die eingangs gestellte Frage neu gestellt werden muß: Großartig oder Schwachsinn? Wie gesagt, das ist alles eine Frage des Standpunktes. Wenn Sie aber bei der Antwort ganz sichergehen wollen, fragen Sie die Teilnehmer so zwischen drei und sechs Uhr morgens, was denn nun wirklich von der Sache zu halten ist. Die Antwort ist so ungerecht wie eindeutig: ein ganz, ganz großartiger Schwachsinn …

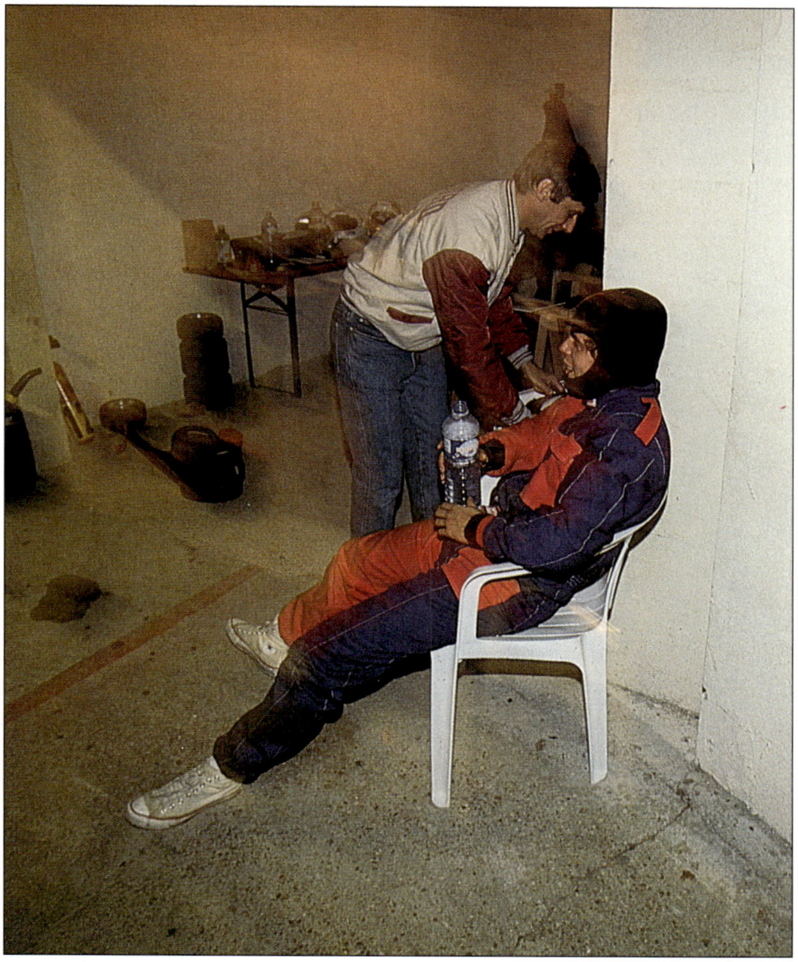

Rennfahrer-Romantik: Auf der Kartbahn nachts um halb vier …

Am Anfang war der Rasenmäher

Alt ist der Kartsport nicht gerade. Als das erste Kart mit Rasenmähermotor das Licht einer Garage erblickte – das war 1956 irgendwo in L.A. – ging die Formel 1 schon ins siebte Jahr. Aber wie es sich für einen richtigen Spätzünder gehört, ging dann alles Schlag auf Schlag. 1960 fand in Deutschland schon das erste offizielle Rennen statt …

Woher auch sonst: Natürlich kommen die Go-Karts aus den USA. Das ist mal sicher. Nicht ganz so sicher ist, wann denn nun das erste Go-Kart gezündet wurde, und wer sein Erbauer war. Immer wieder wird ein Ingenieur aus Los Angeles, Art Ingels, als Erfinder der Mini-Flitzer angegeben. So um 1956 rum soll er einen Rasenmähermotor auf ein Rohrgestell montiert haben, auf daß seine Kinder den Garten unsicher machen konnten.

Das Teil muß auf jeden Fall funktioniert haben, denn nur so ist es zu erklären, daß bereits 1957 nicht nur immer mehr Jugendliche mit abenteuerlichen Eigenbauten zu wilden Rennen starteten, sondern auch die wahre Stunde Null des internationalen Go-Kartsports gefeiert werden konnte: Der erste Go-Kart-Club, der „Go-Kart-Club of America“ wurde aus der Taufe gehoben.

Die Amis hatten allen Grund, sich zu beeilen, denn ihre Nachbarn, die Kanadier, auch keine Kinder von Traurigkeit, wenn es um Pio-

Die Haltung macht's: Um beim Rennen die N

Hat Spaß in den Backen: Kartfahrer Graf Be

rn zu haben, entwickelt jeder Fahrer so seine eigene Technik – ohne Rücksicht auf Haltungsnoten und Spätfolgen

Trips (l)

Nichts ist unmöglich: schalten und walten am Kart nach Herzenslust

Der Kart-Club Kerpen-Manheim (Rennsportfreunde Graf Berghe von Trips) besteht darauf: Die ersten Karts, die in Deutschland fuhren, wurden vom legendären Wolfgang Graf Berghe von Trips aus den Staaten nach Europa geholt.

Als die Karts laufen lernten – Exponat aus den frühen Sechzigern

Eine Wintersportart, die sich nicht durchgese

Statt Traktor: Kart-Slalom zur Erntezeit

Tollkühne Männer in ihren fliegenden Kisten schenken sich nichts

: Kartfahren mit stählernen Spikes

harten Überholen – Kartsport at its best

nierleistungen geht, waren ihrerseits drauf und dran, das Kart für sich zu erfinden. Natürlich in einer zutiefst kanadischen Version: Auf hölzerne Fahrgestelle wurden Motoren von Baumsägen montiert. Vielleicht sollte man diese Variante noch einmal völlig neu überdenken, wenn es darum geht, die Tropenwälder zu retten.

Doch zurück zum Go-Kart, das schon bald nach der ersten Club-Gründung seinen Weg nach Deutschland finden sollte. Im Schlepptau der US-Soldaten war das hektische Gekreische dieser Vehikel immer öfter auf Kasernenhöfen in Deutschland zu hören – um nach Kaugummi und Coca Cola ein weiterer maßgeblicher Beitrag amerikanisch-deutschen Kulturtransfers zu werden.

Deutschland hörte die Signale und schon 1960 wurde in Wiesbaden der „Go-Kart-Club von Deutschland e. V.“, griffig abgekürzt GKCD, gegründet. Und da kein Pott ohne Deckel bleibt, erfolgte noch im selben Jahr die Anerkennung durch die Oberste Nationale

Am 24. April 1960 startete das erste offizielle Kart-Rennen

Sportkommission. Was allerdings auch höchste Zeit war, denn am 24. April 1960 war der Tag des ersten offiziellen Rennens in Deutschland. Natürlich im Gründungsort Wiesbaden. Und selbst die Halle war in diesen frühen Tagen schon ein Thema: Der erste „Große Preis von Deutschland für Go-Karts“ wurde in der Berliner Deutschlandhalle ausgetragen.

Die deutschen Fahrgestelle der ersten Stunde wurden von den Firmen HAKO, HESS und IHLE angeboten. Die ersten Motoren kamen aus Amerika von der Firma McCulloch. Sie leisteten um die fünf PS.

Daß der Go-Kart-Sport viel mehr war, als nur das Freizeitvergnügen motorsportlich Zukurzgekommener, zeigte die innovative Kraft dieses Sportes. So wurde bereits 1960 mit den ersten profillosen Reifen experimentiert. Und seit 1963 gehörten die Slicks zum Muß eines potentiellen Kartsiegers – lange bevor der große Automobilsport diese Reifen zur Kenntnis nahm.

Der Go-Kart-Sport wurde also langsam erwachsen. Bloß der Name Go-Kart klang immer noch ein wenig nach Kinderschuhen. Die Bezeichnung war um die Jahrhundertwende der Name einer amerikanischen Kinderwagenfabrik. Doch auch bei diesem Problem wußte man für rasche Abhilfe zu sorgen: Ab 1970 wurde die Vorsilbe „Go“ weggelassen – der Kartsport war geboren.

Indoor-Kart – Alles unter Dac

Januar 1996: Die Motorsport-Szene trifft sich in der Hans-Martin-Schleyer-Halle, Stuttgart. Mit von der Partie: Michae

und Fach

humacher. Auf dem Programm: ein Indoor-Kartrennen, das nicht nur die Profis begeistert

Hallen-Fieber

Immer mehr Motorsport-Freunde kommen drauf, immer mehr läßt es nicht mehr los: das Indoor-Kartfahren. Es boomt ohne Ende, macht süchtig. Wer den Kick beim Hallen-Kart erlebt hat, weiß warum. Hohe Drehzahlen, quietschende Reifen, harte Fights – was hier alles unter einem Dach geschieht, geht direkt unter die Haut.

Es ist immer das gleiche Spiel. 16mal im Jahr sitzen wir vor dem Fernseher und schauen gebannt der RTL-Live-Übertragung zur Formel 1 zu. Wie da Schumi und Co. Vollgas geben und knallhart in die Bremsen steigen. Wie sie Rad an Rad kämpfen und knochenhart überholen. Alles ist diesen Helden wurscht, Hauptsache, es ist genug Qualm an der Kette.

16mal im Jahr das gleiche Spiel und 16mal im Jahr spüren wir ganz tief in uns, daß so ein Atömchen Schumacher in jedem von uns steckt.

Meistens ist es die örtliche Radarkontrolle, die uns wieder auf den harten Boden der Tatsachen zurückholt: „Ihre Fahrzeugpapiere und den Führerschein, bitte!" Und dann die ewig blöde Frage als Fangschuß: „Können Sie sich vielleicht vorstellen, warum wir Sie jetzt angehalten haben?"

Können wir. Genauso, wie wir uns vorstellen können, wieviel Spaß es macht, mal völlig

Spaß hoch zehn: Vollgas geben bis zum Limit

losgelöst im Hier und Jetzt, ohne Wenn und Aber, richtig Gas geben zu dürfen. Schumi, weis uns den Weg!

Auf der benachbarten Insel, im englischen Königreich, hat die Lösung des Problems schon eine lange Tradition. Und weil die Briten in diesem speziellen Fall ein gutes Stück flotter waren als wir, müssen wir uns jetzt mit deren Begriffen rumärgern: Die Rede ist natürlich vom Indoor-Karting.

Es geht also ums Kartfahren in der Halle. Es geht um Kart pur – aber völlig losgelöst vom deutschen Wetteralltag. Es geht um Stärke 10 auf der nach oben offenen Boomskala. Selbst weitsichtigste Trendforscher wurden völlig überrumpelt: 1993 wurde die erste Hallen-Kartbahn in Deutschland eröffnet, Ende 1995 waren es bereits rund 100 Hallen, die sich über das gesamte Bundesgebiet erstreckten, und 1996 rech-

Mit 300 bis 400 Neueröffnungen rechnet die Indoor-Szene für '96

net die Szene mit rund 300 bis 400 Neueröffnungen. Irgendetwas muß dran sein an diesem Freizeitspaß.

Zum Beispiel, daß sich jeder in die Halle traut. Schwellenangst ist ein Fremdwort in dieser Branche. Anders als auf den vielen Outdoor-Bahnen ist hier der Laie nicht nur geduldet, sondern die Regel. Reingehen, „Guten Tag" sagen, sein Ticket kaufen und schon kann es losgehen. Das Kart steht rennbereit und ist warmgelaufen, die Helme sind im Mietpreis inbegriffen, mehr braucht man nicht für stark erhöhtes Schumi-Fieber. Wer neu ist im Kartsport, kann vom Hallenbetreiber eine Einweisung erbitten,

Gefackelt wird nicht lang – Helm aufgesetzt und ab geht die Post

wer meint, alles schon im Griff zu haben, gibt direkt Gas.

Ob er es wirklich kann, läßt sich Schwarz auf Weiß nachlesen. Zu der Standardausrüstung guter Hallen gehört mittlerweile eine elektronische Zeitnahme mit persönlichem Zeitenaus-

Daran erkennt man eine seriöse Kartbahn

So sehr man sich über den Boom freuen kann, so sicher ist auch, daß vereinzelte Abzocker mit diesem Freizeitspaß nur die schnelle Mark machen wollen. Bei rund 800.000 Mark Investitionen winkt bei vielen Bahnen bereits nach neun bis zehn Monaten die Gewinnschwelle. Das lockt nicht nur Motorsport-Interessierte an. Prüfen Sie mit unserer Checkliste die neue Karthalle genau, damit Sie nicht auf die schiefe Bahn kommen.

- Wie sicher ist die Anlage für Fahrer und Zuschauer? Werden nur sicher aussehende Reifen als Streckenbegrenzung benutzt, oder gibt es ein seriöses Plankensystem?
- Fast noch wichtiger ist ein Blick auf die Helme. Werden Billig-Schalen mit defekten Verschlüssen angeboten, oder ist ein Profi-Schutz im Preis inbegriffen?
- Wie gut sind die Karts gewartet, wie oft werden die Slicks gewechselt?
- Wie professionell sind die Streckenposten? Halten sie sich nur an den Fahnen fest, oder sind sie in der Lage, das Geschehen auf der Bahn zu kontrollieren und zu dirigieren?
- Haben die Karts einen Katalysator?
- Wie effizient ist die Hallen-Abgasentlüftung?
- Wie professionell ist die Zeitnahme, bekommt auch wirklich jeder Teilnehmer seinen Ausdruck?
- Wie gut ist im Bistro-Bereich das Geschehen auf der Strecke zu verfolgen? Stehen ausreichend Monitore zur Verfügung?

Die Antriebsaggregate

Gas

Das gasbetriebene Kart ist von der Leistung her gesehen besser als das Benzin-Kart – die höhere Oktanzahl des Gases macht es möglich. Rund 5,8 PS bringt der gasbetriebene Motor auf die Hinterräder.
Die Gasflaschen halten im Fahrbetrieb zwei bis drei Stunden. Eine neue Füllung kostet ca. 10 Mark

Elektro

Ohne Abgase und viel Lärm kann man mit dem E-Kart seine Runden drehen. Je nach Übersetzung erreichen die Karts eine Geschwindigkeit von 40 bis 80 km/h – mit ihren 6,8 PS ein Kinderspiel. Die Steckdose muß nach 40 bis 70 Minuten aufgesucht werden. Obwohl das Kart auf ein Gesamtgewicht von ca. 145 kg kommt, ist es dennoch flink wie ein Wiesel

Benzin

Der Klassiker. Trotz aller Umweltdebatten ist der Benzin-Motor unschlagbar. Ist man erstmal karto-phil, braucht man den Geruch der Abgase, um sich beim Karting so richtig wohl zu fühlen.
5,5 PS leistet der Benzin-Motor – mehr braucht das Glück auf der Piste nicht. Die 3,5 Liter im Tank reichen ungefähr für 180 Fahrminuten

druck nach Rennende. Doch nicht nur das: Zur Gaudi oder zur Ehrfurcht der Wartenden – je

Mit individueller Zeitmessung ist Mr. Perfect schnell ermittelt

nach Talent des Fahrers – sind die Monitore mit der aktuellen Zeitmessung gedacht. So können die Zuschauer schnell feststellen, ob da ein Schaumschläger mit wilden Driftwinkeln und langsamen Rundenzeiten seine Bahnen zieht oder ob Mr. Perfect zur Tat schreitet.

Die Sache macht Spaß – als Solo-Auftritt oder als Gruppenerlebnis. Sie spricht die aktuelle Disco-Generation ebenso an wie den seriösen Business-Mann, der zwischen zwei Terminen schnell ein wenig Fun zur Ablenkung sucht, den Familienvater, der mit Kind und Kegel anrückt ebenso wie den Skatverein, der die Spielkasse auf den Kopf hauen will. Alle zusammen fahren sie auf rund 5 PS starken, mit Viertakt-Motoren angetriebenen Rennkarts, die für den Hallenbetrieb modifiziert wurden. Die meisten Hallenbetreiber haben die ansonsten freistehenden Räder mit Schutzbügeln versehen. Zu oft wird von den Gästen im Eifer des Gefechtes nämlich die Gefahr übersehen, die freistehenden Räder im Falle des Verhakelns darstellen: Raketengleich steigen die kleinen Karts dann auf – ein spektakulärer Unfall ist immer die Folge.

Von wegen Unfall: Jeder, der in festen Händen ist und allein zur Kartbahn geht, sollte seinen Lebensgefährten schon im voraus warnen. Denn bereits nach wenigen Runden stellt sich am nächsten Tag ein nicht zu knapper Muskelkater ein. Kartfahren ist harter Sport.

Vorsicht blaue Flecken: Kartfahren kann zur Partnerkrise führen

Kann der Partner über ein, zwei Tage Bewegungs-Legasthenie vielleicht noch locker hinwegsehen, wird ihm das bei den vielen blauen Flecken und schillernden Blutergüssen am Körper des Gegenüber schon schwerer fallen. Wie gesagt: Hier wirkt die Vorab-Information Wunder. Wurde die vergessen, wird vielleicht lange Zeit der unschöne Verdacht im Raume stehen, daß nicht Kartfahren, sondern ein paar schöne Stunden bei der Lieblings-Domina auf dem Programm standen ...

Frank Jelinski

Wir bauten die erste Indoor-Bahn

Frank Jelinski (23.5.1958), verheiratet, zwei Kinder, fuhr von 1973 bis 1977 Kartrennen, stieg 1977 in den Tourenwagenrennsport um, 1979 in den Formelsport und wurde 1980 Deutscher Formel-3-Meister. Nach einem Jahr in der Formel 2 (1982) spezialisierte sich Jelinski auf Sportwagenrennen. Ende 1990 wechselte er in die Deutsche Tourenwagen-Meisterschaft, in der er 1991 als Audi-Werksfahrer antrat.

Sie waren der erste Indoor-Kartbahnbetreiber in Deutschland. Was hat Sie auf die Idee gebracht?

Die Idee kam mir, als ich 1982 in England Formel 2 fuhr. Damals habe ich in London das erste Mal eine Indoor-Kartbahn gesehen. Ich hab' mir sofort gesagt: „Wenn ich eines Tages mal Zeit habe, mache ich so etwas in Deutschland auf." Ich komme ja aus dem Kartsport und ich kannte die normalen Kartstrecken in Deutschland. Ich wußte, wie gut die liefen.

Zum anderen kam ich zum Indoor-Kartsport durch die Incentive-Veranstaltungen, die ich ab 1991 durchgeführt habe. Für interessierte Firmen organisierte ich z.B. Slalomwettbewerbe, die eine oder andere Runde mit einem echten Rennwagen – und halt auch Kartrennen. Als Anfang 1992 mein Vertrag bei Audi auslief und ich plötzlich Zeit hatte, war es für mich sonnenklar, eine Karthalle aufzumachen. Und 1993 habe ich dann die erste Indoor-Kartbahn in Deutschland eröffnet.

Was macht Ihrer Meinung nach das Indoor-Kartfahren so attraktiv?

1993 wurde die erste Indoor-Kartbahn in Deutschland eröffnet. Zwei Jahre später bereits die hundertste.

Man kann in der Halle fahren, auch wenn es draußen schon dunkel ist. Und man ist unabhängig von allen Witterungseinflüssen. Das sind aber nicht die einzigen Vorteile. Bei einer gut geführten, modernen Anlage ist auch die Ausstattung wesentlich attraktiver als an den Strecken draußen. Es gibt ein Equipment für die Zeitnahme. Jeder Fahrer kann seine Zeiten sauber ausgedruckt mit nach Hause nehmen. Es gibt eine vernünftige Gastronomie, gute sanitäre Anlagen und eine professionelle Beschallung – oft mit Streckensprechern. Und dann kommt noch etwas ganz Wichtiges: das Geschwindigkeitsempfinden ist in der Halle wesentlich intensiver

Holger Irion beim DMV-Cup auf der „Jeli-Ba

als draußen. Wenn Sie mit einem 5,5 PS-Kart auf einer großen Outdoor-Strecke fahren, können Sie recht schnell den Kurs mit Vollgas nehmen – da schlafen Ihnen dann die Füße ein. In der Halle dagegen, durch die enge Streckengestaltung und durch einen rutschigen Fußbodenbelag, beeindrucken die Geschwindigkeiten viel mehr.

Was waren die größten Anfangsschwierigkeiten beim Eröffnen einer Halle?

Richtig schwierig war es, eine geeignete Halle zu finden. Die potentiellen Vermieter hatten ja keine Vorstellung, was ich machen wollte. Mir für 20.000 Mark Monatsmiete eine Halle zu vermieten, war für die nicht leicht, weil sie dachten, daß ich in drei, vier Monaten eh wieder zumache.

Ein anderes Problem waren die Karts. Es gab ja in Deutschland noch keine speziellen Hallen-Karts. Nach drei Monaten konnte ich die ersten wegwerfen. Der gesamte Spurstangenbereich war eine Katastrophe. Die Kunden fuhren zwei- bis dreimal pro Runde in die Reifenstapel – das hielten die Karts einfach nicht aus. Vom Rahmen ganz abgesehen. Die waren damals so konstruiert, daß sie nach einer

nsheim. Ohne Meisterschaften und Incentive-Veranstaltungen wird eine Indoor-Bahn in Zukunft kaum auskommen

normalen Outdoor-Saison ausgelutscht waren. Diese Kilometerleistung wurde bei uns aber in einem knappen Monat erreicht. Das machten die Rahmen einfach nicht mit.

Wir waren in Deutschland die Pioniere und mußten dementsprechend auch Pionierleistungen erbringen. Daß wir die ersten waren, hatte allerdings auch Vorteile: zum Beispiel bei den Behördengenehmigungen. Die hatten damals noch wenig Vorstellung von dem, was wir da machten und dementsprechend wenig Auflagen. Das hat sich natürlich völlig geändert, und wir haben viele Auflagen zusammen mit den Behörden erarbeitet.

Die Indoor-Kartbahn in Sinsheim hat eine Fläche von 5.000 qm. Weit über 1.000 Besucher kommen pro Woche.

Beschreiben Sie doch mal Ihr Publikum.

Da muß man drei Gruppen unterscheiden. Die erste Gruppe sind die sogenannten „pay-and-drive-Fahrer". Also alle vom Junior bis zum Opa, die hauptsächlich am Wochenende kommen und einfach nur rumfahren wollen. Die machen so rund 30 Prozent der Besucherzahlen aus.

Die zweite Gruppe mit rund 40 Prozent stellen die Besucher der Incentive-Veranstaltungen. Das sind zum einen große Firmen, für die wir jetzt schon acht Meisterschaften anbieten; zum anderen sind es aber auch Kegelvereine, die mal die örtliche Feuerwehr herausfordern wollen.

Und dann gibt es noch die Racer, die sich wiederum in zwei Gruppen unterteilen: die aktiven Motorsportler aus allen Klassen, die hauptsächlich im Winter fahren, um sich fit zu halten, und die Indoor-Freaks, die mit Anspruch zur Sache gehen. Für die gibt es mittlerweile spezielle Meisterschaften auf ganz hohem Niveau. Wer das nicht glauben will, der sollte sich mal die Ergebnisse vom IndyKart-Rennen in Stuttgart ansehen. Da hat im „Meet the Champs"-Rennen, wo die besten Amateure gegen die besten Profis antraten, Michael Heinrich einen gewissen Michael Schumacher auf den zweiten Platz verwiesen. Dieser Michael Heinrich ist seit 1993 dabei. Der kam damals mit seinem Vater bei uns rein und wollte mal eine Runde drehen – und jetzt schlägt er den Weltmeister in der Halle.

Der Indoor-Kartsport ist halt eine einmalige Gelegenheit, sein Talent für den Motorsport zu testen. Man geht in eine Halle, investiert mal einen Hunderter und weiß dann ziemlich genau, ob einem die Sache liegt. Ich bin überzeugt, daß es in Deutschland, rein vom Potential her gesehen, mindestens 50 Toptalente gibt. Die zu finden, ist durch die Indoor-Kartbahn-Szene wesentlich leichter geworden

Wie wird sich Ihrer Meinung nach das Publikum des Indoor-Karting in den nächsten Jahren ändern?

Jede Indoor-Kartbahn macht die gleichen Erfahrungen: Zuerst kommen nur die „pay-and-drive-Fahrer". Die machen fast das ganze

Fit for Fun: Die Jelinski-Halle in Sinsheim öffnet täglich um 14.30 Uhr ihre Pforten

Geschäft aus – bis sich ihre Begeisterung legt, und sie nur noch am Wochenende fahren. Dafür kommen dann während der Woche immer stärker die Incentives und die Racer in den Vordergrund. Ich glaube, daß das auch die Gesamtentwicklung werden wird.

Als erster der Branche haben Sie Ihre Innovationskraft hinlänglich bewiesen. Deshalb von Ihnen jetzt einen Blick in die Zukunft: Was muß eine Karthalle bieten, wenn sie in den nächsten Jahren bestehen will?

Das Publikum wird immer anspruchsvoller – zum Beispiel in Sachen Service. Frische Helme wird man in Zukunft schon bieten müssen, frische Overalls, Handschuhe und Kopfhauben. Dann werden die Hallen immer mehr Streckengags wie Loopings oder Steilkurven anbieten. Das wird der Trend der nächsten Jahre sein. Aber Vorsicht: Das wird auch alles eine Frage der Investitionen. Diese Bahnen werden immer teurer, und gleichzeitig wird der Kuchen in immer kleinere Stücke aufgeteilt. Wer da in Zukunft nicht mit ganz spitzem Stift rechnen kann, wird Probleme kriegen.

Zudem wird die Gastronomie in Zukunft verstärkt den Wert einer Halle bestimmen, Großleinwände werden Pflicht sein, Fernsehtreffen zu Formel-1-Veranstaltungen und so weiter. Es muß halt der Erlebniswert über das bloße Kartfahren hinaus gesteigert werden. Das kann dann auch schon mal die Kombination mit einer Diskothek beinhalten.

Sicher ist, daß in Zukunft noch stärker das Angebot stimmen muß. Wenn für den Junior wie für Vater und Mutter was dabei ist, für die Firmen wie für die Racer Meisterschaften angeboten werden, dann wird die Halle selbst zweitrangig.

Die Branche spricht von 300, ja sogar 400 Hallen-Eröffnungen allein im Jahr 1996. Kann da einem nicht angst und bange werden?

Wenn man schon eine Halle hat: Ja! Wir haben hier im Umkreis von 50 Kilometern 14 Indoor-Kartbahnen. Da ist ganz klar der Sättigungsgrad erreicht.

Bei welcher Hallendichte sehen Sie den Markt in Deutschland ausgereizt?

Wie gesagt, bei uns im Rhein-Neckar-Kreis ist sie bereits erreicht. Im Großraum Düsseldorf, denke ich, auch. Aber es gibt immer noch weiße Flecken in Deutschland. Wir können so gesehen noch 300 Hallen vertragen, vorausgesetzt, die Verteilung stimmt.

Was macht die Hallenbetreiber in Deutschland so sicher, daß der Indoor-Kart-Boom nicht eine schnell abbrennende Wunderkerze ist?

Gute Hallen an guten Standorten werden überleben. Warum soll der Indoor-Kartsport untergehen, wo doch draußen, bei wesentlich geringerem Angebot, die Strecken seit 30 Jahren brummen.

Wie hoch ist der Anteil derjenigen, die da nur die schnelle Mark machen wollen?

Ja, das ist interessant. Zu uns kommen viele angehende Betreiber und wollen sich informieren. Häufig verraten schon die Fragen, besonders zur Finanzierung, auf welch wackeligen Beinen die stehen. Und auch die Genehmigungen, die eingeholt werden, sprechen Bände: Da wird das ganze Geschäft nur auf ein, höchstens zwei Jahre angesetzt – das heißt: aufmachen, abkassieren und verkaufen. Von den 300 Neueröffnungen würde ich 70 Prozent zu dieser Gruppe rechnen. Wir hatten Ende 1995 in Deutschland 120 Hallen. Davon sind nur 20, 30 wirklich gut.

Gibt es irgendwelche Bestrebungen der seriösen Betreiber, so eine Art Gütesiegel einzuführen?

Hans-Joachim Stuck, Otto Rensing und ich hatten das mal vor. Aber letztendlich ist das daran gescheitert, daß keiner von uns die nötige Zeit hatte.

Muß man aus dem Motorsport kommen, um erfolgreich eine Kartbahn aufbauen und leiten zu können?

Muß man nicht, ist aber ganz klar von Vorteil. Egal, welches Geschäft man betreibt, wenn man mit Herz und Seele dabei ist, merkt das auch der Kunde. Nicht der „pay-and-drive-Kunde“, aber all die anderen. Die merken doch beim ganzen Handling, bei der Fahrerbesprechung, bei der Rennleitung, bei eventuellen Protesten, wer sich auskennt und wer nicht. Die Kunden suchen Kompetenz und die ist natürlich am leichtesten bei einem vom Fach zu finden.

Die 24 Stunden von Le Sinsheim

Der größte Anbieter von 24-Stunden-Indoor-Kartrennen ist Kart-o-Mania mit rund acht Marathon-Rennen pro Jahr. Legendär sind mittlerweile die „24 Stunden von Le Sinsheim“. Die Teilnehmerliste dieser Veranstaltung liest sich wie das Who is Who des Motorsports.
Im Schnitt gehen 20 Teams auf die Reise, die jeweils 3.500 Mark auf den Tisch den Hauses blättern. Kart-o-Mania stellt das Kart, den Sprit und die Reifen – und ein riesiges Fahrerlager mit über 3.000 qm. Am Ende bekommt jedes Team ein ausführliches Stundenprotokoll und eine Videoaufzeichnung des Events. Übrigens, wem 24 Stunden noch nicht genug ist: 1996 startet das erste 42-Stunden-Rennen in Sinsheim ...

Infos und Anmeldungen:
Kart-o-Mania
Talstraße 20
64625 Bensheim
Tel. 06251-78553
Fax 06251-983236

Sicherheit geht vor – auch im Kartsport

Er war 1990 der härteste Konkurrent Michael Schumachers in der Formel 3. Seit 1994 betreibt er eine Indoor-Karthalle: Otto Rensing kennt alle Probleme, die beim Indoor-Karting auftreten können – und läßt sich entsprechende Lösungen einfallen. Der Tüftler hat sich zum Daniel Düsentrieb der Kart-Szene entwickelt – vor allem, wenn es um die Sicherheit geht.

Otto Rensing (17.2.1962) ist gelernter Bankkaufmann. 1982 und 1984 war er deutscher Kartmeister und 1990 Vizemeister in der Formel 3. 1994 gründete er die RS Speedworld Indoor-Karting GmbH

Das RS Mini-Guard-System macht das Karting sicherer. Zusammen mit den Schutzbügeln

Der Kaarster Hallenbetreiber Otto Rensing – vor einigen Jahren noch Michael Schumachers schärfster Konkurrent auf dem Weg zur Deutschen Formel-3-Meisterschaft, hat eine ganz besondere Nische entdeckt: Er stattet zwei Drittel der deutschen Indoor-Karthallen mit cleveren Problemlösungen aus.

Ottos erste Idee kam bei der Konzeptionierung der eigenen Halle: „Als Renn-Profi weiß ich, wie problematisch Reifen als Streckenbegrenzung sind. Altgummi hinter einem Kiesbett ist o.k. Aber Reifen als Begrenzung millimeterdicht hinter der Ideallinie sind saugefährlich. Hier sind Überschläge vorprogrammiert."

Die Lösung des Problems sah Rensing beim Durchfahren einer Autobahnbaustelle: Verzinkte Stahlbleche, modular aufgebaut, können aufgrund ihrer Form wie Curbs benutzt werden.

Innerhalb kürzester Zeit entwickelte Rensing sein „RS Mini-Guard-Rennstreckenbegrenzungssystem" speziell für Hallen. Nun bietet er es allen Indoor-Betreibern an: „Viele werden durch den Preis abgeschreckt. Immerhin kostet so eine Anlage rund 250.000 Mark. Andererseits kann ich mit dem RS Mini-Guard-System

Rund 250.000 Mark kostet das RS Mini-Guard-System

den Platz der Halle um 40 Prozent besser ausnutzen als mit Reifen. Und ich verliere keine Fahrzeit, um die permanent verschobenen Reifenstapel wieder ordentlich aufzustellen."

Daß Rensing mit dem System richtig liegt, zeigte die „Indykart"-Veranstaltung in Stuttgart, wo der Veranstalter DEKRA auf Rensings Planke zurückgriff.

Doch sind es nicht nur die großen Lösungen, die Rensing interessieren. „Mich haben beim Betanken immer die ausströmenden Benzindämpfe gestört. Die konnten weder für die Umwelt im allgemeinen noch für meine Mitarbeiter im speziellen gut sein."

Eine spezielle Anordnung von Einlaß- und Auslaßkanälen, versehen mit automatischen Verschluß-Dichtungen, verhindert nun jegliches Verschütten von Kraftstoff sowie das Entweichen von gesundheitsschädlichen Dämpfen.

Die größte Gefahr beim Kartfahren geht von den Reifen aus. Wenn sich zwei rasende Karts an den Slicks berühren und verhaken, ist ein Unfall kaum noch abzuwenden. Rensing

Mit dem Schutzbügelsystem sind Überschläge nicht mehr möglich

ließ sich daraufhin ein Schutzbügelsystem einfallen: „Zusammen mit den RS Mini-Guard-Planken wird die Gefahr eines Überschlages auf Null reduziert."

Doch wird nicht nur die Sicherheit einer Halle von den Behörden kontrolliert. Peinlich genau achten sie auch auf die Einhaltung von Umweltschutzgesetzgebungen – und rennen damit bei Rensing offene Türen ein: „Auch ohne strenge Gesetzgebung sollte man den Gästen ein angenehmes Hallenklima bieten."

Innerhalb von neun Monaten entwickelte und testete Rensing seinen eigenen Katalysator – Erfolg auch hier.

Rensing weiß, daß eine Hallen-Belüftungsanlage mit integrierter Heizung im Jahr rund 100.000 Mark kostet. Eine solche Anlage schaltet sich automatisch ein, wenn einer der CO-Fühler in der Halle erhöhte Werte meldet. „Je weniger CO die Karts produzieren, desto seltener springt die Lüftungsanlage an, desto geringer sind also deren Kosten. So rechnen sich die Katalysatoren schon nach wenigen Wochen."

...rschläge nahezu ausgeschlossen

Otto Rensings bisher letzte Verbesserung: Die RS-Crash-Nose, eine Art Knautschzone für Karts, ist die Lösung für das Verschleißteil Nummer 1 beim Kart – den Frontbügel.

Kleider machen Rennfahrer

Hier ist das komplette Outfit eines Kartfahrers. Wer öfter fährt, darf daran nicht sparen. Mit Overall, Helm etc. sind die gröbsten Verletzungsgefahren – im Falle eines Falles – gebannt.

Michael, was sagen Sie zu der Sicherheit im Kartsport?

„Durch die heutige Technik – die Sicherheitsseitenkästen z.B. – ist der Kartsport extrem sicher geworden. Man kann seinem Konkurrenten nicht mehr so leicht übers Rad fahren, was nur zu oft einen Überschlag zur Folge hatte. Vielleicht könnte man den Kartsport sogar noch ein bißchen sicherer machen, wenn die Karts eine dem Überrollbügel ähnliche Einrichtung hätten. Man könnte vielleicht den Sitz so bauen, daß er über den Helm herausragt. Da gibt es momentan Bestrebungen, und ich werde mich auch dafür stark machen. Erst kürzlich habe ich den Unfall von Mika Salo in Bercy angesehen – wie er unter das Kart gerät und geradezu zusammengequetscht wird ... Wenn Mika einen Sitz gehabt hätte, der herausragt, dann hätte das Kart eben nicht so auf ihn knallen können. Genau einen solchen Überschlag hatte ich mal vor rund zehn Jahren. Mika hat sich die Schulter ausgekugelt, ich hatte mir damals eine Rippe angebrochen. Ich muß allerdings sagen, daß das im Kartsport während der ganzen Jahre der einzige schwere Unfall war. Anschnallen ist im Kartsport kein Vorteil. Meistens ist es besser, wenn man aus dem Kart herausfällt, sich also vom Kart befreien kann. Hinzu kommt noch, daß ein Gurt völlig unpraktikabel wäre, weil der Fahrer oftmals darauf angewiesen ist, sein Kart selber anschieben zu müssen."

Bei den Superkarts schon realisiert: Sitz mit erhöhtem Kopfteil, das die Funktion eines Überrollbügels hat

Der Overall

Alle im Kartwettbewerb verwendeten Overalls müssen **CIK homologiert** sein und dementsprechend eine CIK-Nummer speziell für den Kartsport aufweisen. Der **Sticker mit der Nummer** und dem FIA-Logo befindet sich außen **am Kragen**. Die ersten beiden Zahlen der Nummer geben das letzte Jahr der Homologation an – ähnlich wie ein Verfallsdatum.

Der Overall sollte aus **reißfestem synthetischem Gewebe** (z.B. Cordura) hergestellt sein. Wichtig ist, daß die Bündchen an Ärmel und Hosenbeinen gut abschließen und die Halskrause nicht zu eng anliegt. **Klettverschlüsse** sind zu empfehlen. Zudem haben sich **Verstärkungen im Knie-, Schulter- und Ellenbogenbereich** als nützlich erwiesen. Overalls mit mehreren Lagen unterschiedlichen Materials bieten neben dem Schutz auch eine gute Schweißaufnahme. Achten Sie bei der Anprobe auf ausreichende **Bewegungsfreiheit**. Sie sollten beide Arme vor der Brust überkreuzen können, ohne daß es im Schulterbereich spannt. Probieren Sie auch, ob Sie sich mit dem Overall bücken können und in den Schneidersitz kommen. Die Hosenbeine sollten mit angewinkelten Beinen nicht hochrutschen. Kosten: 350 bis 400 Mark

Der Rippenschutz

Der Rippenschutz ist gerade bei **Kindern** zu empfehlen. Er verhindert Rippenprellungen und Blutergüsse bei schnellem Kurvenwechsel. Kosten: ca. 70 Mark

Die Schuhe

Die Schuhe sollten **knöchelhoch** sein und aus **leichtem, aber stabilem Material** bestehen. Wenn die **Sohle flexibel und relativ dünn** ist, steht einem Kauf nichts mehr im Wege. Kosten: 190 bis 250 Mark

Die Handschuhe

Handschuhe sollten **rundum geschlossen** und auf der **Handflächenseite mit Leder** überzogen sein. Damit liegt das Lenkrad griffig in der Hand. Außerdem sollte die Weite der Handschuhe verstellbar sein. Kosten: ca. 70 Mark

Der Helm

Beim Kauf eines Helmes sind Kompromisse fehl am Platz. Generell sollten nur Vollhelme mit Visier verwendet werden. Zudem schreibt die ONS genau vor, welche Prüfnormen der Kopfschutz erfüllen muß. Ab 1997 sind nur noch Helme zugelassen, die folgende Normen erfüllen: **Snell SA 90**, **Snell SA 95** (neueste Prüfnorm), **BSI BS 6658-85 Type A** und **A/FR** sowie **SFI 31.1** und **31.2**. Die Prüfnormen sind auf einem Sticker am oder im Helm zu finden. Beim Kauf auf den **richtigen Sitz** des Helmes achten. (Er sollte gut anliegen, kaum „Spiel“ haben, andererseits aber auch nicht drücken.) Wie ist das Handling des **Kinnbandverschlusses** (gibt es einen Klick-Verschluß, oder muß noch „geknotet“ werden?) Gibt es ausreichende **Be- und Entlüftungsöffnungen** (damit das Visier beim Ausatmen nicht so schnell beschlägt). Läßt sich das Visier auch mit Handschuhen gut öffnen und schließen? Kosten: 650 bis 1.800 Mark

Michael, sollte man Alkohol an Kartstrecken verbieten?

»Ich bin nicht für ein völliges Alkoholverbot an den Kartstrecken. Einen vernünftigen Alkoholkonsum halte ich für akzeptabel – allerdings nur bis zu einem bestimmten Level. Der Betreiber muß darauf achten, daß alles seine Ordnung hat. Bei uns auf der Kartbahn war das früher doch genauso. Wenn Leute zu viel intus hatten, dann sind die ganz einfach nicht mehr gefahren, dann wurden sie nach Hause geschickt. Darüber kann man doch verhandeln. Aber ein Alkoholverbot auszusprechen, halte ich für überzogen. Irgendwo muß der Kartsport auch ein bißchen Spaß bringen. Das darf natürlich nicht heißen, daß jeder Fahrer sich die Birne vollaufen lassen sollte. Aber die Mechaniker und überhaupt die Begleiter sollten doch die Möglichkeit haben, abends einen trinken zu gehen. Ich kenne das von früher, daß die Teams oft bis drei, vier Uhr nachts in der Gaststätte saßen und ihren Spaß hatten. Tagsüber fuhr man gegeneinander und nachts feierte man miteinander. Auf diese Weise entsteht ganz automatisch ein Zusammengehörigkeitsgefühl, und genau das muß im Kartsport auch bleiben. Für den, der Rennen fährt, darf Alkohol allerdings kein Thema sein.«

Indoor-Kartbahn „Fahr-Werk“

Aufbruch in die dritte Dimension

Was der Jungunternehmer René Sauerwein aus einem ehemaligen Betonwerk gezaubert hat, ist schon gewaltig. Die Kartfahrer, die es erlebt haben, sind sich einig: das „Fahr-Werk“ ist die derzeit modernste und eindruckvollste Kartbahn in Deutschland.

Na klar, es war nur eine Frage der Zeit, bis die ultimative Kartbahn in Deutschland ihre Pforten öffnet. Die Zeiten sind vorbei, in denen der Racer nur zweidimensional über die Piste heizen konnte.

In Groß-Zimmern hat René Sauerwein die dritte Dimension für den Kartsport entdeckt. Seit dem 9. März 96 kann es auch drunter und drüber zugehen: Die Rennbahn hat zwei Ebenen mit Bergabpassagen und Neigungsstrecken. Nach dem Start à la Eau Rouge von Spa-Francorchamps verschwinden die Karts unterhalb einer Zu-

Auf stolzen zwölf Quadratmetern werden auf der Anzeigentafel die Zeiten der Fahrer präsentiert

Parkhaus-Feeling: Über mehrere Linkskurven schraubt sich der Racer in die zweite Etage der Kart-Halle

schauergalerie, auf der mehrere hundert Zuschauer Platz finden, in einem 50 Meter langen Tunnel. Mit seiner Atmosphäre erinnert er stark an Monaco. Am Ende des Tunnels erwartet den Piloten, so er mit Fabelzeiten glänzen kann, nach mehreren Linkssteigungen der tosende Beifall der Zuschauer. Insgesamt ist die Bahn 350 Meter lang. 28 Karts stehen den Piloten zur Verfügung.

Ehemals stand auf dem 30.000 qm großen Areal ein Betonwerk. Wegen seiner hohen Dekken war es kaum zu heizen. Sauerwein zog kurzerhand eine neue Betondecke ein, halbierte so die Raumhöhe und – voilà – hatte nun in luftiger Höhe viel Platz für sein Fahr-Werk.

„Sparkurs" muß bei einem solchen Projekt natürlich ein Fremdwort bleiben: 3 Millionen

Eine Kartbahn mit allem, was das Herz begehrt – für 3 Millionen

hat die Bahn gekostet – dafür ist sie aber auch auf den neuesten Stand der Technik gebracht. Die gesamte Strecke ist mit elastischem richtungsweisenden Material abgegrenzt. Wer sein Fahrzeug noch nicht besonders beherrscht und mit der Bande Kontakt aufnimmt, trägt so wenigstens keine Beule davon – das Kart auch nicht. Zusätzlich sind die kleinen Flitzer seitlich mit stoßabsorbierenden Seitenkästen ausgestattet – Sicherheit ist oberstes Gebot in Groß-Zimmern. Und für die Zuschauer installierte Sauerwein eine 12 qm große Anzeigentafel, auf der Rennverlauf und Rundenzeiten präsentiert werden.

Das Fahr-Werk und die Kosten: für 10 Minuten sind 20 Mark zu löhnen

Gert Brandes

Ein Club, ein Kart, ein Knirps

Gert Brandes, geboren am 28.1.1940, verheiratet, drei Kinder, ist Marketing-Direktor beim Bananenimporteur Chiquita für Deutschland, Schweiz und Österreich. Seit 1986 ist er ehrenamtlicher Präsident der „Rennsportfreunde Graf Berghe von Trips e.V.“, einem Verein, der vielleicht besser bekannt ist als Kart-Club Kerpen-Manheim.

Der Präsident des Kart-Clubs Kerpen-Manheim blickt zurück. Er erinnert sich an sein erstes Kart, wie er zu den „Rennsportfreunden Graf Berghe von Trips“ kam und wie der Verein zu dem werden konnte, was er heute ist. Und schließlich erzählt er von jenem zehnjährigen Jungen, der ihn damals für den Kartsport begeistern konnte und es heute immer noch kann: Michael Schumacher.

Die Haus- und Hofstrecke des Formel-1-Weltmeisters Michael Schumacher: die Kartbahn

Seit 1980 bin ich Mitglied bei den „Rennsportfreunden", seit genau zehn Jahren bin ich ihr Präsident und daß ich bis heute nicht vom Kart und dem größten Kart-Club Deutschlands lassen kann, dafür ist ein zehnjähriger Junge verantwortlich.

In irgendeinem Urlaub habe ich erstmals in einem Leihkart gesessen, was mich auf Anhieb faszinierte. Wieder zu Hause, las ich in der Zeitung, daß in Kerpen-Manheim ein Kart-Club seine neue Bahn in Betrieb genommen habe. Ich fuhr hin und fuhr ab – von da an war ich ständiger Besucher des Leihkartbetriebes.

Aber wie das mit Leihkarts so ist: Irgendwann kann man die Strecken voll fahren, und

Er war schnell, er war jung, und er hatte schwarze Radkappen

die Einstiegsdroge verliert ihre Wirkung. Während meiner vielen Besuche auf der Bahn war mir immer wieder ein bestimmter Kartfahrer auf einem Rennkart aufgefallen. Aus dreierlei Gründen. Erstens war er der schnellste von allen. Zweitens hatte sein Kart schwarze Radkappen. Und drittens war der Fahrer jünger, als sein Fahrstil erlaubte. Bald sollte ich den Knirps kennenlernen. Mein erstes, eigenes Kart brachte den Stein ins Rollen.

Ich wollte endlich einmal wissen, wie das ist, im Renntempo um den Kurs zu flitzen. Ich legte mir also ein gebrauchtes Rennkart zu. Und wie sich das für einen Anfänger gehörte, kaufte ich mir die allerletzte Kiste. Keine drei Runden hielt das Kart. Es ging so schnell kaputt, daß ich nicht einmal das Gefühl kennenlernen konnte, in einem Rennkart über den Asphalt zu jagen. Ich saß wie ein Häufchen Elend vor diesem Schrotthaufen. Und dann kam der zehnjährige Junge.

Er hieß Michael Schumacher, er kannte mich flüchtig über seine Eltern, und er wollte mich trösten: „Herr Brandes, ich kenne da jemanden, der kann da was machen."

Der Jemand hieß Gerhard Noack und war Michaels „Teamchef". Er nahm die ruinierte

rpen-Manheim. Ende der siebziger Jahre kreuzen sich hier die Wege von Michael und Gert Brandes

André Lotterer

Es kann nicht jedes Jahr ein Michael Schumacher aus dem Kartsport kommen. Trotzdem hat Gert Brandes einen ganz heißen Nachwuchs-Tip: Der 14jährige Junge heißt André Lotterer, ist Kadetten-Weltmeister und hat das Zeug für den Weg nach oben – wenn ihm nicht unterwegs die Finanzen ausgehen.

Kiste in Zahlung und verkaufte mir ein gebrauchtes Kart – es war Michaels, das mit den schwarzen Radkappen. Von da an gehörte ich zur Truppe. Noack suchte noch einen Fahrer,

Ich fuhr für Gerhard Noack und Michael verriet mir seine Tricks

der in der 140-Kilogramm-Klasse für ihn fahren wollte, und Michael verriet mir, so gut es ging, seine Tricks.

Michaels Vater hat mich eines Tages gefragt, ob ich nicht Mitglied im Club werden wolle. So kam ich in einen Verein, dessen Finanzlage recht bescheiden war. Er hatte gerade mal 35 Mitglieder, einen Mini-Jahresetat von 15.000 Mark, dafür aber einen enormen Schuldenberg von 130.000 Mark.

Ich habe mich sofort um die Finanzen gekümmert, gerechnet und kalkuliert. Dann war die Sache für mich klar. Irgendwann sagte ich: „Macht euch keine Sorgen, der Verein wird mal reich werden." Keiner wollte mir glauben.

Wir mußten weg vom Image des Kaninchenzüchtervereins. Als erstes führten wir eine klare räumliche Trennung von Leihkart- und Rennkartbetrieb ein. Diese beiden Gruppen stehen sich normalerweise ständig im Wege. Es sprach sich rum, daß bei uns die Rennwochenenden reibungslos abliefen und daß wir die Ausschreibungen sehr früh verschickten, so daß sich jeder auf die Rennen einstellen konnte.

Unsere Meisterschaften waren nicht nur attraktiv, sondern auch verlockend: Man konnte dort – damals war das eine Sensation in der Kartszene – bis zu 10.000 Mark Preisgeld einfahren. Wir waren wirklich die ersten, die Preisgeld auslobten. Und wir waren die ersten, die es schafften, große Sponsorennamen an die Strekke zu bekommen. Die Firma „Kraftwalzen" war so ein Name. Ein noch größerer Fisch war Ford. Rennleiter Lothar Pinske machte aktiv an unserer Nachwuchssichtung und Förderung mit – der Kartsport wurde in Deutschland langsam salonfähig.

Und die Zahlen unseres Clubs belegen das. Anfang 1996 hatten wir rund 400 Mitglieder.

Von ehemals 35 Mitgliedern auf nun 400 – Tendenz steigend

Unser Jahresbudget ist mittlerweile auf rund 750.000 Mark gestiegen. 1995 mußten wir für kurze Zeit sogar einen Aufnahmestopp aussprechen, der mittlerweile aber wieder aufgehoben werden konnte. Wir haben Interessenten von München bis Hamburg.

Natürlich bin ich mir darüber im klaren, daß – wenn auch nicht alle – viele von der selben Person zum Club gezogen werden, die auch mich damals für den Kartsport gewonnen hat. Nur ist es jetzt kein zehnjähriger Junge mehr, sondern ein gestandener Formel-1-Doppelweltmeister und Ferrari-Pilot.

Der jährliche Mitgliedsbeitrag im Kart-Club Kerpen-Manheim beträgt inklusive der Bahnbenutzung 550 Mark bei einer einmaligen Aufnahmegebühr von 900 Mark

Für einen Plausch immer zu haben: Gert Brandes mit Michael und Ralf Schumacher

Flaggensprache

Die Flaggen haben im Kartsport die gleiche Bedeutung wie bei allen Motorsport-Veranstaltungen, einschließlich der Formel 1. Wer die Signale gut kennt, macht sich, den Konkurrenten auf der Piste und den Streckenposten das Leben sehr viel leichter.

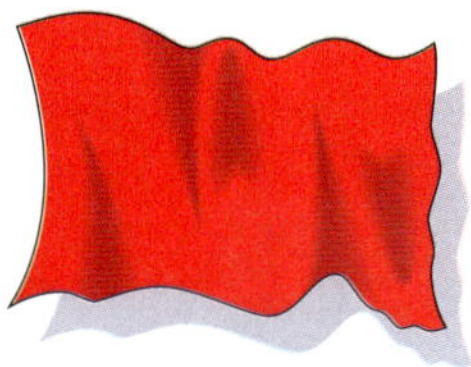

Das Rennen ist unterbrochen – zurück zur Box

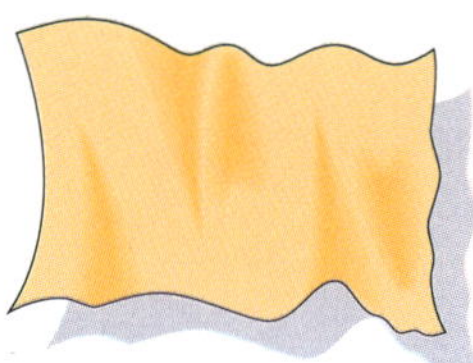

Gefährliche Situation. Nicht überholen

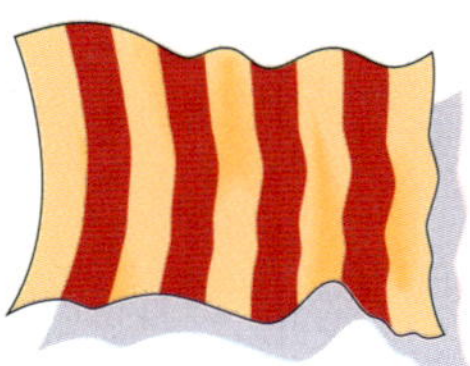

Rutschige Strecke, wegen Öls z.B.

Gefahr vorbei – freie Fahrt

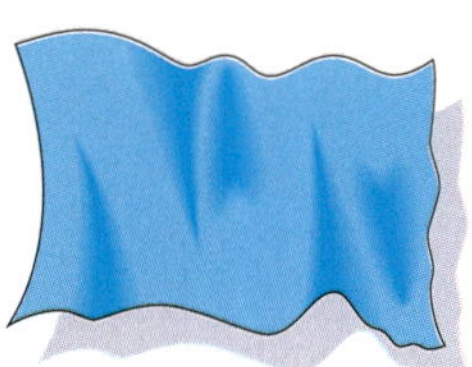

Achtung, Wagen wollen überholen. Platz machen

Letzte Warnung – überholen lassen, sonst droht die Disqualifikation

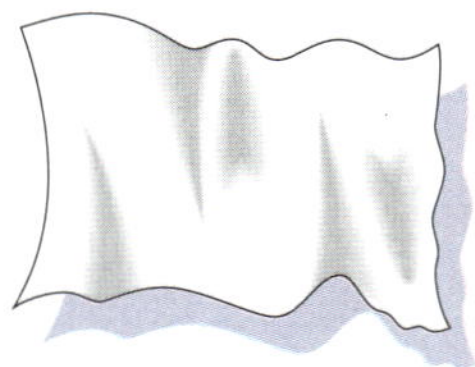

Vorsicht, langsames Auto unterwegs

Gefährliches Problem am eigenen Wagen – Box anfahren

In Verbindung mit der Startnummer: Disqualifikation – zurück zur Box

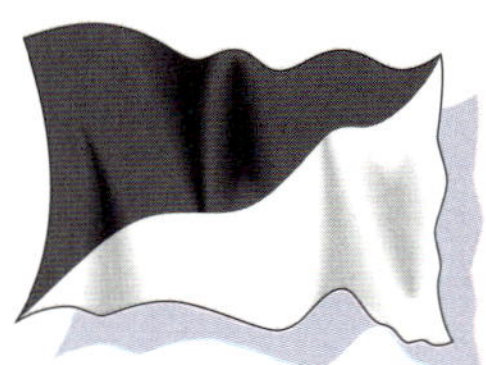

In Verbindung mit der Startnummer: Letzte Warnung wegen unfairen Verhaltens

Die karierte Flagge wird beim Zieleinlauf des Siegers geschwenkt. Stillgehalten zeigt sie den anderen Fahrern das Ende des Rennens an.

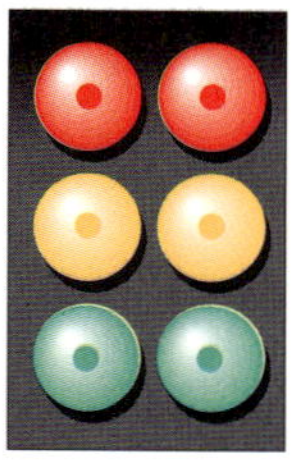

Sobald das rote Licht aufleuchtet, sind es nur noch vier bis sieben Sekunden – dann schaltet die Ampel auf Grün, das Rennen kann beginnen.
Wenn das gelbe Licht blinkt, kommt es zu Verzögerungen.

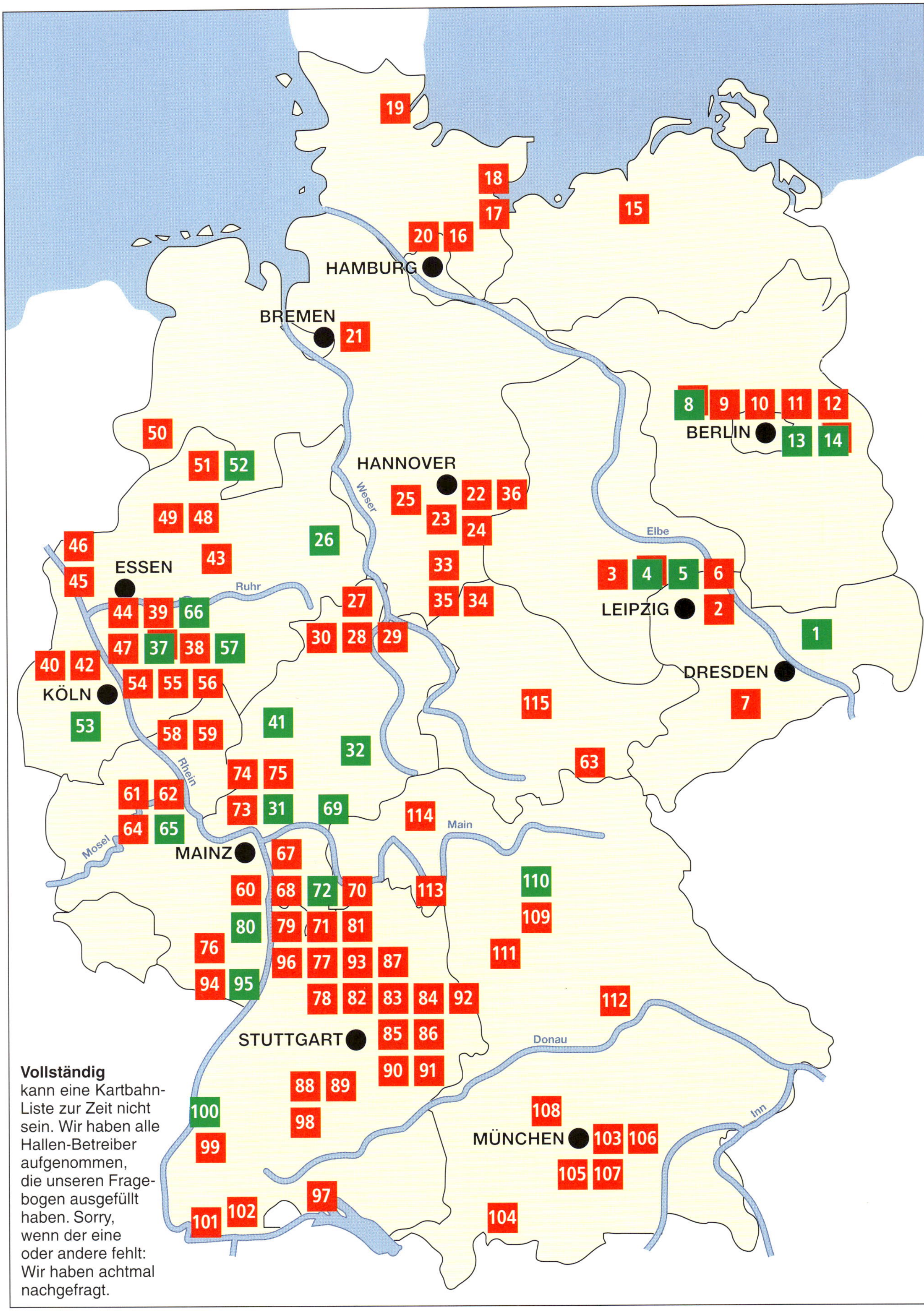

Vollständig kann eine Kartbahn-Liste zur Zeit nicht sein. Wir haben alle Hallen-Betreiber aufgenommen, die unseren Fragebogen ausgefüllt haben. Sorry, wenn der eine oder andere fehlt: Wir haben achtmal nachgefragt.

Deutschland im Kartfieber

115 Kartbahnen auf einen Blick: Jeden Monat kommen neue hinzu. Die Landkarte zeigt Ihnen im Groben, wo Freizeitspaß auf der Rennpiste geboten wird. Die grünen Ziffern markieren Outdoor-Bahnen, die roten Ziffern stehen für Indoor-Hallen. Beschreibungen der Bahnen finden Sie auf den nächsten Seiten.

1 Lausitzring, Lohsa
2 Indoor Kart-Racing, Mölkau
3 Halle Saale-Schleife, Halle/Saale
4 Kart-Racing, Halle-Schochwitz
5 Klein-Kart, Belleben
6 TS-Kart Racing, Pouch
7 Go-Kart Center, Chemnitz
8 Kart-Bahn, Jüterborg
9 Kart Mücke GmbH, Berlin
10 Kart Stadion, Berlin-Spandau
11 Kart-Arena am Salzhof, Berlin-Haselhorst
12 Stuck´s Indoor, Vogelsdorf
13 Spreewaldring Kart-Center, Waldow
14 Kart-Welt, Berlin-Ahrensfelde
15 Fun Kart, Rostock
16 Stuck´s Indoor-Kart, Hamburg
17 Hallen-Kart-Bahn „Montecarlo", Lübeck
18 Kart-o-Mania, Lübeck
19 Speedy Go-Kart Racing, Harrislee
20 Kart-Syndrom, Quickborn
21 Kart-o-Mania, Bremen
22 Pole Position, Hannover
23 Kart-o-Mania, Laatzen
24 Indoor Gokart Racing, Hildesheim
25 Kartbahn, Minden
26 Kart-Bahn, Harsewinkel
27 Indy-Cart, Kassel-Bettenhausen
28 Kart Park, Lohfelden
29 Grand-Prix Indoor Karting, Kaufungen
30 GoKart-Center, Jesberg
31 Kartbahn Oppenrod, Buseck
32 Rhön Motodrom, Künzell
33 Indoor Fun-Kart, Göttingen
34 GO-Kart-Center, Leinefelde
35 Eichsfelder-Kart Arena, Gieboldehausen
36 Gokarting, Braunschweig
37 Hot-Wheel´s Indoor-Karting, Düsseldorf-Heerdt
38 Magic Kart Innovation, Hilden
39 Motor Aktiv, Ratingen
40 Grenzland Karting, Nettetal
41 Schwalmtal-Raderberg, Schwalmtal
42 RS Speedworld, Kaarst
43 Highway Kart Racing, Dortmund-Barop
44 Kart-o-Mania, Mülheim/Ruhr
45 Go! Kart Raceway, Duisburg
46 Mirac, Duisburg-Neumühl
47 HI TEC, Willich-Münchheide
48 Beules Raceland, Münster
49 Kartbahn Dülmen, Dülmen
50 DSBG Indoor-Karting, Nordhorn
51 SN-Speed Karting, Osnabrück
52 Kartbahn Alfseering, Rieste
53 Kart Europa Motodrom, Erftlandring, Kerpen
54 Le Mans Karting, Köln-Ossendorf
55 Karting Cologne, Köln-Rodenkirchen
56 Kart-o-Mania, Köln-Godorf
57 Gokart Wildberghütte, Hahn
58 Kart-o-Mania, Hennef
59 Kart-In, Troisdorf
60 Airfield Karting, Mainz-Finthen/Layenhof
61 Conquest Hallen Gokart, Koblenz
62 Indy-Kart, Andernach
63 WesterWälderCartCenter, Hof
64 Kart-o-Mania, Polch
65 Westerwaldring, Eichelhardt
66 Motodrom, Hagen
67 Stuck's Indoor-Kart, Frankfurt am Main
68 Motodrom-Indoor-Kart, Offenbach
69 Vogelsbergring Wittgenborn, Wächtersbach
70 Kart-o-Mania, Lorsch
71 Fahr-Werk, Groß-Zimmern
72 Odenwaldring MCS-Wartturm, Schaafheim
73 Kart-World, Wiesbaden-Schierstein
74 Kart-A-Go-Racing, Limburg-Staffel
75 Kart-o-Mania, Hadamar
76 Stuck's Indoor Kart, Sembach
77 Kart-o-Mania, Edingen-Neckarhausen
78 Stuck's Indoor Kart, Hockenheim
79 Indoor-Superkart, Hemsbach
80 Waldparkring, Walldorf
81 Kart-o-Mania, Mörlenbach
82 Kart-o-Mania, Stuttgart-Wangen
83 Kart World, Stuttgart-Feuerbach
84 Kart's Unlimited, Filderstadt-Sielmingen
85 Raabspeed Karting, Magstadt
86 Fun-Kart GmbH, Waiblingen
87 Kart's Unlimited, Backnang
88 Kart Motodrom, Sulz/Nord
89 Daytona Speed, Albstadt
90 Kart & Fun, Neckartenzlingen
91 Maxodrom, Reutlingen
92 Schwaben Indoor Kart, Ebersbach
93 Go-Kart-Bahn, Bietigheim-Bissingen
94 Kart-World, Karlsdorf
95 Kart Motodrom, Liedolsheim
96 Kart Racing, Offenburg-Elgersweier
97 Kart & Fun, Singen
98 Indy-Kart, Rottweil
99 Indoor Karting, Umkirch
100 Kartbahn, Teningen
101 Kart-Racing, Rheinfelden
102 Kart-o-Mania, Waldshut-Tiengen
103 Haupt's First Munich, München
104 Stuck's Indoor, Geretsried
105 Hot Wheels, Rosenheim-Kolbermoor
106 Kart & more, Traunreut
107 Indoor Go-Cart-Sport, Mühldorf
108 Kart-o-Drom, Friedberg-Derching
109 Kart-o-Mania, Erlangen
110 Motodrom, Forchheim
111 Kart-o-Mania, Ansbach-Weihenzell
112 Preinl Kart Sport GmbH, Regensburg
113 Roth Indoor Karting, Würzburg
114 E. u. B. Motorsport, Schildeck
115 Kartodrom, Töttelstädt

Kartbahnen

	Firma	Adresse	Wegbeschreibung	Kartanzahl	Bahnmaße	Rundenzeit
1	Lausitzring Lohsa Outdoor-Kartbahn seit 1968	An der Kartbahn 02999 Lohsa Tel. 03571-3141 Fax 03571-3141	Autobahn A4, Ausfahrt Bautzen, dann in Richt. Hoyerswerda-Lohsa	10 Karts (Honda)	Länge: 860 m Breite: 7-9 m	Bahnrekord: 38,05 Sek.
2	Indoor Kart-Racing Mölkau Indoor-Kartbahn seit Dezember 1995	Zweinaundorferstr. 26 04457 Mölkau Tel. 0341-6568451 Fax 0341-314491	Autobahn A9, Ausfahrt Taucha oder Engelsdorf dann in Richt. Leipzig-Mölkau	14 Karts (Mach 1, Euro-kart)	Länge: 310 m Breite: 7 m	28 Sek. Bahnrekord: 25,61 Sek.
3	Halle Saale-Schleife Halle/Saale Indoor-Kartbahn seit Januar 1995	Gewerbegebiet Lettin Schiepziger Str. 59 06120 Halle/Saale Tel. 0345-5510198 Fax 0345-5509898	Autobahn A9, Ausfahrt Halle-Peißen, dann auf die B100 in Richtung Zentrum Neustadt, dann in Richtung Halle-Lettin	30 Karts (Swiss Hutless)	Länge: 800 m Breite: 6 m	38 Sek. Bahnrekord: 31 Sek.
4	Kart-Racing Schochwitz/Halle Outdoor- und Indoor-Kartbahn seit Mai 1996	Am Bahnhof 06179 Schochwitz-Halle Fax 07621-84245	Autobahn A9, Ausfahrt Halle, dann in Richtung Eisleben	ca. 30-40 Karts (Swiss Hutless)	Länge: 600 m 1.000 m Breite: 6-8 m	
5	KLEIN-Kart Belleben Outdoor-Kartbahn seit Oktober 1995	Insel 84 b 06425 Belleben Tel. 034692-20838 034692- 20127 Fax 034692-21530	Autobahn A9, Ausfahrt Dessau, dann über Köthen, Könnern, Alsleben nach Belleben, Bahn direkt an Hauptverkehrsstraße	10 Karts (Mach 1)	Länge: 340 m Breite: 10 m	30 Sek. Bahnrekord: 26,28 Sek.
6	TS-Kart Racing Pouch Indoor-Kartbahn seit Januar 1996	Bitterfelder Str. 24 06774 Pouch Tel. 03493-55195 Fax 03493-55195	Autobahn A9, Ausfahrt Bitterfeld-Halle, dann auf die B100 in Richt. Wittenberg, vor der Ortschaft Pouch links	12 Karts (Hetschel)	Länge: 400 m Breite: 5 m	33 Sek. Bahnrekord: 30,35 Sek.
7	Go-Kart Center Chemnitz Indoor-Kartbahn seit Februar 1995	Schneeberger Str. 3 09125 Chemnitz Tel. 0371-510113 Fax 0371- 510117	Autobahn A72, Ausfahrt Chemnitz-Süd, dann Beschilderung folgen	20 Karts (Honda)	Länge: 1000 m Breite: 7-8 m	
8	Kart-Bahn Jüterbog Outdoor- und Indoor-Kartbahn seit 1994	Steinstraße 26 12307 Berlin Tel. 03372-404924 Fax 03372-404922	Autobahn A9, Ausfahrt Brück-Treuenbrietzen, dann bis zum Ort „Altes Lager"	50 Karts (Swiss Hutless) 4 Kinderkarts	2 Bahnen Länge: 1.000 m 400 m Breite: 4-6 m	46 Sek. (Outdoor) 29 Sek. (Indoor) Bahnrekord: 40,13 Sek. (Outdoor)
9	Kart Mücke GmbH Berlin Indoor-Kartbahn seit März 1995	Marzahner Straße 18-20 13053 Berlin Tel. 030-9827452 Fax 030-9827190	Stadtautobahn, Ausfahrt Nähe Landsberger Allee/ Rhinstr., dann in Richt. Stadtgebiet Berlin, Bezirk Höhenschönhausen	31 Karts (Swiss Hutless)	Länge: 430 m o. 230/190 m Bahn variabel Breite: 5 m	35 Sek. 24 Sek. Bahnrekord: 32,6/19,8 Sek.
10	Kart Stadion Berlin-Spandau Indoor-Kartbahn seit Mai 1995	Parkstraße 13 13585 Berlin-Spandau Tel. 030-3353550 Fax 030-3315779	Stadtautobahn, Ausfahrt Jakob-Kaiserplatz, dann in Richt. Spandau, am Falkenplatz 1. Ausfahrt rechts in Neuendorferstr., 500 m, dann in Parkstraße	20 Karts (Gold)	Länge: 400 m Bahn variabel Breite: 5-7 m	27-32 Sek. Bahnrekord: 24,55 Sek.

Diese Liste enthält 127 Kartbahnen mit Publikumsverkehr in Deutschland, Österreich (S.166) und der Schweiz (S.168). Stand März 1996. Bitte bedenken Sie: Jede Woche kommen zur Zeit neue hinzu, deshalb kann die Liste keinen Anspruch auf Vollständigkeit erheben. Alle Angaben erfolgen aufgrund von Informationen der Bahnbetreiber. Einen Überblick über die Lage der Kartbahnen vermittelt die Deutschlandkarte auf Seite 142-143.
Rote Nummern: Indoor-Bahnen, grüne Nummern: Outdoor-Kurse

Öffnungszeit	Preis	Mindestalter	Sonderveranstaltungen	
Di/Do 16-18 h, Sa 9-18 h, So 10-18 h	10 Min. 10 DM (Sonderveranstaltungen 5 DM)	8 Jahre	Deutsche Kartmeisterschaft, Ostdeutsche Kartmeisterschaft	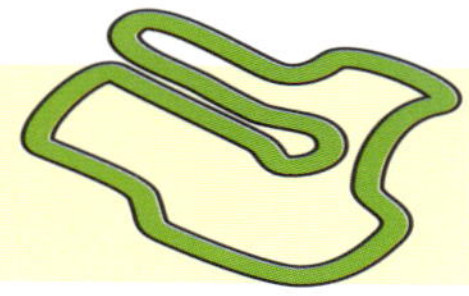
Mo-Fr 14-24 h, Sa/So 10-24 h	11 Min. 15 DM	6 Jahre	Jahresmeisterschaft nach Punktsystem, 6-Stunden-Rennen, weitere Rennen auf Anfrage möglich	
Mo-Sa 14.30-23.30 h, So 10-23 h	10 Min. 15 DM	8 Jahre	Firmenrennen, Club Racing, 6-Stunden-Team-Rennen, 100-Runden-Rennen, Super Racing Cups	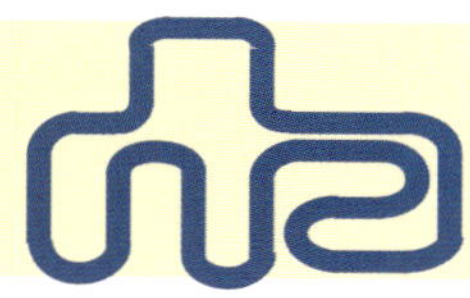
tägl. 12-24 h				
Mo-Fr 15-24 h, Sa/So 10-24 h, (auf Anfrage auch vormittags)	8 Min. 15 DM, Kinder 10 DM	8 Jahre	ADAC und ADMV Rennveranstaltungen, Stundenrennen, Nachtläufe, Wintertraining, Pokalrennen, Sicherheitstraining, Verkehrsschulung für Schüler	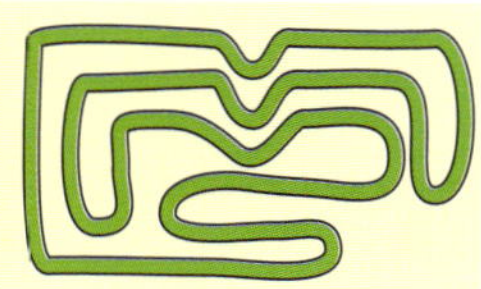
Mo-Fr 15-23 h, Sa 14-23 h, So und an Feiertagen 10-23 h	10 Min. 15 DM	8 Jahre	im Sommer Kunden-Rennveranstaltungen	
Mo-Fr 13-20 h, Sa/So 10-20 h	10 Min. 15 DM	nach Größe des Kindes	jede Woche Top Ten, 24 Stunden-Rennen, FA-Meisterschaften	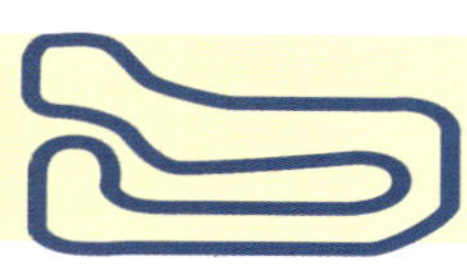
täglich 9-20 h	10 Min. 15 DM	nach Größe des Kindes	DKM 100, DKM 125 Formel C, DKM-Junior, DMV-Junior-Cup, (auf der Indoor-Bahn finden keine Veranstaltungen statt)	
Mo-Fr 14-23 h, Sa/So 10-23 h	10 Min. 20 DM	8 Jahre	regelmäßig Einzel- und Teamrennen	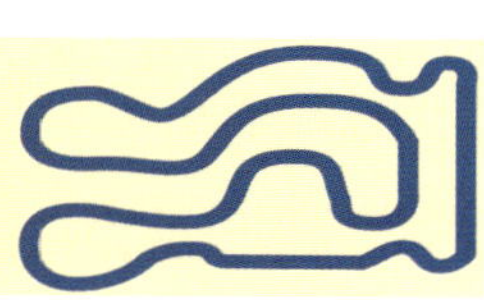
Mo-Fr 13-23 h, Sa/So und an Feiertagen 10-23 h	10 Min. 20 DM, Mo-Fr 13-16 h Schulermäßigung	14 Jahre Buggy ab 5 J.	Abendrennen (Mo/Di), Monatsrennen, Jahresrennen	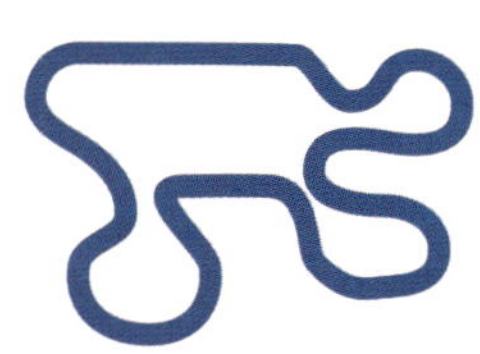

	Firma	Adresse	Wegbeschreibung	Kartanzahl	Bahnmaße	Rundenzeit
11	Kart-Arena am Salzhof Berlin-Haselhorst Indoor-Kartbahn seit Mai 1995	Am Salzhof 13599 Berlin-Haselhorst Tel. 030-3344010 Fax 030-3344010	Stadtautobahn, von Nonnenstammallee über Paulsternstraße u. Gartenfeldstraße in Haselhorster Damm	10 Karts (Mach 1)	Länge: 285 m Breite: 4-6 m	29 Sek. Bahnrekord: 25,15 Sek.
12	Stuck's Indoor Vogelsdorf Indoor-Kartbahn seit Dezember 1994	Frankf. Chaussee 8 15370 Vogelsdorf Tel. 03363-886250 Fax 03363-886250	Autobahn A10, Ausfahrt Berlin-Hellersdorf, dann auf die B1 in Richtung Vogelsdorf	10 Karts (alle drei Monate neu)	Länge: 310 m Breite: 4 m	30 Sek. Bahnrekord: 26,92 Sek.
13	Spreewaldring Kart Center Waldow Outdoor-Kartbahn seit Mai 1994	Waldhaus 1 15910 Waldow Tel. 035477-4040 Fax 035477-384	Autobahn A13, Ausfahrt Staakow/Golßen, dann in Richtung Golßen, nach ca. 1 km links, dann noch ca. 800 m bis zur Kartbahn	50 Karts (Swiss Hutless)	Länge: 800 m Breite: 6 m	55 Sek. Bahnrekord: 48,9 Sek.
14	Kart-Welt Berlin-Ahrensfelde Outdoor und Indoor-Kartbahn seit 1995	Bundesgrenzschutz-Allee 1 16356 Berlin-Ahrensfelde Tel. 030-9312119 Fax 030-9312109	Autobahn A 10, Ausfahrt Blumberg/Höhenschönhausen, dann in Richt. Höhenschönhausen bis Ahrensfelde, von dort Beschilderung folgen	25 Karts (Dino)	2 Bahnen Länge: 680 m 340 m Breite: 5-6 m	50 Sek. (Outdoor) 25 Sek. (Indoor) Bahnrekord: 21,16 Sek.
15	Fun Kart Rostock Indoor-Kartbahn seit September 1995	Lichtenhager Chaussee 1-3 18107 Rostock Tel. 0381-7684609 Fax 0381-7684609	Autobahn A19, Ausfahrt Rostock-Zentrum, dann Richtung Lütten-Klein und Warnemünde	14 Karts (Neubert) 3 Kinderkarts 1 Behinderten-kart	Länge: 400 m Breite: 4-6 m	34 Sek. Bahnrekord: 31,02 Sek.
16	Stuck's Indoor-Kart Hamburg Indoor-Kartbahn seit August 1995	Lagerstr. 32 20357 Hamburg Tel. 040-43250000 Fax 040-43250001	Autobahn A7, Ausfahrt Bahrenfeld, dann von der Stresemannstraße über die Feldstraße in die Karolinenstraße, von dort in die Lagerstraße	12 Karts (Kali)	Länge: 1.380 m Breite: 6 m	29,50 Sek. Bahnrekord: 25,18 Sek.
17	Hallen-Kart-Bahn Montecarlo Lübeck Indoor-Kartbahn seit Oktober 1995	Geniner Ufer 8-9 23560 Lübeck Tel. 0451-51800 Fax 0451-51842	Autobahn A1, Ausfahrt Lübeck-Moisling, dann in Richtung Moisling, über den Fluß, nächste Straße links, wieder links, Richt. Geniner Ufer	24 Karts (Mach 1) 6 Bambinikarts (mit Seitenaufprallschutz)	2 Bahnen: Länge: 250 m 270 m Bahn variabel Breite: 5-7 m	23/24 Sek. (I+II) 47 Sek. Bahnrekord: 20,46/21,29 Sek. (I+II) 43,53 Sek.
18	Kart-o-Mania Lübeck Indoor-Kartbahn seit Juni 1995	Glashüttenweg 34-42 23898 Lübeck Tel. 0451-33833 Fax 0451-34747	Autobahn A1, Ausfahrt Lübeck-Sereetz, dann auf die Travemünder Allee in Richtung Zentrum, Beschilderung folgen	22 Karts (Ducati)	2 Bahnen: Länge: 600 m 300 m Breite: 6-9 m	Bahnrekord: 38,42 Sek.
19	Speedy Go-Kart Racing Harrislee Indoor-Kartbahn seit März 1995	Industrieweg 35 24955 Harrislee Tel. 0461-73078 Fax 0461-73079	Autobahn A7, Ausfahrt Harrislee-Pattburg, dann bis Kreuzung, von Einkaufszentren Poetsch/Duburg 300 m bis zur Kartbahn	10 Elektro-Karts (Swiss Hutless, Stratos)	Länge: 300 m Breite: 5 m	23,45 Sek. Bahnrekord: 21,86 Sek.
20	Kart-Syndrom Quickborn Indoor-Kartbahn seit Februar 1996	Max-Weber-Str. 12 25451 Quickborn Tel. 04106-73391 Fax 04106-73187	Autobahn A7, Ausfahrt Quickborn, von Ausfahrt bis Kartbahn ca. 800 m	18 Karts (Dino, Toni) 6 Bambini-Karts	Länge: 420 m Breite: 5-6 m	27 Sek. Bahnrekord: 25,07 Sek.
21	Kart-o-Mania Bremen Indoor-Kartbahn seit August 1995	Hans-Bredow-Str. 18 28307 Bremen Tel. 0421-401056 Fax 0421-401046	Autobahn A27, Ausfahrt Sebaldsbrück, dann in Richtung Weserpark, kurz vor Weserpark links	24 Karts (Swiss Hutless)	Länge: 400 m Breite: 5-8 m	32-35 Sek. Bahnrekord: 29,71 Sek.

Öffnungszeit	Preis	Mindestalter	Sonderveranstaltungen	
Mo-Fr 13-23 h, Sa/So 11-23 h	10 Min. 20 DM, Mo-Fr 13-17 h Schülerermäßigung	12 Jahre	Abendrennen, Sonderveranstaltungen, „Weihnachtscup“ (Hauptgewinn: 1 Honda Civic), weitere Veranstaltungen in Planung	
Mo-Sa 14.30-23 h, So und an Feiertagen 11-23 h	10 Min. 20 DM, mit Flyer nur 15 DM	12 Jahre	1-, 3-, und 6-Stunden-Rennen	
täglich 10-22 h	12 Min. 20 DM, Sa/So 10 Min. 20 DM, Gruppen nach Vereinbarung	9 Jahre	4-, 12- und 24-Stunden-Rennen	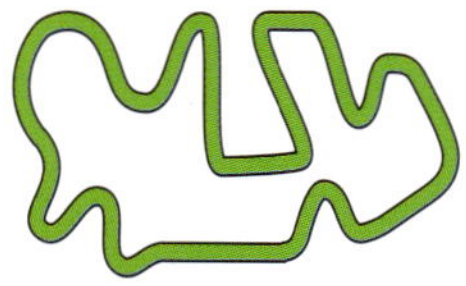
Mo-Fr 14-23 h, Sa/So und an Feiertagen 10-23 Uhr	10 Min. 20 DM, 5er-Karte 90 DM, 10er-Karte 175 DM	nach Größe des Kindes	3-, 6- und 12-Stunden-Rennen	
Mo-Fr 14-24 h, Sa/So 11-24 h	16 Rdn. 20 DM, (ansonsten je nach Absprache und Veranstaltung)	nach Größe des Kindes	Hot 100, Hot 100 Spezial, 3- und 8-Stunden-Rennen, Lady 40	**Strecke wird regelmäßig umgebaut**
täglich 15-23 h, vorher o. nachher für Gruppen zu mieten	10 Min. 20 DM	12 Jahre		
Mo-Mi 16-22 h, Do/Fr 16-24 h, Sa 14-24 h, So 14-22 h (sowie nach Vereinbarung)	8 Min. 15 DM	5-6 Jahre	Mo/Di große Bahn geöffnet, Di 20-22 h: „Best of the week“ mit Siegerehrung, Do 20.30-22 h: „Frauen haben Vorfahrt“, So 14-15.30 h: Bambini-Kart-Cup mit Siegerehrung und kleiner Überraschung	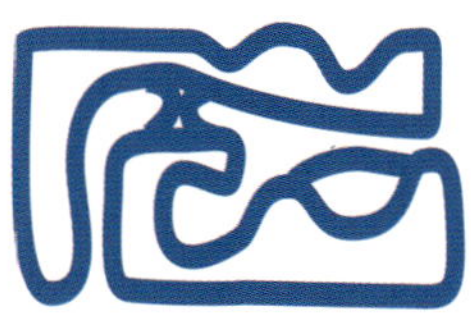
Mo-Fr 14-22 h, Sa/So und an Feiertagen 10-22 h (und nach Vereinbarung)	8 Min. 17 DM	5 Jahre	NKL, World Kart Challenge, Juniorclub, 24-Stunden-Rennen, Langstreckenpokale	**Strecke wird regelmäßig umgebaut**
Mo-Do 15-22 h, Fr/Sa und an Feiertagen 13-23 h, So 13-22 h	8 Rdn. 13 DM	8 Jahre	Firmen- & Vereinsveranstaltungen, Geburtstage	
Mo-Fr 14-23 h, Sa/Sa 12-23 h, Gruppen: Mo-Fr 10-14 h u. 23-2 h	10 Min. 20 DM	4 Jahre	Hamburg-Cup, „222 Runden von Quickborn“, 3-Stunden-Team-Rennen, Formel-1-Nacht mit anschließender Party	
Mo-Fr 14.30-23 h, Sa/So 12-23 h	12 Rdn. 18 DM	16 Jahre	50-Runden-Rennen, DTM-Sprint, 1-Stunden-Rennen, Ladies Cup, Firmen Veranstaltungen, Incentives, NKL, World Kart Challenge	

	Firma	Adresse	Wegbeschreibung	Kartanzahl	Bahnmaße	Rundenzeit
22	Pole Position Hannover Indoor-Kartbahn ab April/Mai 1996	Rudolf-Diesel-Weg 10 30419 Hannover Tel. 0511-414124 Fax 0511-231799	Autobahn A2, Ausfahrt H-Herrenhausen, B6 Richt. H. hausen, 1. Ampel links in Mecklenheider Str., Schulburger Landstr., Brinker Hafen	40 Karts (PCR)	Länge: 750 m Breite: 6-8 m 1 Kinderbahn	
23	Kart-o-Mania Laatzen Indoor-Kartbahn seit Januar 1996	Magdeburger Straße 9 30880 Laatzen Tel. 05102-93500 Fax 05102-5241	Autobahn A7, Ausfahrt Laatzen, dann in Richt. Gewerbegebiet „Rethen-Nord“, Beschilderung folgen	15 Karts (Ducati)	Länge: 270 m Breite: 7 m 1 Kinderbahn	30 Sek. Bahnrekord: 23,9 Sek.
24	Indoor Gokart Racing Hildesheim Indoor-Kartbahn seit April 1995	Cheruskerring 61 31137 Hildesheim Tel. 05121-52789 Fax 05121-52789	Autobahn A7, Ausfahrt Drispenstedt, dann in Richtung Nordstadt, auf den Cheruskerring, Anlage direkt neben Bauhaus	20 Karts (PCR) 7 Kinder-Elektrokarts (ab 3 Jahre)	Länge: 400 m Breite: 6 m 1 Kinderbahn	33 Sek. Bahnrekord: 28 Sek.
25	Kartbahn Minden Indoor-Kartbahn seit Januar 1996	Drabertstr. 6 32425 Minden Tel. 0571-850520 Fax 0571-850521	Autobahn A2, Ausfahrt Vennebeck, dann in Richt. Minden-Poutasbo, hinter McDonalds links, Beschilderung folgen	13 Karts (Anderson)	Länge: 250 m Breite: 6 m	22 Sek. Bahnrekord: 18 Sek.
26	Kart-Bahn Harsewinkel Outdoor-Kartbahn seit 1980	Emstal-Stadion Clarholzer Straße 33428 Harsewinkel Tel. 05247-5140	Autobahn A2, Ausfahrt Oelde, dann in Richt. Clarholz/Harsewinkel, Beschilderung "Emstal-Stadion" folgen	15 Karts (Beule)	Länge: 785 m Breite: 7 m	
27	Indy-Cart Kassel-Bettenhausen Indoor-Kartbahn seit Dezember 1995	Miramstr. 68 B 34123 Kassel-Bettenhausen Tel. 0561-50999 Fax 0561-50909	Autobahn A7, Ausfahrt Kassel-Nord, Beschilderung folgen, Bahn Nähe Mercedes Benz	18 Karts (Mach 1) 5 Kinderkarts 1 Vip-Kart	Länge: 280 m Breite: 5-6 m	26 Sek. Bahnrekord: 24,46 Sek.
28	Kart Park Lohfelden Indoor-Kartbahn seit Dezember 1995	Am Fieseler Werk 3/5 34253 Lohfelden Tel. 0561-515410 Fax 05605-948899	Autobahn A7 und A49 Ausfahrt Lohfelden, dann in Richt. Lohfelden, Beschilderung folgen, Einfahrt über Clean Park	26 Elektrokarts (Asmo)	Länge: 550 m Breite: 5-8 m (mit 2 Tunneldurchfahrten)	
29	Grand-Prix Indoor Karting Kaufungen Indoor-Kartbahn seit Dezember 1995	Industriestr. 18 34260 Kaufungen Tel. 05605-4424 Fax 05605-70535	Autobahn A7, Ausfahrt Kassel-Ost, dann Richt. Kaufungen, hinter Ampel links, rechts, links (Bahn 700 m von der Ausfahrt)	56 Karts (Hetschel)	Länge: 420 m Breite: 7-8 m	37 Sek. Bahnrekord: 35,82 Sek.
30	GoKart-Center Jesberg Indoor-Kartbahn seit Februar 1995	Industriestr. 7 34632 Jesberg Tel. 06695-7312 Fax 06692-8427	Autobahn A49, Ausfahrt Neuental, dann in Richt. Jesberg, in Jesberg vor der Fußgängerampel rechts, nächste rechts	10 Karts (CRG)	Länge: 210 m Breite: 4-5 m	16,50 Sek. Bahnrekord: 15,72 Sek.
31	Kartbahn Oppenrod Buseck Outdoor-Kartbahn seit 1965	Hauptstr. 28 35418 Buseck Tel. 06408-2677 Fax 06408-1890	Autobahn A5, Ausfahrt Reiskirchen, dann in Richt. Giessen, Kartbahn links	10 Karts , (Swiss Hutless) 1 Doppelsitzerkart für Eltern und Kinder	Länge: 1.024 m Breite: 6-8 m	Bahnrekord: 48 Sek.
32	Rhön Motodrom Künzell Outdoor-Kartbahn seit 1966	Tannenweg 45a 36093 Künzell Tel. 0661-35055 06656-1087 Fax 0661-35056	Autobahn A7, dann auf B27 in Richt. Künzell, Ausfahrt Künzell, Wegweiser beachten (Richt. Dietershausen)	20 Karts (Alljo)	Länge: 720 m Breite: 8-10 m	43 Sek.

Öffnungszeit	Preis	Mindestalter	Sonderveranstaltungen	
täglich 14-23 h, Sa/So bis 24 h	10 Min. 15 DM	4 Jahre	Diverse Wettbewerbe wie zum Beispiel: 100-Runden-Rennen, 3-Stunden-Rennen, Veranstaltungen für Firmen und Vereine	**Strecke wird regelmäßig umgebaut**
Mo/ Mi und Fr 14-24 h, Di, Do, Sa, So 10-24 h	18 Rdn. 19 DM, 10er-K. 180 DM, 30er-K. 480 DM	10 Jahre	30-Minuten bis 30-Stunden-Rennen	
Mo-Fr 12-22 h, Sa/So und an Feiertagen 10-22 h	8 Min. 15 DM, ab 10 Fahrten Ermäßigung	12 Jahre	4-Stunden-Rennen, 500-Runden-Rennen, Cannonball Race, Hot 100, Ladies Cup	**Strecke wird regelmäßig umgebaut**
täglich 10-22 h	8 Min. 15 DM	14 Jahre	100-Runden-Rennen, 1000-Runden-Rennen, div. Stundenrennen (z.B. 24-Stunden-Rennen)	
Di-Fr 1-20 h, Sa/So und an Feiertagen 10-20 h	10 Min. 20 DM	8 Jahre	Auf Anfrage werden Rennen veranstaltet	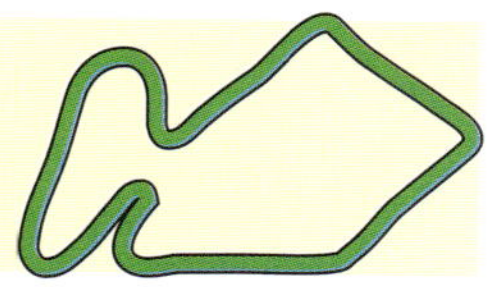
Mo-Do12-24 h, Fr 12-1 h, Sa 10-1 h, So 10-24 h	8 Min. 15 DM Happy Hour: 10 Min. 15 DM	6 Jahre	Tagesbester, Monatsrennen der Tagesbesten, Indy Cart Gold Pokal am Jahresende, Indy 500, F-1 watch & race	
Mo-Do 14-24 h, Fr-So 10-1 h	10 Min. 15 DM, 6er-Karte 75 DM	12 Jahre	Frauen- und Kindertraining, Sonderrennen bis zum Jahressieger (Jahressieger hat die Möglichkeit, Formel Junior und/oder Formel-3-Rennwagen zu fahren)	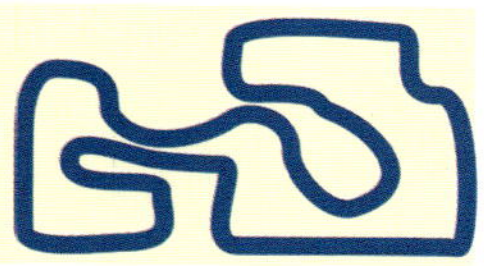
Mo-Do 14-24 h, Fr 12-1 h, Sa/So 10-1 h	10 Min. 17 DM	14 Jahre Bambini-Karts ab 6 Jahre	Grand Prix, Team Challenge, Sprint Special, Indianapolis	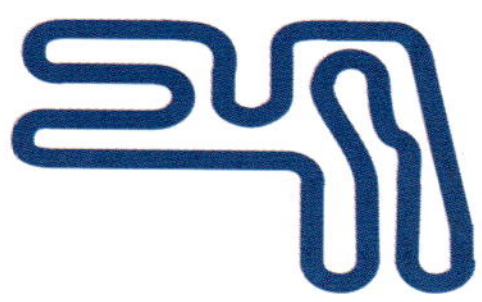
Mo-Fr 16-1 h, Sa/So und an Feiertagen 14-1 h	12 Min. 15 DM, ab 19 h 10 Min. 15 DM	14 Jahre	2 x im Monat 1-Stunden-Rennen, 2 x im Monat Damen-Cup. Jeden Freitag Pokalfahrt auf Tagesbestzeit. Alle 2 Monate 6-Stunden-Rennen, 1 x im Jahr 24-Stunden-Rennen, 1 x im Monat Ausscheidungsrennen	
Sa 15-19 h, So 10-15 h	8 Min. 10 DM, 1 Std. 80 DM	12 Jahre	Deutsche Kart-Meisterschaft, Stefan-Bellof-Pokal	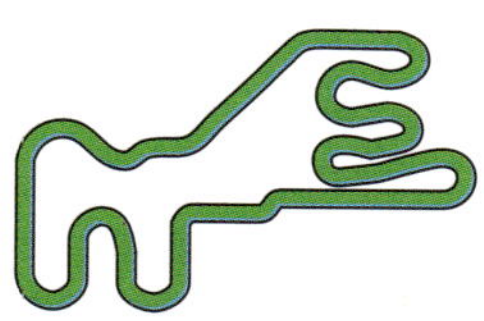
Di/Do/Fr 14-20 h, Sa nach Absprache, So 10-13 h	10 Min. 15 DM	8 Jahre	Mehrere Rennveranstaltungen pro Jahr	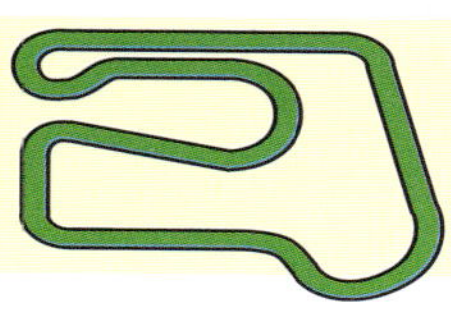

	Firma	Adresse	Wegbeschreibung	Kartanzahl	Bahnmaße	Rundenzeit
33	Indoor Fun-Kart Göttingen Indoor-Kartbahn seit November 1995	Gotthelf-Leimbach-Straße 1 37079 Göttingen Tel. 0551-64064 Fax 0661-61366	Autobahn A7, Ausfahrt Göttingen-Nord/Holtensen, dann in Richtung Industriegebiet, Beschilderung folgen	10 Karts (Inter)	Länge: 280 m Breite: 6 m	22/23 Sek. Bahnrekord: 21,10 Sek.
34	GO-Kart-Center Leinefelde Indoor-Kartbahn seit Juli 1994	Birkunger Str. 70 37327 Leinefelde Tel. 03605-501815	Autobahn A7, Ausfahrt Göttingen, dann über Duderstadt nach Worbes, von Worbes nach Leinefelde, dann Beschilderung folgen	10 Karts (Mach 1)	Länge: 200 m Breite: 4-5 m	17 Sek. Bahnrekord: 15,09 Sek.
35	Eichsfelder-Kart Arena Gieboldehausen Indoor-Kartbahn seit März 1996	Ludwig-Eberhard-Str. 7 37437 Gieboldehausen Tel. 05528-2397	Autobahn A7, Ausfahrt Göttingen-Nord, dann auf die B27 in Richtung Herzberg, in Gieboldeh. 1. links, nach 200 m wieder links	10 Karts (Dino)	Länge: 220 m Breite: 5 m	18 Sek. Bahnrekord: 16,95 Sek.
36	Gokarting Braunschweig Indoor-Kartbahn seit Dezember 1995	Steinriedendamm 15 38108 Braunschweig Tel. 0531-2354622 0531-355557 Fax 0531-355562	Autobahn A2, Ausfahrt Gifhorn-Flugplatz, dann in Richtung Querum, 1. Ampel links, dann noch ca. 600 m	32 Karts (Mari, Popko) 6 Bambinikarts (Dino)	2 Bahnen: Länge: 550 m 300 m Breite: 5-6 m	70 Sek. 35 Sek. Bahnrekord: 33,02 Sek.
37	Hot-Wheel's Indoor Karting Düsseldorf-Heerdt Indoor-Kartbahn seit Januar 1996	Wiesenstr. 66 a 40549 Düsseldorf Tel. 0211-5047212	Autobahn A52, Ausfahrt Düsseldorf Heerdt, rechts in Richt. Heerdt, dann 1. Ampel links	15 Karts (Top)	Länge: 300 m Breite: 5-6 m	25 Sek. Bahnrekord: 20,11 Sek.
38	Magic Kart Innovation Hilden Indoor-Kartbahn seit April 1995	Hans-Sachs-Str. 17 40721 Hilden Tel. 02103-360808 Fax 02103-360809	Autobahn A46, Ausfahrt Erkrath-Hilden, Richt. Hilden Zentum, rechts bis McDonalds, rechts, nach 1 km links, Industriegebiet	20 Karts (Dinomit)	Länge: 380 m Breite: 3-6 m	30 Sek. Bahnrekord: 28 Sek.
39	Motor Aktiv Ratingen Indoor-Kartbahn seit Juli 1995	Holterkamp 4 40880 Ratingen Tel. 02102-43800 Fax 02102-43810	Autobahn A52, Ausfahrt Ratingen-Tiefenbroich, dann links, nach ca. 3 km an der Ampel links, Ampel rechts, nächste Straße wieder rechts	18 Karts (Haase)	Länge: 430 m Breite: 5 m (Steilkurve und Überfahrt)	37,50-38 Sek. Bahnrekord: 35,98 Sek.
40	Grenzland Karting Nettetal Indoor-Kartbahn seit Mai 1995 Outdoor-Kartbahn in Planung	Bürde Straße 10 41334 Nettetal Tel. 02157-130529 Fax 02153-730750	Autobahn A61, Ausfahrt Nettetal-Kaldenkirchen/Nord, dann in Richtung Kaldenkirchen, von Kaldenkirchen in Richt. Grenzübergang Tegelen	15 Karts (Combi) 5 Kinderkarts	Länge: 320 m Breite: 4 m	33 Sek. Bahnrekord: 29,8 Sek.
41	Schwalmtal-Raderberg Schwalmtal Outdoor-Kartbahn seit 1965	Raderberg 41366 Schwalmtal Tel. 02163-45400 Fax 02163-7722	Autobahn A52, Ausfahrt B230, Bahn unmittelbar an der B 230 (Fortsetzung von A 52)	10 Karts (Eigenbau)	Länge: 856 m Breite: 6,50 m	72 Sek.
42	RS Speedworld Kaarst Indoor-Kartbahn seit Oktober1994	Gewerbegebiet Holzbüttgen Ost Friedr.-Krupp-Str.10 41564 Kaarst Tel. 02131-660700 Fax 02131-660800	Autobahn A57, Ausfahrt Kaarst-Holzbüttgen; von Krefeld kommend: links, 2 x rechts, von Köln kommend: rechts, links, rechts	20 Karts (RS-Formula)	Länge: 330 m Breite: 6-8 m	30 Sek. Bahnrekord: 23,79 Sek.

Öffnungszeit	Preis	Mindestalter	Sonderveranstaltungen	
Mo-Fr 15-23 h, Sa/So und an Feiertagen 10-23 h	10 Min. 15 DM	14 Jahre	Team Cup 100-Runden-Rennen, Solo 111-Runden-Rennen, DTM-Sprint, jeden Sonntag Junior Time	
Mo-Fr 16-23 h, Sa 14-24 h, So und an Feiertagen 10-24 h	5 Min. 8 DM, 10 Min. 15 DM, 10er-Karte 120 DM, 20er-Karte 220 DM	nach Größe des Kindes	ADAC-Turniere, Firmen-Pokale, Vereins-Pokale	
Mo-Fr 15-22 h, Sa/So 10-22 h	10 Min. 15 DM, 3 x 10 Min. 40 DM	8 Jahre	1- und 4-Stunden-Rennen	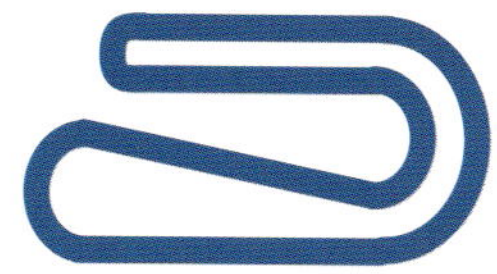
Mo-Fr 14-23 h, Sa/So 10-24 h	8 Min. 18 DM, Kinder 12 DM	5 Jahre	jeden Samstag ab 23 h Aktionsrennen, Bistro mit Großbildleinwand, Rennen zur Formel 1 (anschl. Übertragung)	
täglich 11-1 h	8 Min. 15 DM, ab 16 h 20 DM	13 Jahre	im Sommer Indoor- und Outdoorbahn mit Brücke und Steilkurve	
Mo-Fr 14. 30-23.30 h, Sa/So 11-23.30 h	10 Min. 16 DM, ab 18 h und Fr-So 20 DM	8 Jahre	Ladies-Cup, Kindertraining, Magic Kart Sprint, Magic Top 100, 6-Stunden-Long-Run, Großer Preis von Hilden, nach jedem Rennen Siegerehrung	
Mo-Fr 14-23 h, Sa/So und an Feiertagen 11-23 h	8 Min. 20 DM Short Race: 40 DM, Star Race: 65 DM	8-14 Jahre nur in Begl. d. Eltern 14-18 Jahre nur m. Genehmigung der Eltern	3- und 5-Stunden-Rennen, weitere Veranstaltungen in Planung, jeden Sonntag 11-12.30 h Kindertraining	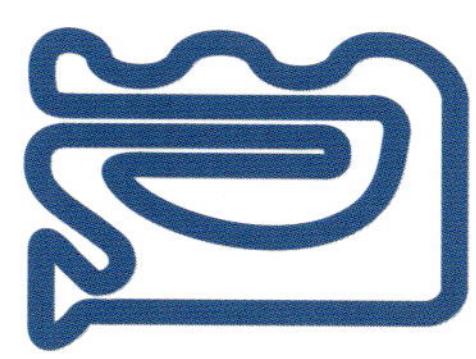
Mo-Fr 15-23 h, Sa/So und an Feiertagen 11-23 h	15 Rdn. 17 DM	14 Jahre, ab 8 Jahre nur in Begl. eines Erziehungsberechtigten	Grenzland Karting Top 60, Grenzland Karting, Top 120, Grenzland Karting DTM Sprint, anschließend Siegerehrung	**Strecke wird regelmäßig umgebaut**
tägl. 13-20 h, in den Ferien u. am Wochenende: 10-20 h, Nov. u. Febr. nur Sa/So, Dez./Jan. geschl.	je nach Karttyp und Rundenzahl 7-14 DM	10 Jahre	diverse Rennveranstaltungen	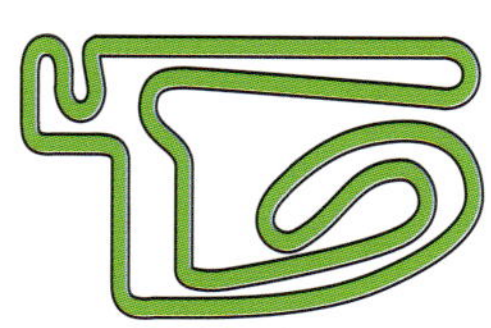
Mo-Sa 14-23 h, So 11-23 h	20 Rdn. 20 DM, Rennen 40 DM	16 Jahre; Kinder nur in Begl. eines Erziehungsberechtigten, bitte gültigen PAW mitbringen	RS-Mini-Prix, RS-Grand-Prix, RS-Mini-Masters, RS-Masters, RS-Endurance-Rennen (1 bis 12-Stunden), Firmen-Incentives bis 200 Personen	

	Firma	Adresse	Wegbeschreibung	Kartanzahl	Bahnmaße	Rundenzeit
43	Highway Kart Racing Dortmund-Barop Indoor-Kartbahn seit Oktober 1995	Baroper Bahnhofstraße 79-85 44225 Dortmund-Barop Tel. 0231-751155 Fax 02302-800536	Autobahn A45, Ausfahrt Dortmund-Eichlinghofen, erste rechts, an der Ampel wieder rechts, 5. Ampel rechts, 1. Ampel links	35 Rennkarts (Dino) 5 Kinderkarts	Länge: 680 m Breite: 3,5-9 m (Kinder- und Clubbahn in Planung)	60 Sek. Bahnrekord: 55,02 Sek.
44	Kart-o-Mania Mülheim/Ruhr Indoor-Kartbahn seit Februar 1995	Weseler Str. 46 45481 Mülheim/Ruhr Tel. 0208-55551 Fax 0208-51033	Autobahn A3, Ausfahrt Duisburg-Kaiserberg, rechts in Richt. Mülheim, dann geradeaus ins Industriegebiet	42 Karts (Ducati)	Breite: 680 m Länge: 4-6 m	44 Sek. Bahnrekord: 38,99 Sek.
45	Go! Kart Raceway Duisburg Indoor-Kartbahn seit August 1995	Wörthstr. 171 47053 Duisburg Tel. 0203-660016/17 Fax 0203-62204	Autobahn A40, Ausfahrt Hochfeld, dann Beschilderung folgen	34 Karts (Stratos)	Breite: 400 m Länge: 8 m	33 Sek. Bahnrekord: 31,7 Sek.
46	Mirac Duisburg-Neumühl Indoor-Kartbahn seit Januar 1996	Konrad-Adenauer-Ring 17 47167 DU-Neumühl Tel. 0203-584413 Fax 0203-583130	Autobahn A42, Ausfahrt Du-Neumühl, Richt. Industriegebiet, hinter Kreuzung 1. Ampel, rechts, 2. Ampel links, 1. Ampel rechts, nach ca. 600 m Bahn links	20 Karts	Breite: 290 m Länge: 6 m	23,90/24,50 Sek. Bahnrekord: 22,12 Sek.
47	HI TEC Willich-Münchheide Indoor-Kartbahn seit November 1995	Hanns-Martin-Schleyer-Str. 34 47877 Willich-Münchheide II Tel. 02154-92440 Fax 02154-924444	Autobahn A44, Ausfahrt Willich-Münchheide, dann in Richt. Industriegebiet Willich/Münchheide, hinter „Porsche" 1. rechts	13 Karts (Mach 1) 4 Kinderkarts	Länge: 320 m Breite: 5 m	27 Sek. Bahnrekord: 25,96 Sek.
48	Beules Raceland Münster Indoor-Kartbahn seit Januar 1996	Robert-Bosch-Str.16 48153 Münster Tel. 0251-7636866 Fax 0251-7636869	Autobahn A43, letzte Abfahrt vor Ortseingang, Richt. Münsterlandhalle, nach Ausfahrt in Richt. Gewerbegebiet Süd	20 Karts (Beule BK-1) 5 Kinderkarts	Länge:2 x 280 m Breite: 9 m Bahn variabel	19,5 Sek. Bahnrekord: 18,35 Sek. 33,55 Sek.
49	Kartbahn Dülmen Indoor-Kartbahn seit Oktober 1995	Linnertstr. 4-6 48249 Dülmen Tel. 02594-949962 Fax 02594-949959	Autobahn A43, Ausfahrt Dülmen-Nord, dann in Richt. Haltern-Recklingh. durch die Stadt, am Ortsausgang links	10 Karts (Mach 1)	Länge: 200 m Breite: 4-7 m	18 Sek. Bahnrekord: 14,56 Sek.
50	DSBG Indoor-Karting Nordhorn Indoor-Kartbahn seit April 1995	Eissporthalle Nordhorn, Wehrmaate 26 48531 Nordhorn Tel. 05921-13377 Fax 05921-13377	Autobahn 31, Ausfahrt Gronau, Richtung Ochtrup, dann B403, Ausfahrt Nordhorn	10 Karts (Kuka)	Länge: 210 m Breite: 7-8 m	18,20 Sek. Bahnrekord: 11,52 Sek.
51	SN-Speed Karting Osnabrück Indoor-und Outdoor- Kartbahn seit Oktober 1995	Kiebitzheide 2 49084 Osnabrück Tel. 0541-589977 Fax 0541-589976	Autobahn A33, Ausfahrt Osnabrück-Fledder, an der Ampel rechts, 3. Ampel rechts, 3. Straße Kiebitzheide	12 Karts (Haase)	Länge: 380 m (150 m Out- u. 230 Indoor) Breite: 5-8 m	Bahnrekord: 28 Sek.
52	Kartbahn Alfseering Rieste Outdoor-Kartbahn seit 1991	Westerfeldstr. 7 49597 Rieste Tel. 05464-5885 Fax 05407-59491	Autobahn A1, Ausfahrt Neuenkirchen/Vörden, dann in Richtung „Alfsee"	40 Karts (Swiss Hutless, Dino)	Länge: 600 m Breite: 6 m	38 Sek. Bahnrekord: 31,05 Sek.
53	Kart Europa Motodrom Erftlandring Kerpen Outdoor-Kartbahn seit 1980	Steinheide 50170 Kerpen Tel. 02275-911550 911551 Fax 02275-911552	Autobahn A4, Ausfahrt Kerpen-Buir, dann Beschilderung Kartbahn folgen	20 Karts	Länge: 400 m Breite: 7 m	50 Sek. Bahnrekord: 43,3 Sek.

Öffnungszeit	Preis	Mindestalter	Sonderveranstaltungen	
Mo-Fr 15-23 h, Sa-So und an Feiertagen 10-23 h	8 Min. 20 DM	5 Jahre	Täglich Stundenrennen (6-,12- und 24-Stunden-Rennen), Damenrennen, Rennen für Senioren	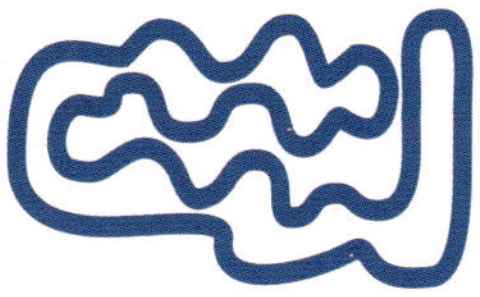
tägl. 14.30-23 h, So 10-23 h	10 Rdn. 15 DM	16 Jahre	Nationale Kartliga, World-Kart-Challenge, 24-Stunden-Rennen, 1.000-Runden-Rennen	**Strecke wird regelmäßig umgebaut**
Mo-Sa 14-22 h, So 10-22 h	8,5 Min. 22 DM	16 Jahre	Tagessieger, Wochensieger, Monatssieger, Jahressieger, Grand Prix	
Mo-Fr 14-1 h, Sa/So und an Feiertagen 10-1 h	10 Min. 20 DM, 30 Min. 50 DM, 60 Min. 80 DM	6 Jahre	Jeden Monat mehrere Rennen, Preis: eine Auslandsreise, Videoaufnahmen der Rennen	
Mo-Do 14. 30-23 h, Fr 14. 30-24 h, So und an an Feiertagen 9.30 -23 h	10 Min. 20 DM, 10er-Karte 175 DM, 20er-Karte 300 DM (inkl. 10 Min. freies Zeittraining)	14 Jahre	Ladies Night, Super Cup, Strecke Monatsbester, Kinderfahrzeiten mit speziellen Kinder-Karts Feiertagen, Bistro Indianapolis; HiTec-Kartclub	**Strecke wird regelmäßig umgebaut**
Mo-Do 14-23 h, Fr 14-1 h, Sa 10-1 h, So 10-23 h	10 Min. 20 DM	14 Jahre	Gesamte Ausschreibung am schwarzen Brett, So 10-12 h Kindertraining (ab 10 Jahren)	
Mo-Fr 14-22 h, Sa/So und an Feiertagen 11-22 h	12 Min. 15 DM, 10er-Karte 130 DM, 20er-Karte 220 DM	14 Jahre	30-Min.-Rennen, Einzelzeitfahren und Siegerehrung, Ladies-Cup-Karting, „Bester des Monats" mit monatlichem Ausscheidungsrennen (Einladung)	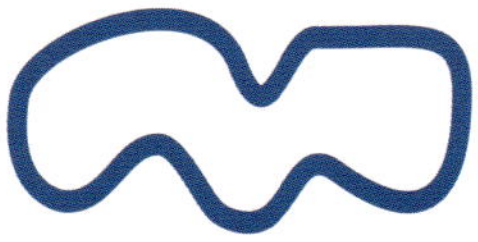
Mo-Fr 16-23 h, Sa 14-21 h, So 10-23 h	7 Min. 15 DM, 15 Min. 30 DM, 30 Min. 55 DM	18 Jahre	Nordhorn Grand-Prix, Moon Light Race, Grand Prix	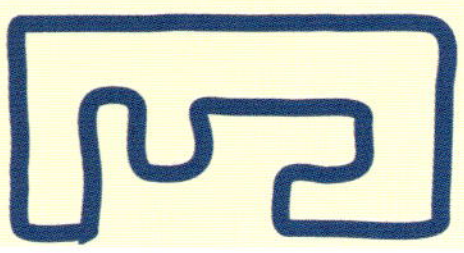
Mo-Fr 14-23 h, Sa/So 10-23 h	6 Min. 15 DM 10er- Karte inkl. 1 Gratisfahrt 150 DM 20er-Karte inkl. 3 Gratisfahrten 300 DM	12 Jahre	12-Stunden-Rennen, Hot 100-Runden-Rennen	
täglich 9-20 h	8 Min. 20 DM, Kinder 15 DM	5 Jahre	Do: Zweitakter-Training (Privatfahrer)	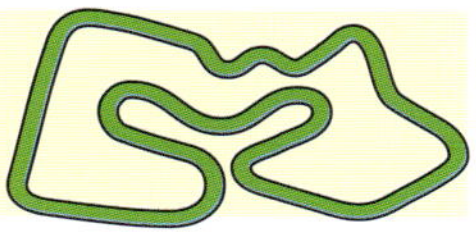
Di-So 10-18 h	10 Min. 20 DM, für eigenes Kart pro Tag 40 DM, Wochenende 50 DM	kein Mindestalter	Osterpreis, NRW-Cup, Memorial Graf Berghe von Trips	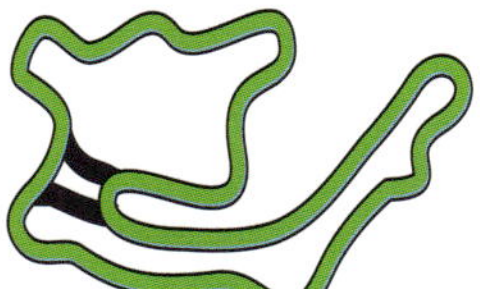

	Firma	Adresse	Wegbeschreibung	Kartanzahl	Bahnmaße	Rundenzeit
54	Le Mans Karting Köln-Ossendorf Indoor-Kartbahn seit Dezember 1994	Köhlstr. 37 50827 Köln Tel. 0221-595203 5952302 Fax 0221-5952496	Autobahn A57, Ausfahrt Bickendorf/Ossendorf, an der Ampel rechts, ca. 1 km geradeaus, hinter Bahnübergang 1. Straße links in die Köhlstraße	20 Karts (Mach 1)	Länge: 386 m Breite: 6 m	32,5 Sek. Bahnrekord: 31,5 Sek.
55	Karting Cologne Köln-Rodenkirchen Indoor-Kartbahn seit Mai 1995	Kelvinstr. 5-7 50996 Köln Tel. 02236-31728 Fax 02236-31785	Autobahn A1, Ausfahrt Rodenkirchen, dann in Richtung Gewerbegebiet Rodenkirchen, von dort Beschilderung folgen	8 Karts (CRG)	Länge: 375 m Breite: 4-6 m	26 Sek. Bahnrekord: 24,34 Sek.
56	Kart-o-Mania Köln-Godorf Indoor-Kartbahn seit November 1994	Otto-Hahn-Str. 6-8 50997 Köln Tel. 02236-841418 Fax 02236-841419	Autobahn A4, Ausfahrt Rodenkirchen, dann rechts Richt. Godorf, 1. Ampel wieder rechts, Kartbahn Nähe Metro	25 Karts (Ducati)	Länge: 2x290 m oder 580 m Breite: 7-10 m	17-19 Sek. 33-36 Sek.
57	Gokart Wildberghütte Hahn Outdoor-Kartbahn seit 1965	Ortschaft Hahn 51580 Reichshof Tel. 02291-2496 02297-7475 Fax 02291-3388	Autobahn A4, Ausfahrt Reichshof-Eckenhagen dann über die Landstraße bis Heidberg o. Neumühle, weiter zur Ortschaft Hahn	30 Karts (Landia)	Länge: 1.000 m Breite: 6-18 m	
58	Kart-o-Mania Hennef Indoor-Kartbahn seit Juni 1994	Messegelände Messehalle 2.1 Josef-Dietzgen-Str. 2 53773 Hennef Tel. 02242-85500 Fax 02242-83800	Autobahn A3, Ausfahrt Hennef, dann Beschilderung „Messegelände" folgen, Bahn ca. 200 m von Ausfahrt entfernt	12 Karts (Ducati)	Länge: 317 m Breite: 6-8 m	25 Sek. Bahnrekord: 21,56 Sek.
59	Kart-In Troisdorf Indoor-Kartbahn seit Dezember 1995	Uckendorferstr. 135 53844 Troisdorf Tel. 02241-946710 Fax 02241-401344	Autobahn A 59, Ausfahrt Troisdorf, geradeaus, Vorfahrtsstraße folgen bis zum Kreisverkehr, dann 3. Ausfahrt in die Uckendorferstraße	15 Karts (Matter)	Länge: 310 m Breite: 6 m	25 Sek. Bahnrekord: 22,40 Sek.
60	Airfield Karting Mainz-Finthen/Layenhof Indoor-Kartbahn seit September 1995	Mainzer Straße 55126 Mainz-Finthen Tel. 06131-476207 Fax 06131-476519	Autobahn A60, Ausfahrt Mainz-Finthen, dann durch Mainz-Finthen, Abfahrt Mainz-Layenhof, Beschilderung folgen	15 Karts (Stratos)	Länge: 320 m Breite: 5 m	23 Sek. Bahnrekord: 21,94 Sek.
61	Conquest Hallen Gokart Koblenz Indoor-Kartbahn seit November 1995	Kesselheimer Weg 22 56070 Koblenz Tel. 0261-800245 Fax 0261-800317	B9, Ausfahrt Koblenz-Lützel, dann in Richtung Industriegebiet, Beschilderung folgen	13 Karts 3 Kinderkarts (All-kart)	Länge: 300 m Breite: 3-5 m	19 Sek. Bahnrekord: 18,10 Sek.
62	Indy-Kart Andernach Indoor-Kartbahn seit Juni 1995	Füllscheuerweg 24 56626 Andernach Tel. 02632-42953 Fax 02632- 42665	B9, Ausfahrt Industriegebiet Hafen, dann auf die B256 Richt. Hafen 1. Ampel links (Koblenzer Str.), nach 250 m links	14 Karts (Haase)	Länge: 270 m Breite: 4-5 m	20 Sek. Bahnrekord: 16,94 Sek.
63	WesterWälder-CartCenter Hof Indoor-Kartbahn seit Mai 1995	Industriestraße 16 56472 Hof Tel. 02661-95950 Fax 02661-959589	Autobahn A3, Ausfahrt Montabaur o. Dierdorf, dann in Richt. Rennerod oder Hachenburg über Bad Marienberg nach Hof (B414)	35 Karts (Mach 1)	Länge: 500 m Breite: 5 m	36 Sek. Bahnrekord: 33,4 Sek.
64	Kart-o-Mania Polch Indoor-Kartbahn seit Januar 1996	Carl-Zeiss-Str. 2 56751 Polch Tel. 02654-94810 Fax 02654-948123	Autobahn A48, Ausfahrt Polch, dann am Kreisverkehr links in Richtung Industriegebiet „Im Gohl"	21 Karts (Italia Motori)	Länge: 2 x 250 m Breite: 7-12 m	48 Sek. Bahnrekord: 41,7 Sek.

Öffnungszeit	Preis	Mindestalter	Sonderveranstaltungen	
Mo-Fr 14-22 h, Sa/So und an Feiertagen 10-22 h	7 Min. 15 DM, Rennen 50 Rdn. 65 DM	16 Jahre, 8-jährige nur zu bestimmten Uhrzeiten	4-Stunden-Rennen, 12-Stunden-Rennen, 24-Stunden-Rennen, „Erste offene Kölner Stadtmeisterschaft“	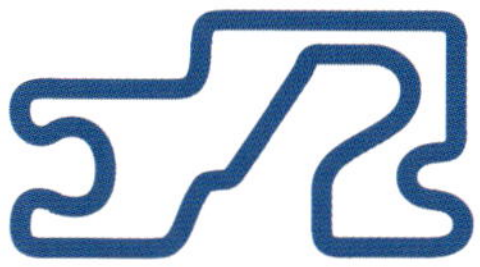
Mo-Fr 14-23 h, Sa/So und an Feiertagen 10-23 h	7 Min. 15 DM 10er-Karte 130 DM, 20er-Karte 240 DM	10 Jahre	400-Runden-Team-Rennen, Top Ten (jeden Monat)	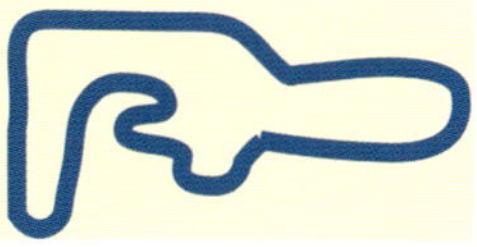
Mo-Sa 14.30-23 h, So und an Feiertagen 10-23 h	Training 15 DM, Trainingspakete ab 130 DM, Rennen ab 55 DM	10 -14 Jahre (allerdings nur in Begleitung der Eltern)	Hot 100, DTM Sprint, 2-Stunden-Solo, 3-Stunden-Team, tägl. Rennveranstaltungen: Sprint- und Langstreckenrennen: 500-bis 1.000-Runden; 6-, 12-, 24- Stundenrennen	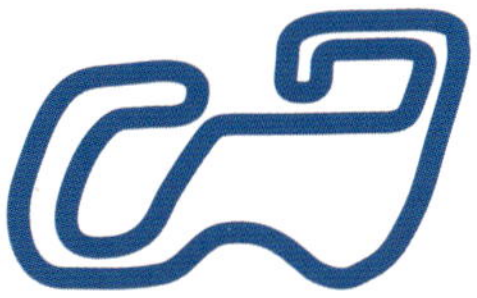
Sa/So und an Feiertagen 10-19 h, wochentags nach Vereinbarung	10 Min. 20 DM	8 Jahre	DMV- Kartrennen, Oberbergischer Kart Pokal, DMV-Kartrennen, Reichshof Kartpokal	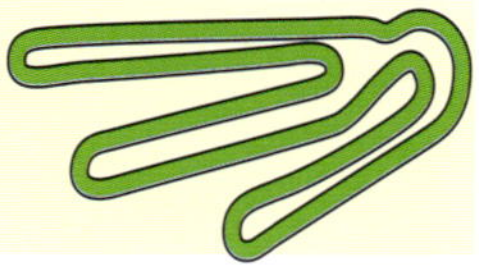
Mo-Sa 14. 30-23 h, So 10-23 h	16 Rnd. 15 DM, 10er-K. 130 DM, 20er-K. 240 DM, 30er-K. 330 DM	8 Jahre	Hot 100, DTM Sprint, Ladies Cup, Fifty-Fifty, Top Ten, Stundenbuchungen, Late Night Special, Rennveranstaltungen, Kindertraining Sa. 10-13 h, 40/50 Runden	
Mo-Sa 12-24 h, So und an Feiertagen 10-24 h	8 Min. 18 DM Jugendliche bis 15 Jahre 8 Min. 12 DM	16 Jahre	Sonntag Vormittag: Kindertraining zu ermäßigtem Preis, Indy-Ovalkurs (mit Steilkurve), Promirennen „Der Dolle Dienstag Cup“ (z.B. Jörg Müller, Christian Menzel)	
Mo-Fr 16-23 h, Sa/So 10-23 h	6 Min. 10 DM	14 Jahre	Di und Do 17-19 h: 4 Rennen à 30 Min. (pro Person 35 DM)	
Mo-Do 13-22 h, Fr/Sa 13-24 h, So 10-22 h	10 Min. 20 DM, 3er-K. 55 DM, 6er-K. 100 DM, 10er-K. 160 DM	kein Mindesalter	Veranstaltungen auf Wunsch des Kunden, Motto: Individualität	**Strecke wird regelmäßig umgebaut**
Mo-Fr 14-23 h, Sa/So 11-23 h	10 Min. 15 DM, 10er-Karte 130 DM	8 Jahre	100-Runden-Rennen, 24-Stunden-Rennen, Top Ten, Winner of the year	
Mo-Fr 15-24 h, Sa/So und an Feiertagen 10-24 h	10 Min. 20 DM, 30 Min. 50 DM, 100 Min.130 DM	9 Jahre	Schnupperkurse für Anfänger und Fortgeschrittene (14tägig), Schulung u. Einweisung, Kart-Training, Kart-Rennen mit Siegerehrung und Pokal, Kart-Veranstaltungen f. Gruppen, Firmen und Vereine	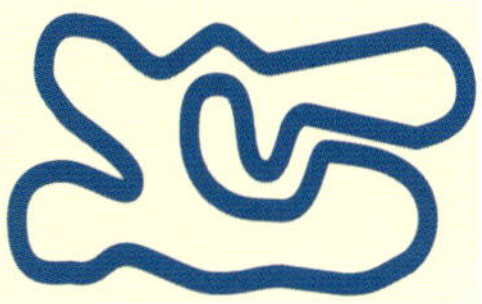
Mo-Fr 14.30-23 h, Sa/So und an Feiertagen 10-23 h	10 Min. 15 DM, 10er- Karte 130 DM, 20er-Karte 240 DM	10 Jahre	fast täglich Rennveranstaltungen, Sprint und Langstreckenrennen: DTM-Cup, Hot 50 LD, 2-Stunden-Solo, 3-, 6-, 12-, und 24-Stunden-Team-Rennen	

	Firma	Adresse	Wegbeschreibung	Kartanzahl	Bahnmaße	Rundenzeit
65	Westerwaldring Eichelhardt Outdoor-Kartbahn seit 1965	Siegener Str. 17/19 57612 Eichelhardt Tel. 02681-2127 Fax 02681-70487	Autobahn A3, Ausfahrt Hennef, B8 bis Alten kirchen, dann B256 in Richt. Wissen	20 Karts (Swiss Hutless) 4 Rennkarts 3 Kinderkarts	Länge: 702 m Breite: 6-8 m	Bahnrekord: 25,56 Sek.
66	Motodrom Hagen Outdoor-Kartbahn seit 1963	Am Damm 1 58091 Hagen Tel. 02331-77134 Fax 02331-70426	Autobahn A45, Ausfahrt Hagen-Süd, Richt. Brecker- feld, 3 km nach Ortsaus- gang Hagen rechts	30 Karts (Beule)	Länge: 890 m Breite: 6-8 m	Bahnrekord: 36,97 Sek.
67	Stuck's Indoor-Kart Frankfurt Indoor-Kartbahn seit Dezember 1994	Eschborner Landstr. 100 60489 Frankfurt Tel. 069-780055 Fax 06261-69593	Autobahn A5, Ausfahrt Frankfurt/Rödelheim, in Richt. Gewerbegebiet Beschilderung folgen	24 Karts (Eurokart)	Länge: 750 m Breite: 8 m	60 Sek. Bahnrekord: 48,1 Sek.
68	Motodrom-Indoor-Kart Offenbach Indoor-Kartbahn seit Juli 1995	Kaiserleistr. 4-6 63067 Offenbach Tel. 069-82361883 Fax 069-82361321	Autobahn A661, Ausfahrt OF-Kaiserlei, Richt. Sachsenhausen, 2 x rechts, Hinweis „Hotel Ibis" folgen	30 Karts (Mach 1, Gold) 10 Kinderkarts	Länge: 2 x 380 m Breite: 5,50 m Bahn variabel	35 Sek. (gr. Bahn 1 Min.) Bahnrekord: 55,08 Sek.
69	Vogelsbergring Wittgenborn Wächtersbach Outdoor-Kartbahn seit 1963	Waldensberger Straße 57 63607 Wächtersbach Tel. 06053-9185	Autobahn A66, Ausfahrt Bad Orb/Wächtersbach, Richt. Wittgenborn, Beschilderung folgen	10 Karts (Mach 1, Euro)	Länge: 728 m Breite: 8 m	
70	Kart-O-Mania Lorsch Indoor-Kartbahn seit April 1995	Seehof-Str. 64-66 64653 Lorsch Tel. 06251-51252 Fax 06251-51252	Autobahn A5, Ausfahrt Heppenheim, dann in Richtung Lorsch-Süd, Beschilderung folgen	15 Karts (neu: Inka 1 mit Automatik-Ge- triebe)	Länge: 500 m Breite: 6-8 m	43-44 Sek. Bahnrekord: 41,2 Sek.
71	Fahr-Werk Groß-Zimmern Indoor-Kartbahn seit März 1996	Waldstr. 79 64864 Groß-Zimmern Tel.06071-951122 Fax 06071-951188	B 26, Ausfahrt Dieburg/ Groß-Zimmern, Richt. Industriegeb., Beschil- derung folgen	28 Karts (Pro-Kart)	Länge: 348 m Breite: 3-5 m	31,80 Sek. Bahnrekord: 29,63 Sek.
72	Odenwaldring MSC Wartturm Schaafheim Outdoor-Kartbahn seit 1983	64850 Schaafheim Tel. 06026-8657 Fax 06026-8657	Autobahn A3, Aus- fahrt Stockstadt, dann in Richtung Großostheim- Ringheim	20 Karts (Honda)	Länge: 1.020 m Breite: 8-12 m	50,50 Sek Bahnrekord: 49,55 Sek.
73	Kart-World Wiesbaden-Schierstein Indoor-Kartbahn seit April 1995	Alte Schmelze 18 65201 Wiesbaden Tel. 0611-23041 Fax 0611-23042	Autobahn A643, Aus- fahrt Wiesbaden-Äppel- allee, Richt. Biebrich Biebrich, Wertkauf links	20 Karts 3 Kinderkarts (Honda, RVS)	Bahn variabel Länge: 235 m, 270 m, 500 m Breite: 3-5 m	33,5 Sek. Bahnrekord: 30,9 Sek.
74	Kart-A-Go-Racing Limburg Staffel Indoor-Kartbahn seit Juli 1995	Elzer Str. 2- 4 65556 Limburg Tel. 06431-25006 Fax 06431-24491	Autobahn A3, Ausfahrt Limburg-Nord, B8 Richt. Elz /Limburg-Staffel, 3. Ampel rechts (Fabrik)	26 Karts (Combi, Mach 1) 5 Kinderkarts	Länge: 700 m Breite 6-8 m	44,5 Sek. Bahnrekord: 43,1 Sek.
75	Kart-o-Mania Hadamar Indoor-Kartbahn seit August 1995	Industriegebiet-Nord 65589 Hadamar Tel. 06433-81185 Fax 06433-5788	Autobahn A3, Ausfahrt Limburg-Nord, B54 Richt. Siegen, Ausfahrt Hadamar, dann Industriegeb. Nord	12 Karts (Hetschel)	Länge: 270 m Breite: 8-10 m	25 Sek. Bahnrekord: 22,16 Sek.
76	Stuck's Indoor Kart Sembach Indoor-Kartbahn seit Dezember 1995	Flugplatz Airbase 67681 Sembach Tel. 06302-7871 Fax 06302-7863	Autobahn A6, Ausfahrt Enkenbach/Alsenborn, dann geradeaus Richt. Mehlingen-Sembach	20 Karts (Hetschel)	Länge: 850 m o. 530/330 m Breite: 5-14 m Bahn variabel	47 Sek. Bahnrekord: 46,45 Sek.

Öffnungszeit	Preis	Mindestalter	Sonderveranstaltungen	
von April-Sept.: Sa/So und an Feiertagen 10-20 h	10 Min. 15 DM	8 Jahre	DMV-Rennen, Wohltätigkeitsrennen, Tag der offenen Tür (Pfingsten)	
Di-So 10-20 h, im Sommer: 10-21 h	10 Min. 20 DM	8 Jahre	12-Stunden-Rennen (5-Mann-Teams)	
Mo-Sa 15-23 h, So und an Feiertagen 10-23 h	10 Min. 20 DM	12 Jahre	24-Stunden-Rennen, tägl. 60-Minuten-Rennen	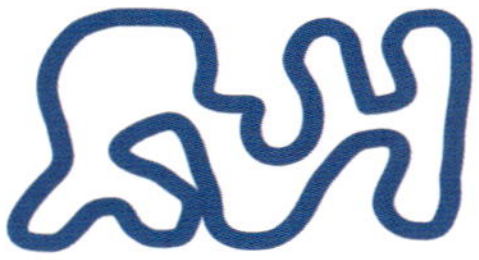
Mo-Do 14-23 h, Fr 14-24 h, Sa/So 10-24 h	10 Min. 18 DM, Mo-Fr ab 17 h und Sa/So ab 14 h 8 Min. 18 DM	6 Jahre	Jeden Dienstag 20-Minuten-Rennen zu jeder vollen Stunden, weitere Veranstaltungen auf Anfrage, 1 x im Monat 3-Stunden-Mitternachtsrennen	
an Sonn- und Feiertagen 13-17 h, Gruppen nach Vereinbarung	7 Min. 10 DM, 1 Std. 80 DM	10 Jahre	Kart-Rennen, Jugend-Kart-Slalom, Auto-Slalom, 6-Stunden-Rennen, Auto-Cross	
Mo-Fr 14-24 h, Sa/So 10-24 h	7 Min. 15 DM	14 Jahre	Hot 60, Hot 100, Late Night Special, DTM-Sprint, Monatsbester wird prämiert	
Mo-Fr 14-23 h Sa/So 10-23 h	10 Min. 20 DM	8 Jahre	Diverse Runden- und Stundenrennen, Schulungen für 8-80-jährige	
Mo-Fr 11-13 h u. 15-18 h, Sa 14-18 h, So 10.30-13 h	10 Min. 20 DM	6 Jahre	Nationale und internationale Rennen	
Mo-Do 15-23 h Fr 15-24 h, Sa 12-24h, So 12- 23 h	7 Min. 18 DM	8 Jahre	Two Town Cup, 24-Stunden-Rennen	
Mo-Do 16. 30-24 h, Fr 12-24 h, Sa/So 10-24 h	10 Min. 15 DM	ab 6 Jahre Kinderkartbahn, unter 18 Jahre nur mit Unterschrift der Eltern	Late-Night-Racing, div. Stunden-Rennen, Kinderkart-Cup, Cash-Cup (Preisgeld: 1.000 DM) Aprilia-Cup (1. Preis: 1 Motorroller)	
Mo-Sa 14.30-23 h, So 10-23 h	20 Rdn. 20 DM	größenabhängig	Team- und Solo-Rennen jeder Art, Rennen über 80 kg, „Falschfahrten"	
Mo-Sa 15-23 h, So und an Feiertagen 11-23 h	10 Min. 18 DM	14 Jahre	Jeden Abend 30-Minuten-Rennen, 5- Minuten-Qualifikationslauf/Aufstellung zum Le Mans Start, 35- bis 50-Runden-Rennen, 1x monatlich: 10-12 h Kinderrennen	

Nr.	Firma	Adresse	Wegbeschreibung	Kartanzahl	Bahnmaße	Rundenzeit
77	Kart-o-Mania Edingen-Neckarhausen Indoor-Kartbahn seit März 1996	Mannheimer Str. 58 68535 Edingen-Neckarhausen Tel. 06203-892019 Fax 06203-892018	Autobahn A6, Ausfahrt MA-Seckenheim/ Edingen-Neckarhausen, Bahn schräg gegenüber Real-Markt	16 Karts (Kart-o-Mania)	Bahn variabel: Do-So 2 x 250 m, Mo-Mi 1 x 500 m Breite: 6-10 m	Bahnrekord: 41,04 Sek. (gr. Bahn)
78	Stuck's Indoor Kart Hockenheim Indoor-Kartbahn seit Juni 1995	2. Industriestr. 7 68766 Hockenheim Tel. 06205-101052 Fax 06205-101058	Autobahn A61, Ausfahrt Hockenheim, dann nach Hockenheim-Talhaus/ Industriegebiet	25 Karts (AM-Holzer)	Länge: 600 m Breite: 5-8 m	46 Sek. Bahnrekord: 40,80 Sek.
79	Indoor-Superkart Hemsbach Indoor-Kartbahn seit September 1995	Seeweg 14 69052 Hemsbach Tel. 06201-493073 Fax 06201-493074	Autobahn A5, Ausfahrt Hemsbach, dann 1. Straße links, 2 x links, die nächste wieder rechts, Bahn direkt an der Autobahn	20 Karts (Euro)	2 Bahnen: Länge: 280 m 250 m Breite: 5 m	26/22 Sek. Bahnrekord: 23,9/21,3 Sek.
80	Waldparkring Walldorf Outdoor-Kartbahn seit 1972	Allrottstr. 49 69190 Walldorf Tel. 06227-30200 Fax 06227-4248	Autobahn A5, Ausfahrt Wiesloch-Walldorf, dann in Richt. Hockenheim, Beschilderung folgen	20 Karts (Minarelli, Dino)	Länge: 720 m Breite: 4-6 m	34 Sek. Bahnrekord: 33,31 Sek.
81	Kart-o-Mania Mörlenbach Indoor-Kartbahn seit März 1995	Industriestr. 22 69509 Mörlenbach Tel. 06209-4901 Fax 06209-4981	Autobahn A5, Ausfahrt Heppenheim oder Wein-, heim, dann noch ca. 10 km bis Mörlenbach/ Odenwald	10 Karts (Mach 1)	Länge: 350 m Breite: 6-10 m	28 Sek. Bahnrekord: 24,24 Sek.
82	Kart-o-Mania Stuttgart-Wangen Indoor-Kartbahn seit Juni 1995	Langwiesenweg 30 70327 Stuttgart-Wangen Tel. 0711-484840 Fax 0711-4891998	Autobahn B10 (Stuttgart-Esslingen), Ausfahrt Stuttgart-Ost, dann Beschilderung „Großmarkt" folgen	22 Karts (Kart-o-Mania)	2 Bahnen: Länge: à 200 m Breite: 4 m Mo-Di 400 m	20/30 Sek. Bahnrekord:
83	Kart World Stuttgart-Feuerbach Indoor-Kartbahn seit Mai 1995	Wernerstr. 83 70469 Stuttgart-Feuerbach Tel. 0711-812282 Fax 0711-812273	Autobahn A81, Ausfahrt Feuerbach, dann in Richtung Feuerbach-Industriegebiet Nord	50 Karts (CRG, Mach1) 5 Kinderkarts	3 Bahnen: die längste mißt 700 m Breite 5-8,5 m	67 Sek. Bahnrekord: 59,39 Sek.
84	Kart's Unlimited Filderstadt-Sielmingen Indoor-Kartbahn seit Januar 1995	Adam-Opel-Str. 9 70794 Filderstadt-Sielmingen, Tel. 07158-8602 Fax 07158-8605	Autobahn A8, Ausfahrt Filderstadt, dann in Richtung Filderstadt-Sielmingen	10 Karts (Mach 1)	Länge: 210 m Breite: 5-6 m	18 Sek. Bahnrekord: 16,04 Sek.
85	Raabspeed Karting Magstadt Indoor-Kartbahn seit August 1995	Hutwiesenstr. 13 71106 Magstadt Tel. 07159-42021 Fax 07159-45187	Autobahn A8, Ausfahrt Leonberg-Renningen, dann in Richt. Stuttgart-Solitude, am Gasthaus "Glemseck" rechts, Beschilderung bis Magstadt folgen, erste Straße links	12 Karts (Propangas)	Länge: 260 m 300 m Breite: 4-6 m Bahn variabel	24/28 Sek. Bahnrekord: 22,36 /25,98 Sek.
86	Fun-Kart GmbH Waiblingen Indoor-Kartbahn seit Januar 1995	Max- Eyth- Str. 24 (Gewerbegebiet Ameisenbühl) 71332 Waiblingen Tel. 07151-52865 Fax 07142-67000	Autobahn A81, Ausfahrt Ludwigsburg-Nord, dann Richt. Waiblingen, Bahn Nähe Gewerbeschulzentrum	8 Karts (Mach 1)	Länge: 205 m Breite: 6 m	18 Sek. Bahnrekord: 15,670 Sek.
87	Kart's Unlimited Backnang Indoor-Kartbahn seit Dezember 1995	Gartenstr. 100 71522 Backnang Tel. 07191-8132 Fax 07191-8133	Autobahn A81, Ausfahrt Mundelsheim-Backnang, dann in Richtung Backnang-Stadtmitte, Kartbahn ca. 1.000 m vom Stadtzentrum	14 Karts (Mach 1)	Länge: 450 m Breite: 4-12 m	36 Sek. Bahnrekord: 32,09 Sek.

Öffnungszeit	Preis	Mindestalter	Sonderveranstaltungen	
Mo-Fr 14.30-24 h, So und an Feiertagen 10-24 h	8-10 Min. 15 DM	14 Jahre Juniorclub: 10 Jahre	NKL 96-World-Kart-Challenge, Late Night Special, Hot 50 LD, Hot 100, DTM-Sprint, Race One, 24-Stunden von Edingen-Neckarhausen, Junior Cup, Bistro und Biergarten	
Mo-Sa 15-23 h, So 11-23 h	10 Min. 20 DM	16 Jahre	Div. Stunden-Rennen (z.B. 30-Minuten, bis 24-Stunden-Rennen, Midnight-Race, 50-Runden-Rennen	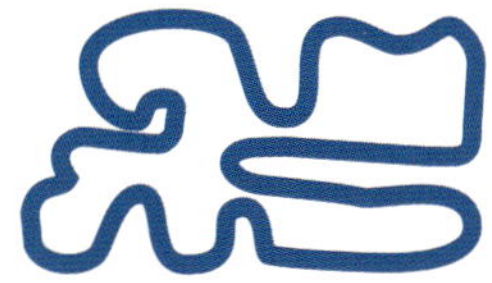
Mo-Do 14-23 h, Fr 14-24 h, Sa 10-24 h, So 10-23 h	8 Min. 14 DM	6 Jahre	Kinder-Kart-Kurs ab 6 Jahren, 1/2-Stunden-Rennen, Seeweg Cup 96, Behinderten-Rennen mit Siegerehrung	
Di-So 12-19 h (Dez. und Jan. geschlossen)	Leihkarts: 15 Min. 25 DM Privatkarts: proTag 40 DM	6 Jahre	Deutsche-Kart-Meisterschaft, Deutscher Junioren-Kart-Pokal, Tag des Jugendmotorsports, diverse Clubrennen, Leihkart-Veranstaltungen	
Mo-Sa 14.30-23 h, So und an Feiertagen 10-23 h	8-10 Min. 15 DM	größenabhängig	Nationale-Kart-Liga, World-Kart-Team-Challenge, Hot 100, DTM (2 x 40 Runden) Late Night, Marathon (150 Runden), 3- bis 6-Stunden-Interserie, Top Ten	
Mo-Fr 14. 30-23 h, Sa/So und an Feiertagen 11-23 h	bis 18 h 10 Min., ab 18 h sowie Sa/So und an Feiertagen 8 Min. 15 DM	14 Jahre	Regelmäßige Rennveranstaltungen, Sprint- und Team-Rennen, Sa und So Juniorclub ab 14 Jahren	
Mo-Fr 14-23 h, Sa/So und an Feiertagen 11-23 h	12 Min. 16,50 DM	14 Jahre, (bei Sonderveranstaltungen 8 Jahre)	Jeden Tag eine Veranstaltung: Le Mans Rennen, 30-Mini-Solo, Stunden-Rennen, Ladies Cup, 1.000 Runden-Rennen 24-Runden-Rennen, Austragungsstätte der IKT Indoor Kart Trophy (8.500 DM Preisgeld), elf Indoor Kart Bundesliga	
Mo-Fr 16-22 h, Sa/So und an Feiertagen 11-22 h	25 Rdn. 15 DM, 5 Karts 1 h ab 300 DM, 6 Karts 1 h ab 360 DM	16 Jahre	Junioren-Team für Kinder ab 12 Jahren, jeden Samstag 13-15 h Rennveranstaltungen	
Mo-Fr 16-22 h, Sa/So und an Feiertagen 10-22 h	8-10 Min. 15 DM (je nach Uhrzeit)	14 Jahre Juniortime: 8 Jahre	Sa und So 10-13 h Junior Time (ab 8 J.), jeden Monat Top-20-Race, Ladies Time	
Mo-Fr 11-22 h, Sa/So 10-22 h	10 Min. 15 DM, 30 Min. 35 DM, Mo-Fr 11-16 h 12 DM	16 Jahre (mit Erziehungsb. ab 11 Jahre)	Super 7, Osterrenntage, Ladies Cup (alle Rennen mit Siegerehrung und Pokal), Monatsbestzeit	
Mo-Fr 16-23 h, Sa/So und an Feiertagen 11-24 h	8 Min. 15 DM Mo-Fr 16-18 h 10 Min. 15 DM, 8 Karts 1 Std. 720 DM	16 Jahre	Jede Woche div. Rennenveranstaltungen mit Preisen, z.B.: 100-Runden-Rennen, 24-Stunden-Rennen,Top-Ten, Team Cup, Duo-Lauf	

	Firma	Adresse	Wegbeschreibung	Kartanzahl	Bahnmaße	Rundenzeit
88	Kart Motodrom Sulz/Nord Indoor-Kartbahn seit Januar 1995	Bahnhofstraße 44/ Industriepark 72172 Sulz/Nord Tel. 07454/40381 Fax 07454-5691	Autobahn A81, Ausfahrt Sulz-Nord, dann Stadtmitte/Bahnhof, von dort in Richt. Industriepark	16 Karts (Mach 1)	2 Bahnen: Länge: 280 m 300 m Breite: 6 m	21 Sek. 24 Sek. Bahnrekord: 17 /19,5 Sek.
89	Daytona Speed Albstadt Indoor-Kartbahn seit Februar 1996	Zitterhofstr. 28 72461 Albstadt Tel. 07432-14597 Fax 07432-13210	Autobahn A8, Ausfahrt Empfingen, dann in Richtung Albstadt/ Industriegebiet Lichtenbol	10 Karts (Will) 6 Bambinikarts	Länge: 207 m Breite: 5-7 m	20 Sek. Bahnrekord: 18,5 Sek.
90	Kart & Fun Neckartenzlingen Indoor-Kartbahn seit August 1995	Ulrich-Gminder-Straße 24 72654 Neckartenzl. Tel. 07127-22777 Fax 07127-21080	Autobahn A8, von Stuttgart auf die B27 in Richt. Reutlingen, dann B312 Reutlingen/Metzingen, Ausfahrt Neckartailfingen/ Neckartenzlingen	20 Karts (Mach 1)	Länge: 310 m Breite: 6-7 m	32 Sek. Bahnrekord: 29,07 Sek.
91	Maxodrom Reutlingen Indoor-Kartbahn seit April 1995	Sondelfinger Str. 17 72760 Reutlingen Tel. 07121-371888 Fax 07121-371824	Autobahn A8, Ausfahrt Degerloch, dann in Richt. Reutlingen-Nord, ab Stadtmitte Beschilderung folgen	12 Karts (Mach 1)	Länge: 300 m Breite: 5 m	25 Sek. Bahnrekord:
92	Schwaben Indoor Kart Ebersbach Indoor-Kartbahn seit August 1995	Strutstr. 35 73061 Ebersbach Tel. 07163-2020 Fax 07163-2020	Autobahn A8, Ausfahrt Stuttgart-Wendlingen, dann auf die B10 in Richt. Stuttgart, Ausfahrt Uhingen West, Beschilderung folgen	12 Karts (Mach 1, Hetschel)	Länge: 300 m Breite: 5 m	24,50 Sek. Bahnrekord: 22,82 Sek.
93	Go-Kart-Bahn Bietigheim-Bissingen Indoor-Kartbahn seit Mai 1994	Prinz-Eugen-Str. 11 74321 Bietigheim-Bissingen Tel. 07142-57443	Autobahn A81, Ausfahrt Ludwigsburg-Nord, dann noch ca. 4 km bis Bietigheim	8 Karts (Hetschel)	Länge: 189 m Breite: 5 m	12 Sek. Bahnrekord: 11,09 Sek.
94	Kart-World Karlsdorf Indoor-Kartbahn seit April 1995	Im Ochsenstall 12 76689 Karlsdorf Tel. 07251-4323 Fax 07251-4343	Autobahn A5, Ausfahrt Bruchsal-Karlsdorf, dann Ampel links, am Ortsausgang rechts ins Industriegebiet	10 Karts (Matter)	Länge: 400 m Breite: 5-6 m	35 Sek. Bahnrekord: 32 Sek.
95	Kart Motodrom Liedolsheim Dettenheim Outdoor-Kartbahn seit 1966	Leibnizstr. 5 76706 Dettenheim Tel. 07247-7084 7710 Fax 07247-89537	Autobahn A5, Ausfahrt Bruchsal , dann auf B35 in Richt. Graben-Neudorf, auf B36 in Richt. Karlsruhe, nach 6 km Dettenheim	12 Karts (Eurokart)	Länge: 1.060 m Breite: 6 m	47 Sek.
96	Kart Racing Offenburg Elgersweier Indoor-Kartbahn seit März 1996	Industriestr. 4b 77656 Offenburg-Elgersweier Tel. 0781-66319 Fax 0781-66318	Autobahn A5, Ausfahrt Offenburg, dann in Richt. Industriegebiet Elgersweier, Bahn direkt neben Möbelmarkt Roller	15 Karts (Swiss Hutless)	Länge: 330 m Breite: 6 m	38,00 Sek. Bahnrekord: 34,25 Sek.
97	Kart & Fun Singen Indoor-Kartbahn seit September 1995	Freibühlstraße 78224 Singen Tel. 07731-13013 Fax 07731-13013	Autobahn A81, Ausfahrt Singen Industriegebiet, dann auf die B33, Beschilderung folgen, Bahn Nähe Autohaus Ferrari	10 Karts (Kuka, Haase)	Länge: 186 m Breite: 4-6 m (ab Frühjahr Erweiterung der Bahn)	16,70 Sek. Bahnrekord: 15,5 Sek.
98	Indy-Kart Rottweil Indoor-Kartbahn seit März 1995	Neckartal 202 78628 Rottweil Tel. 0741-7002 Fax 0741-7004	Autobahn A81, Ausfahrt Rottweil-Nord, dann in Richtung Rottweil Nord bis Rottweil Innenstadt, dann ins Neckartal	16 Karts (Swiss Hutless)	Länge: 440 m Breite: 5-9 m	38-40 Sek. Bahnrekord: 35,57 Sek.

Öffnungszeit	Preis	Mindestalter	Sonderveranstaltungen	
Mo-Fr 16-22 h, Sa 14-22 h, So 10-22 h	7 Min. 15 DM	14 Jahre	Großbahnrennen, Midnight-Rennen, DTM, Sprint-Veranstaltungen, Damen Cup, Kids-Veranstaltungen	
täglich 11-23 h	8 Min. 15 DM	7 Jahre	500-Runden-Rennen, weitere Veranstaltungen in Planung	
Mo-Fr 16-24 h, Sa/So und an Feiertagen 10-24 h oder nach Vereinbarung	8 Min. 15 DM	16 Jahre	24-Stunden-Rennen, Monatsrennen, Heavyweight Championship (über 91 kg), Incentives mit Nebel-, Licht- und anderen Effekten	
Mo-Sa 14-23 h, So 10-23 h	10 Min. 18 DM, Mo-Sa ab 18 h, So ab 15-23 h 8 Min. 18 DM	14 Jahre	D & W-Kart-Cup, Indoor-Kart-Trophy	
Mo-Do 16-23 h, Fr-So 14-23 h	10 Min. 15 DM, Sonderangebote	14 Jahre	Mo und Do Cup-Rennen: 15 Minuten-Training, 2 x 20-Minuten-Rennen (Startgeld 75 DM), Top 50, 50-Runden-Rennen, Pokale für die ersten drei Sieger	
tägl. 11-22 h	9 Min. 15 DM	16 Jahre	Top Ten (1 x im Monat)	
Mo-Sa 15-24 h, So und an Feiertagen 10-24 h	10 Min. 20 DM, unter 18 J. 15 DM, Happy Hour: 15-18 h 15 DM	8 Jahre	Clubparty, 12-Stunden-Rennen, Grand Prix-Rennen zur Formel 1 in Hockenheim, 500-Runden-Rennen	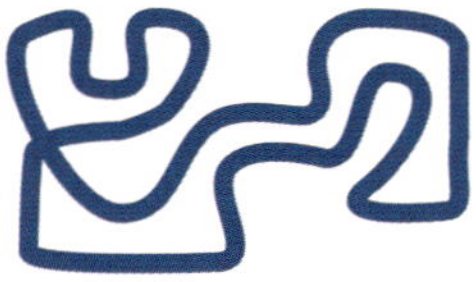
tägl. (außer Di) 10-19 h	8 Min. 15 DM	6 Jahre	ONS Deutsche Kart-Meisterschaft, DMV-Landesmeisterschaft	
Mo-Fr 16-24 h, Sa/So 10-24 h	10 Min. 15 DM, Sa/So 8 Min. 15 DM	8 Jahre	Fast täglich Rennveranstaltungen	
tägl. 13-23 h	7 Min. 15 DM, Schüler bis 16 Jahre 13 DM, 10 er-K. 140 DM	nach Größe des Kindes	Stundenrennen, Firmenangebote (Feiern mit Buffet)	
Mo-Fr 16-23 h, Sa/So und an Feiertagen 11-23 h	10 Min. 15 DM, ab 18 h und Sa/So und an Feiertagen 8 Min. 15 DM	14 Jahre	Stundenrennen, Teamrennen, Night Race by Indy-Kart, 5-stündiger Lehrgang für Kinderkartführerschein, 1-stündiger Lehrgang für Fortgeschrittene	

	Firma	Adresse	Wegbeschreibung	Kartanzahl	Bahnmaße	Rundenzeit
99	Indoor Karting Umkirch Indoor-Kartbahn seit September 1995	Im Stöckacker 16 a 79224 Umkirch Tel. 07665-51880 Fax 07665-51880	Autobahn A5, Ausfahrt Freiburg Mitte/Umkirch dann bis zum Ortsende, in Richtung Industriegebiet, Beschilderung folgen	8 Karts (NPK)	Länge: 280 m Breite: 6-14 m	18,40 Sek. Bahnrekord: 17,98 Sek.
100	Kartbahn Teningen Outdoor-Kartbahn seit 1971	Kartbahn Teningen 79331 Teningen Tel. 07641-53340 Fax 07621-84245	Autobahn A5, Ausfahrt Teningen, Kartbahn direkt an der Autobahn, Nähe Badesee	23 Karts (Swiss Hutless)	Länge: 780 m Breite: 6 m	60 Sek.
101	Kart-Racing Rheinfelden Indoor-Kartbahn seit Januar 1995	Römerstr. 85 79618 Rheinfelden Tel. 07623-8661 Fax 07623-9743	Autobahn A5, Ausfahrt Rheinfelden, Kartbahn ist ca. 300 m von McDonalds entfernt	15 Karts (Swiss Hutless)	Länge: 300 m Breite: 6 m	28 Sek. Bahnrekord: 26,82 Sek.
102	Kart-o-Mania Waldshut-Tiengen Indoor-Kartbahn seit September 1995	Auweg 27 79761 Waldshut-Tiengen Tel. 07751- 910132 Fax 07751-910133	Autobahn A5, von Basel B34, Ortseingang Waldshut rechts; von Schaffhausen: B34, Ortsausgang Waldshut links, Gewerbegebiet „Untere Au“ (Bleiche)	10 Karts (Swiss Hutless)	Länge: 290 m Breite: 5-8 m	25 Sek. Bahnrekord: 21,66 Sek.
103	Haupt's First Munich München Indoor-Kartbahn seit Juli 1995	Ingolstädter Str. 61M 80930 München Tel. 089-3112499 Fax 089-3112599	Autobahn A9, Ausfahrt Frankfurter Ring, dann in Richtung Euro-Industriepark	20 Karts (CRG)	Länge: 380 m Breite: 6-8 m	22 Sek. Bahnrekord: 19,96 Sek.
104	Stuck's Indoor Geretsried Indoor-Kartbahn seit April 1995	Malvenweg 9 82538 Geretsried Tel. 08171-96040 Fax 08171-6780	Autobahn A95, Ausfahrt Wolfratshausen, dann in Richt. Geretsried-Nord/ Gewerbegebiet	12 Karts (Dino)	Länge: 380 m Breite: 5-8 m	27 Sek. Bahnrekord: 25,30 Sek.
105	Hot Wheels Rosenheim-Kolbermoor Indoor-Kartbahn seit März 1996	Brückenstraße 83059 Rosenheim Tel. 08031-29923ß Fax 08035-2516	Autobahn A8, Ausfahrt Kolbermoor, in Kolbermoor an der 2. Ampel rechts in die Brückenstraße, nach 500 m links	12 Karts (Hot Wheels) 6 Kinderkarts	Länge: 525 m Breite: 5-6 m	40 Sek. Bahnrekord: 36,97 Sek.
106	Kart & more Traunreut Indoor-Kartbahn seit März 1995	Traunring 2/4, Petra Park 83301 Traunreut Tel. 08669-38800 Fax 08669-9992	Autobahn A8, Ausfahrt Grabenstätt, dann in Richtung Chieming-Traunreut	12 Karts (Dino, Euro)	Länge: 270 m Breite: 5 m	23 Sek. Bahnrekord: 21,44 Sek.
107	Indoor Go-Cart-Sport Mühldorf Indoor-Kartbahn seit Oktober 1995	Siemensstr. 16 84453 Mühldorf Tel. 08631-15900 Fax 08631-15900	Autobahn A3, Ausfahrt Altmühldorf, dann noch ca. 800 m, Bahn rechts	15 Karts (Mach 1)	Länge: 485 m Breite: 5 m	40 Sek. Bahnrekord: 37, 28 Sek.
108	Kart-o-Drom Friedberg-Derching Indoor-Kartbahn seit Oktober 1995	Äußere Industriestraße 7 86316 F.-Derching Fax 0821-784625 Tel. 0821-784625	Autobahn A8, Ausfahrt Augsburg-Ost, von Stadtmitte in Richt. Industriegebiet Ost, auf die Derchingerstraße, Beschilderung folgen	25 Karts (AM-Holzer)	Länge: 900 m Breite: 5 m	
109	Kart-o-Mania Erlangen Indoor-Kartbahn seit Juli 1995	Frauenaurach 75 91056 Erlangen Tel. 09131-90521 Fax 09131-90524	Autobahn A73, Ausfahrt Erlangen-Brück, dann 1. Ampel links, nach dem Main-Donau-Kanal rechts, an der 1. Kreuzung wieder rechts	16 Karts (Swiss Hutless)	2 Bahnen: Länge: 220 m 200 m Breite: 4-7 m	20 Sek. Bahnrekord: 18,6 Sek.

Öffnungszeit	Preis	Mindestalter	Sonderveranstaltungen	
Mo-Fr 15-24 h, Sa/So und an Feiertagen 11-24 h	20 Rdn. 12 DM	8 Jahre	Club-Meisterschaften nach Gewichtsklassen, Top Ten, Stundenrennen	
Mo-Fr ab 12 h, Sa/So und an Feiertagen ab 10 h (bis zur Dämmerung)	15 Min. 20 DM, 30 Min. 35 DM, Rennkart Tageskarte 35 DM	12 Jahre	Firmenveranstaltungen, 4 Großveranstaltungen pro Jahr (z.B. 2-Stunden-Rennen, ADAC-Meisterschaften, Schweizer Meisterschaften)	
Mo-Fr 16-24 h, Sa 13-24 h, So und an Feiertagen 10-24 h	10 Min. 15 DM, Sa/So 8 Min. 15 DM	8 Jahre	Fast täglich Rennveranstaltungen	
Mo 18-0.30 h, Di-So 12-0.30 h	1 Trainingslauf 15 DM, Rennen zwischen 55-350 DM	14 Jahre	24-Stunden-Rennen, Junior Cup (10-14 Jahre), Nationale Kart-o-Mania Liga, World-Challenge-Cup	
Mo- Sa 11-23 h, So und an Feiertagen 11-23 h	10 Min. 20 DM, Happy Hour: 11-17 h 15 Min. 20 DM	12 Jahre Kindertag: 8 Jahre	15-Min.-24 Stunden-Rennen, Incentives, Turnierveranstaltungen	
Mo-Fr 15-23 h, Sa/So und an Feiertagen 11-23 h	10 Min. 20 DM, Happy Hour: 15 Min. 20 DM, 10er-Karte 180 DM	12 Jahre	Hot 100 (täglich ab 23 h buchbar), 1/2-Stunden-Rennen (Mo-Fr). Monatlich erscheint ein Veranstaltungskalender mit den geplanten 2- bis12-Stunden-Rennen	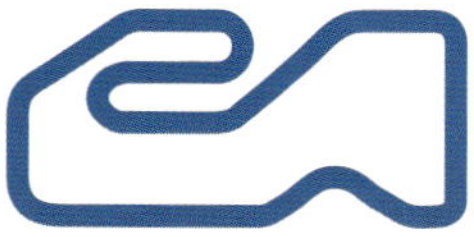
Mo-Sa 15-23 h, So und an Feiertagen 10-23 h	10 Min. 20 DM, Happy Hour: Mo-Fr 15-17 h 15 DM	14 Jahre	So 10-14 h Kindertraining, vormittags Frauentraining, Midnight Challenge, Ladies Cup, Stunden-Rennen, Firmen Incentives	
Mo-Fr 17-24 h, Sa/So 14-24 h	9 Min. 15 DM, Happy Hour: Mo-Fr 17-19 h 10 DM	nach Größe des Kindes	Mo-Mi Top 100, (Fr-Sa) Midnight-Race, (Mi) Ladies Night, 3-6 Stunden-Rennen, Bahnvermietung für Firmen & Vereine, div. Sonderveranstaltungen auf Anfrage	
Mo-Fr 16-24 h, Sa/So und an Feiertagen 10-24 h	10 Min. 20 DM, 1 Std. 80 DM	14 Jahre	1. Kart-Club Mühldorf, 2 x im Monat Samstag Rennveranstaltungen	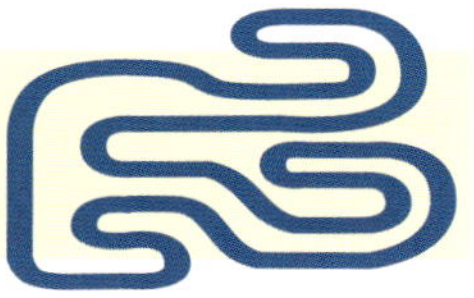
Mo-Sa 15-23 h, So und an Feiertagen 11-23 h	10 Min. 20 DM, Bahnmietung nach Vereinbarung	14 Jahre	Regelmäßig Midnight-Race, Sonderveranstaltungen auf Anfrage, jeden Samstag Kinderkartfahren	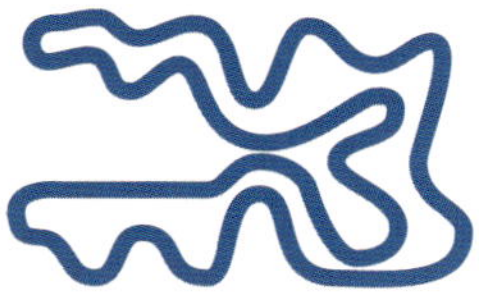
Mo-Fr 14-23 h, Sa/So 11-23 h	20 Rnd. 15 DM	14 Jahre Juniorclub: 10 Jahre	Hot 100, DTM Sprint, 2-Stunden-Rennen, Firmenveranstaltungen, NKL-Rennserie, World-Kart-Challenge	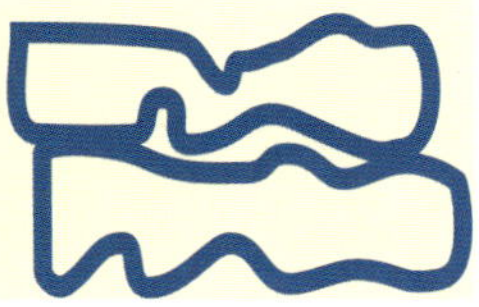

	Firma	Adresse	Wegbeschreibung	Kartanzahl	Bahnmaße	Rundenzeit
110	Motodrom Forchheim Indoor-und Outdoor-Kartbahn seit Januar 1996	An der Lände 11 91301 Forchheim Tel. 09191-704440 Fax 09191-704450	Autobahn A 73, Ausfahrt Forchheim-Süd, dann 2. Abfahrt links, geradeaus über die Ampel in Richtung EZB (Einkaufzentrum)	20 Karts (Mach)	Länge: 110 m Breite: 4 m Länge: 250 m Breite: 6 m	12,5 Sek.
111	Kart-o-Mania Ansbach-Weihenzell Indoor- Kartbahn seit März 1995	Äußere Ansbacher Straße 3 91629 Weihenzell Tel. 09802-80508 Fax 09802-80509	Autobahn A6/7, Ausfahrt Ansbach-Mitte, am Schnittpunkt B13/14 (Schloßkreuzung) in Richtung Weihenzell (Ortsteil Neumühle)	10 Karts (Interkart)	Länge: 300 m, Breite: 6-8 m	25 Sek. Bahnrekord: 20,5 Sek.
112	Preinl Kart Sport GmbH Regensburg Indoor-Kartbahn seit Juni 1995	Weidener Str. 3 93057 Regensburg Tel. 0941-61535 Fax 0941-68684	Autobahn A93, Ausfahrt Regensburg-Nord, dann auf die B16 in Richtung Cham, dann der Beschilderung Industriegebiet Haslbach folgen	30 Karts (Mach 1)	Länge: 600 m Breite: 6 m	52 Sek. Bahnrekord: 48,9
113	Roth Indoor Karting Würzburg Indoor-Kartbahn seit Mai 1995	Tiefe Gasse 11 97084 Würzburg Tel. 0931-63957 Fax 0931-63957	Autobahn A3, Ausfahrt Würzburg-Heidingsfeld, dann auf der Schnellstraße 1. Abfahrt rechts	25 Karts (MS, Roth)	Länge: 220 m Breite: 5 m Ausbau in Vorbereitung	22 Sek. Bahnrekord: 17,3 Sek.
114	E. u B. Motorsport Schildeck Indoor-Kartbahn seit November 1995	Industriestraße 4 97795 Schildeck Tel. 09747 -889 Fax 09747-1593	Autobahn A7, Ausfahrt Bad Brückenau/Wildflecken, dann in Richt. Bad Kissingen, nach 500 m links ins Industriegebiet Schildeck	25 Karts (Hetschel)	Länge: 500 m Breite: 5 m	45 Sek. Bahnrekord: 42,2 Sek.
115	Kartodrom Töttelstädt Indoor-Kartbahn seit Januar 1994	Obst & Löbner GbR Baumschulweg 1 99100 Töttelstädt Tel. 036208-71889 Fax 0361-2252064	Autobahn A4, Ausfahrt Erfurt-West/ Flughafen-Bindersleben, dann in Richtung Alach-Töttelstädt, Beschilderung folgen	10 Karts (Swiss Hutless, Sodi)	Länge: 150 m Breite: 5 m	13/14 Sek. Bahnrekord: 11,71/12,84 Sek.

Bildnachweis

ASA: 6, 30, 38, 40, 49, 89, 92u, 134o, 135o; **Bernd Ahrens/AutoBild:** 72/73, 75 (3), 77o; **Otto Belser:** 102l; **Achim Beule:** 70; **Olaf Dau:** 104, 107; **Jürgen Dilk:** 9; **Lukas T. Gorys:** Titel (u), 14, 16, 175 mr; **Wolfgang Groth:** Rücktitel (mr), 7u, 60 (2), 110; **Joachim Hoffmann:** 136 (2), 137; **Kart-Club Kerpen-Manheim:** 3 (2.v.u.), 18/19, 118/119 (3), 120u, 120/121 (2), 138/139; **Kartsport Presse Agentur:** Rücktitel (ml), 3 (3 v.o.), 4/5, 7o, 30/31, 32, 33, 34, 35, 36/37, 41, 42/43, 45 (2), 48 (2), 50, 56/57, 58, 61 (2), 63, 66, 67 (3), 76, 77u, 78 (2), 78/79, 79 (2), 80, 81, 88/89, 90 (3), 91 (2), 92o, 93 (2), 97, 98/99, 100 (2), 101, 102, 103, 104/105, 106, 120o, 122/123, 126 (2 v.o.), 128, 128/129, 130, 134u (2), 135, 138, 140o, 176; **Burkhard Kasan:** Rücktitel (2.v.o.) 2, 12/13, 174 (2), 175 (5 o, ml, u); **Ferdi Kräling** 108; **Andreas Lindlahr/AutoBild:** Titel (o); **Stephan Lindloff/AutoBild:** 114/115, 116 (2), 117; **Gerhard Noack:** 10, 19u, 20/21, 28u; **RS Speedworld:** 126u, 132, 132/133; **Horst Schreiber:** Rücktitel (o), 52, 140u,170/171; **Christoph Schulte:** 114; **Rolf Schumacher:** 17; **Uli Sonntag/AutoBild:** Rücktitel (u), 108/109, **Sutton Motorsport Images:** 3 u, 22, 22/23, 24/25 (5), 26/27 (6), 28o

Öffnungszeit	Preis	Mindestalter	Sonderveranstaltungen	
täglich 13-1 h	Indoor: 20 Rdn. 15 DM, Outdoor: 15 Rdn. 15 DM	12 Jahre	in Planung	
Mo-Sa 14.30-23 h, So 10-23 h	ca.15 Rdn. 15 DM	10 Jahre	24- Stunden-Rennen, World-Kart-Challenge, Nationale Kart-o-Mania Liga	
tägl. 9-1 h	10 Min. 20 DM	12 Jahre	Ladies Cup, Top 40, 12-Stunden-Rennen, Großer Preis & Kart-Sport Preis	
Mo-Sa 14-22 h, So und an Feiertagen 10-22 h	20 Rdn. 18 DM, 10er-Karte 160 DM, 20er-Karte 290 DM	10 Jahre	100- und 150-Runden-Rennen, 500-Runden-Team-Challenge, Ladies Cup	
Mo-Fr 15-23 h, So und an Feiertagen 10-23 h	10 Min. 18 DM,	6 Jahre	3- und 6-Stunden-Team-Rennen, 1-Stunden-Langstreckenrennen, Hallenmeisterschaft	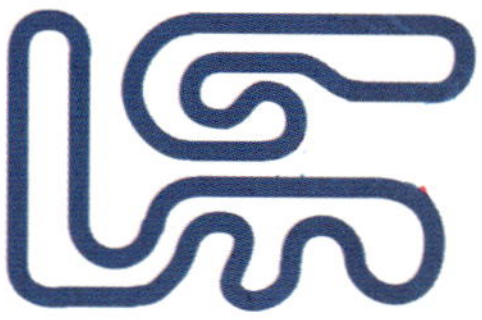
Mo- Fr 18-24 h, Sa 13-24 h, So und an Feiertagen 10-24 h	10 Min. 15 DM, Kinder bis 14 J. 11 DM, Rennkart: ab 18 J. 20 DM	6 Jahre	Je nach Vereinbarung diverse Rennveranstaltungen	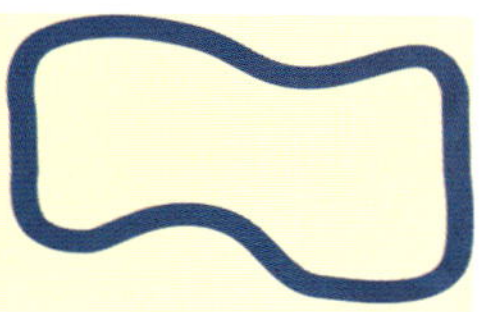

Kartbahnen in Österreich

	Firma	Adresse	Wegbeschreibung	Kartanzahl	Bahnmaße	Rundenzeit
116	Alexanders Kart-o-Mania Wien Indoor-Kartbahn seit November 1995	Ausstellungsstraße Messegelände/Halle 23 A-1020 Wien Tel. 01-7261575	Autobahn A23, Ausfahrt Wien/Handelskai, dann in Richt. Messegelände, Beschilderung folgen	20 Karts (Swiss Hutless)	Länge: 360 m Breite: 6-8 m	30 Sek. Bahnrekord: 27,34 Sek.
117	Alexanders Kart-o-Mania Wien Indoor-Kartbahn seit August 1995	Brunnenstr. 85 A-1234 Wien Tel. 01-8658869 Fax 01-8690557	Autobahn A21, Ausfahrt Brunn/Geb, dann in Richt. Wien-Liesing, Beschil-folgen	25 Karts (Swiss Hutless)	Länge: 420 m Breite: 6-8 m	40 Sek. Bahnrekord: 34,28 Sek.
118	Krazy-Karts Wiener-Neustadt Indoor-Kartbahn seit April 1995	Stadionstr. 38 A-2700 Wiener-Neustadt Tel. 02622-65416 Fax 02622-65349	Autobahn A2, Ausfahrt Wiener-Neustadt, dann in Richtung Zentrum/ McDonalds, vor der letzten Ampel links	15 Karts (Honda)	Länge: 400 m Breite: 6-8 m	30 Sek. Bahnrekord: 27,88 Sek.
119	Alexanders Kart-o-Mania Wels Indoor-Kartbahn seit September 1995	Messegelände Wels Halle 12 A-4600 Wels Tel. 07242-71357	Autobahn A6, Ausfahrt Wels, dann in Richt. Messegelände, Beschil-derung folgen	18 Karts (Swiss Hutless)	Länge: 680 m Breite: 5-6 m	26 Sek. Bahnrekord: 22,11 Sek.
120	Innsbruck Goka Innsbruck Indoor-Kartbahn seit Oktober 1995	Messegelände Ing. Etzel-Straße A-6020 Innsbruck Tel. 0512-261113 Fax 0512-268908	Autobahn A12, Ausfahrt Insbruck Ost-West, Weg-weiser Messegelände folgen	20 Karts (Mari) 4 Kinderkarts	Länge: 242 m Breite: 6 m	22 Sek. Bahnrekord: 20,33 Sek.
121	Krazy-Karts Graz Indoor-Kartbahn ab März 1996	Styrianstr. 35 A-8042 Graz Tel. 0316-407050 Fax 0316-407052	Autobahn A9, Ausfahrt Graz-Ost, dann 2. Ab-fahrt (Raaba), Kartbahn direkt neben der Styria Druckerei links	15 Karts (Honda)	Länge: 600 m Breite: 5-10 m	

Österreichischer Automobil-, Motorrad- u. Touring-Club (ÖAMTC)
Schubertring 1-3
A-1010 Wien
Tel. 0043-1-711991201, Fax 0043-1-711991489

Öffnungszeit	Preis	Mindestalter	Sonderveranstaltungen	
Mo-Fr 13-23 h, Sa/So und an Feiertagen 10-23 h	8 Min. ca. 15 DM	16 Jahre	Auf Anfrage werden Rennen veranstaltet	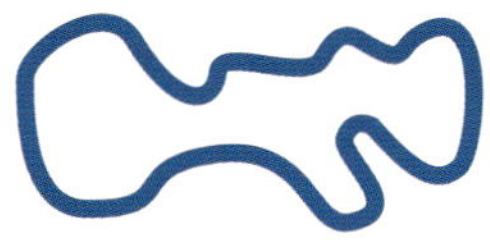
Mo-Fr 13-23 h, Sa/So und an Feiertagen 10-23 h	8 Min. ca. 15 DM,	16 Jahre		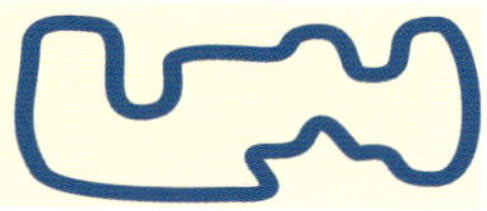
Mo-Fr 15-1 h, Sa/So und an Feiertagen 11-1 h	10 Rdn. ca. 15 DM	14 Jahre	Late-Night-Special, Gruppen- und Firmen-Rennen, Samstags 11-13 h Kindervormittag (ab 6 Jahre)	
Mo-Fr 13-23 h, Sa/So und an Feiertagen 10-23 Uhr	8 Min. ca. 15 DM	16 Jahre		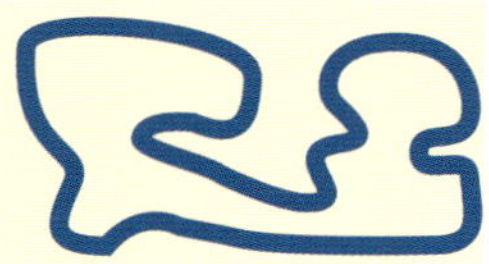
Mo-Fr 17-23 h, Sa/So und an Feiertagen 14-23 h	10 Min. 18 DM	9 Jahre	2 x wöchentlich Teamcup oder Einzel-Sprintrennen, Damencup, Mixcup, Juniorpokal	**Strecke wird regelmäßig umgebaut**
Mo/Fr 14-1 h, Sa/So und an Feiertagen 11-1 h	10 Rdn. 20 DM	14 Jahre		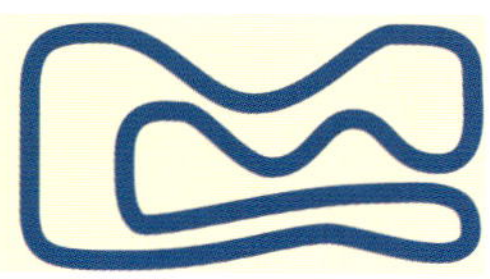

Kartbahnen in der Schweiz

	Firma	Adresse	Wegbeschreibung	Kartanzahl	Bahnmaße	Rundenzeit
122	Kartbahn Lyss Lyss Outdoor-Kartbahn seit 1963	Postfach 230 CH-3250 Lyss Tel. 032-822233 Fax 032-822233	Autobahn N6 Bern-Biel, Ausfahrt Lyss-Süd, dann Richt. Industriegebiet Grien, Beschilderung folgen	30 Karts (Swiss Hutless)	Länge: 600m Breite: 6 m	
123	Kartbahn Wohlen Waltenschwil Outdoor-Kartbahn seit 1962	Piste CH-5622 Waltenschwil Tel. 056-62236033	Autobahn N1 Bern-Zürich, Ausfahrt Lenzburg, dann Richt. Zug, 4 km nach der Ampel in Wohlen Beschilderung folgen	20 Karts (Swiss Hutless)	Länge: 820 m Breite: 8-10 m	
124	Pista Locarno-Magadino Gordola Outdoor-Kartbahn seit 1975	c/o G. Longhi Via Santa Maria CH-6596 Gordola Tel. 091-7454455 Fax 091-7454455	Autobahn N2 Basel-Chiasso, Ausfahrt Locarno o. Bellinzona, dann in Richt. Locarno, Beschilderung folgen	23 Karts (DAP)	Länge: 612 m Breite: 7 m	Bahnrekord: 26,10 Sek.
125	Pista Osogna Osogna Outdoor-Kartbahn seit August 1963	c/o L. Sartoreli Via San Gottardo CH-6703 Osogna Tel. 091-8632110	Autobahn N2, Ausfahrt Diasca/Ost, dann noch ca. 5 km bis Osogna, dann in Richtung Industriegebiet	keine Leihkarts	Länge: 520 m Breite: 7 m	
126	Indoor-Kart-Bahn Rümlang Indoor-Kartbahn	Oberglatterstr. 13 CH-8153 Rümlang Tel. 01-8180301 Fax 01-8180313	Autobahn N4 Bern-Basel, dann Umfahrung Nordring, Ausfahrt Seebach-Rümlang, Industriegebiet/Maienbreiten	24 Karts (ASMO)	Länge: 330 m Breite: 6-8 m	23 Sek. Bahnrekord: 21,08
127	Tempo Drom Winterthur Indoor-Kartbahn seit Dezember 1995	El-Kart AG Tössfeldstr. 3 CH-8400 Winterthur Tel. 052-2040700 Fax 052-2040702	Autobahn N1 Zürich-Winterthur, Ausfahrt Winterthur-Töss, Richtung Bahnhof im Salzerareal, Beschilderung folgen	24 Karts (ASMO)	Länge: 360 m Breite: 8 m	30 Sek. Bahnrekord: 25,75 Sek.

Kartverbände im Urlaubsland

Wenn Sie im Urlaub einige Kartrunden drehen möchten: Hier sind die Adressen der wichtigsten Organisationen im europäischen Ausland, die sich u.a. dem Kartsport widmen. Von dort erhalten Sie Informationen über Bahnen im jeweiligen Land.

Niederlande
KNAF (Knac Nationale Autosport Federatie)
Lekstraat 88
NL-2314 VJ-Leiden
Tel. 0031-715-892601, Fax 0031-715-412628

Belgien
Comission Sportive Nationale du Sport automobile
Welriekendedreef 22
B-116 Brüssel
Tel. 0032-2-6756050 Fax 0032-2-6756119

Luxemburg
Automobil Club du Grand-Duché de Luxemburg (ACL)
54, route de Longwy
L-8007 Bertrange
Tel. 00352-458705, Fax 00352-457518

Großbritannien
R.A.C.- Motor Sport Ass. Ltd. Karting DEPT
Motor Sport House, Riverside Park
GB-Coinbrook SL3 OHG
Tel. 0044-753682938, Fax 0044-753682938

Frankreich
Groupement National de Karting
42, rue Guy-Môquet
F-75017 Paris
Tel. 0033-1-42283613, Fax 0033-1-40373743

Italien
Federazione Nazionale de Karting
Via Solfereno 32
I-00185 Roma
Tel. 0039-6-4441289/90/91, Fax 0039-6-4461465

Schweizerischer Kartsport-Verband
Avenue de Rumine 9
CH-1005 Lausanne
Tel. 0041-21-3122722, Fax 0041-21-3201129

Öffnungszeit	Preis	Mindestalter	Sonderveranstaltungen	
täglich 9-12 h und 13.30-18 h	12 Min. ca. 25 DM	14 Jahre		
täglich 9 h bis zur Dämmerung, Oktober-März geschlossen, Do Ruhetag	15 Min. ca. 39 DM	10 Jahre	Schweizer Meisterschaften, Trophy	
März, April, September und Oktober 14-18 h, Mai-August 14-19 h, Nov., Dez., Jan. und Feb. 14-17 h	10 Min. 27 DM	8 Jahre	Schweizer Meisterschaften	
täglich 9-18 h	pro Tag ca. 50 DM	kein Mindestalter	Schweizer Meisterschaften	
Mo-Fr 16-0.30 h, Mi 14-0.30 h, Sa 10-1 h, So 11-22 h	8 Min. ca. 31 DM, Kinder ca. 25 DM	8 Jahre		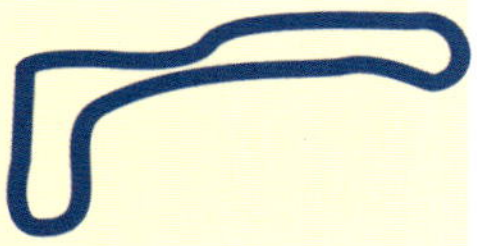
Mo-Fr 16-24 h, Sa 10-24 h, So 10-22 h	9 Min. ca. 25 DM, Fr-So 31 DM	12 Jahre	66-Runden-Rennen, Lady-Cup, Familienplausch, Schweizer Elektrokart-Cup	

Spanien
Comisión Española de Karting
Maria Teresa 17
E-728028 Madrid
Tel. 0034-1-3612318, Fax 0034-1-3563497

Portugal
Automóvel Club de Portugal (ACP)
Rua Rosa Araújo 24
P-1200 Lissabon
Tel. 00351-1-7930597, Fax 00351-1-7966406

Griechenland
Automobil- und Touring Club Griechenland (ELPA)
2-4 odos Messogion
GR-11537 Athen
Tel. 0030-1-7791615

Dänemark
D.A.S.U.
Idraettens Hus
DK-2605 Brondby
Tel. 0045-43262626, Fax 0045-43262131

Tschechische Republik
Autoclub Ceské Republiky
Karting Association
Opletalova 29
CS-110000 Prag 1

Türkei
Turkish Automobile Sports Federation
Nüzhet Atav Is Hani 28
TR-Ulus-Ankara
Tel. 0090-312-2139761, Fax 0090-312-7222857

So einfach, wie es aussieht, ist der Durchblick nicht im Kartsport. Die Technik dieser kleinen Flitzer ist hochkomplex und das Reglement verwirrend vielschichtig

Die Kart-Klassen-Gese

Klasse	Formel Super A	Formel A	Formel C	Formel E	Intercont. A	Intercont. A Junior
Motor	100 ccm, Einzyl. Drehschieber-gesteuert, CIK-homologiert	100 ccm, Einzyl. Drehschieber-gesteuert, CIK-homologiert	125 ccm Einzylinder CIK-registriert	250 ccm max. Zweizylinder CIK-registriert	100 ccm, Einzyl. Membran-gesteuert CIK-homologiert	100 ccm, Einzyl. Kolben-gesteuert CIK-homologiert
Kühlung	Luft	Luft	Luft/Wasser	Luft/Wasser	Luft	Luft
Zündung	CIK-registriert	CIK-registriert	CIK-registriert	CIK-registriert	CIK-registriert	CIK-registriert
Drehzahl/ Übersetzung	frei	frei	frei	frei	frei	frei
Vergaser Venturi Ø	frei 32 mm	Butterfly 24 mm	1 Vergaser frei	1 Vergaser pro Zylinder frei	Butterfly 24 mm CIK-homologiert	Butterfly 24 mm CIK-homologiert
Kupplung	–	–	–	–	–	CIK homologiert
Getriebe	–	–	min. 3 Gänge max. 6 Gänge	mindestens 3 Gänge	–	–
Ansaug-geräusch-dämpfer	CIK-registriert	CIK-registriert	CIK-registriert	CIK-registriert	CIK-registriert	CIK-registriert
Abgasanlage	frei	frei	frei	frei	CIK-homologiert	CIK-homologiert
Chassis	frei	frei	frei	frei	CIK-homologiert	CIK-homologiert
Felgen Ø Reifen	5 oder 6 Zoll	5 Zoll	max. 6 Zoll	max. 8 Zoll	5 Zoll CIK-homologiert	5 Zoll CIK-homologiert
Gewicht inkl. Kart und Fahrer	140 kg (Kart mind. 60 kg, ohne Flüssigkeiten)	140 kg (Kart mind. 60 kg, ohne Flüssigkeiten)	165 kg Kurzstrecke/ 170 kg Langstrecke	1 Zyl. Motor 180 kg (Kart 95 kg ohne Aufbau); andere Moto-ren 195 kg (Kart 110 kg ohne Aufbau)	140 kg (Kart mind. 60 kg ohne Flüssigkeiten)	130 kg Junior 125 kg Kadetten (Kart mind. 60 kg ohne Flüssigkeiten)
Geräusch-limit	max. 95 dB (A)	max. 95 dB (A)	max. 95 dB (A)	max. 95 dB (A)	max. 95 dB (A)	max. 95 dB (A)
Mindestalter	15 Jahre	15 Jahre	15 Jahre	18 Jahre	15 Jahre	12-16 Jahre
Lizenz	Int. ONS-Kart Lizenz A	Int. ONS-Kart Lizenz B/A	Int. ONS-Kart Lizenz C	Int. ONS-Kart Lizenz C	Int./Nat. ONS-Kart Lizenz C	Nat./Int. ONS-Kart Junior-Lizenz

schaft auf einen Blick

Intercont. C	Intercont. E	ADAC Pop-Junior/Senior	ADAC Kadetten	Bambini	Futura Junior/Senior	Formel H
125 ccm, Einzylinder CIK-homologiert	250 ccm, Einzyl. Serie CIK-registriert	125 ccm, DINO, IAME, ITALSISTEM ADAC-homol.	140/160 ccm Honda GX 140/160 ONS-homologiert	60 ccm, Einzylinder Comer K60 ONS-homologiert	100 ccm, Einzylinder CIK-homologiert	100 ccm, Einzylinder Yamaha KT 100 CIK-homol.
Luft/Wasser	Luft/Wasser	Wasser	Luft	Luft	Wasser	Luft
CIK-registriert	CIK-registriert	ADAC-homol.	Serie gem. ONS	Serie	CIK-homologiert	Serie
frei	frei	i = 6,8 / 7,2 bei Bahn < 500 m	max 4.600 U/min + 100 U/min	Ritzel 12 Zähne Kettenblatt frei	frei	frei
1 Vergaser frei	1 Vergaser frei	Tillotson oder HHC-Pop 23 mm	Serie gem. ONS	Tillotson 16 mm	Tillotson 15 mm/19,8 mm	Walbro-WB3A 24 mm
–	–	ADAC-homol.	Serie gem. ONS	Fliehkraftk.	Fliehkraftk. f. Jun.	Fliehkraftk.
mind. 3 Gänge max. 6 Gänge	mind. 3 Gänge	–	–	–	–	–
CIK-registriert	CIK-registriert	gemäß ADAC	Serie gem. ONS	CIK-registriert mit 2 Einlässen	CIK-registriert	Serie, Typ RKB-Yamaha-S
frei	frei	ADAC-homol.	Serie gem. ONS	ONS-homol.	gemäß DMV Datenblatt	Serie, YEVE mit Enddämpfer
CIK-homologiert	CIK-homologiert	gemäß ADAC	Serie gem. ONS	frei	CIK-homologiert	CIK/Umbauten
5 Zoll CIK homologiert	6 oder 5 Zoll CIK-homologiert	5 Zoll Bridgest. gemäß ADAC	5 Zoll Bridgest. gemäß ONS	5 Zoll	5 Zoll	5 Zoll Bridgestone
165 kg Kurzstrecke/ 170 kg Langstrecke	mind. 180 kg	130kg/145 kg	110 kg	90 kg	130 kg Junioren 140 kg Senioren	140 kg
max. 95 dB (A)	max. 95 dB (A)	max. 95 dB (A)	max. 95 dB (A)	max. 92 dB (A)	max. 92 dB (A)	max. 95 dB (A)
15 Jahre	18 Jahre	12-16/15 Jahre	8-14 Jahre	8-14 Jahre	12-16/15 Jahre	18 Jahre
Int. ONS-Kart Lizenz C	Int. ONS-Kart-Lizenz C	Int./Nat. ONS-Kart-Junior-Liz. Int./Nat. ONS Kart-Lizenz C	Bambini/ Kadetten-Lizenz	Bambini/ Kadetten-Lizenz	Int./Nat. ONS-Kartr Junior-Liz. Int./Nat. ONS Kart-Lizenz C	Formel-H-Lizenz

Ich fahre Kart, weil ...

Kartfahren ist der gemeinsame Nenner aller Motorsport-Klassen. Kaum ein Profi, der an diesen Flitzern nicht seinen Spaß hätte. Doch ist es nicht nur das Vergnügen, weshalb sich der Vollblutfahrer ins Kart schwingt. Lesen Sie, wie die Szene-Promis den Satz beenden: Ich fahre Kart, weil ...

ELLEN LOHR

DTM/ITC-Pilotin für Mercedes:

„Weil es immer noch DIE Einstiegsdroge für den Motorsport überhaupt ist."

MICHAEL BARTELS

Alfa-Star in der DTM/ITC:

„Weil es für einen Profi-Rennfahrer immer noch die beste Übung für Konzentration, Fahrgefühl und Zweikampf ist."

AL UNSER JR.

IndyCar-As, Zweiter in der Meisterschaft 1995:

„Weil das aus jedem einen besseren Rennfahrer macht."

ROLAND ASCH

Ford-Werkspilot im STW-Cup:

„Weil es für mich ein Super-Training ist."

MARC SURER

Ex-Formel-1-Pilot und BMW-Rennleiter:

„Weil es fast soviel Spaß macht, wie einen Formel 1 zu fahren."

CHRISTIAN DANNER

Ex-Formel-1-Pilot und Alfa-Fahrer in der DTM/ITC:

„Weil es mit 37 Jahren höchste Zeit ist, mit dem Kartsport anzufangen."

DARIO FRANCHITTI

Mercedes-Junior in der DTM/ITC:

„Weil es der Beginn meiner Karriere war, weil ich da alles gelernt habe und weil es heute eine gute Gelegenheit ist zu relaxen."

JOACHIM WINKELHOCK

Champion des STW-Cups 1995:

„Weil ich im Tourenwagensport noch schneller werden will."

CLAUDIA HÜRTGEN

Ford-Fahrerin im STW-Cup:
„Weil es mich immer wieder aufs Neue fasziniert, daß diese kleinen Dinger einen solchen Riesenspaß machen können.“

RALF WALDMANN

Motorradrennfahrer und zehnfacher Grand-Prix-Sieger:
„Weil man da prima seine Reaktionen fithalten kann und ich das sehr gut für meinen Motorradsport gebrauchen kann.“

KURT THIIM

DTM/ITC-Star auf Mercedes:
„Weil es für mich wie eine Befreiung ist. Kein Streß, keine Politik, keine Intrigen. Genau so sollte guter Motorsport sein.“

JÖRG VAN OMMEN

DTM-Vizemeister 1995 auf Mercedes:
„Weil – back to the roots – es mich immer wieder zu meinen Ursprüngen zieht.“

ARMIN HAHNE

ADAC-GT-Cup für Honda:
„Weil ich in den 70er Jahren damit angefangen habe und es bis heute Spaß macht.“

KLAUS NIEDZWIEDZ

ADAC-GT-Cup für Honda:
„Weil ich auf diesem Weg vielleicht doch noch einmal in die Nachwuchsförderung komme.“

HADDAWAY

Pop-Star und Porsche-Supercup-Teilnehmer:
„Weil – wer das nicht kann, kann auch nicht Autorennen fahren.“

HEINZ-HARALD FRENTZEN

Formel-1-Pilot für Sauber-Ford:
„Weil – man gönnt sich ja sonst nichts.“

JÖRG MÜLLER

Deutscher Formel-3-Champ 1994 und BMW-Pilot im STW-Cup:
„Weil es das beste Wintertraining für einen Rennfahrer ist.“

FRANK BIELA

STW-Cup-Fahrer für Audi:
„Weil ich es einfach geil finde.“

RALF SCHUMACHER

Deutscher Formel-3-Vizemeister 95 und Michaels Bruder:
„Weil es mir ja nun wirklich in die Wiege gelegt wurde.“

Die Strecke und der Rennablauf sind im Kopf, das Kart wird beherrscht. Jetzt kann es losgehen …

dy
2
elf